Intra

Lehrgang für Latein ab Klasse 5 oder 6

Texte und Übungen I | NRW

von
Ursula Blank-Sangmeister
Gabriele Hille-Coates
Silke Hubig
Inge Mosebach-Kaufmann

Mit Zeichnungen von Susanne Schewe

Vandenhoeck & Ruprecht

ISBN 978-3-525-71824-7

Redaktion: Jutta Schweigert, Göttingen

Layout, Gestaltung, Satz und Litho: SchwabScantechnik, Göttingen
Druck und Bindung: Quensen Druck + Verlag, Hildesheim/Lamspringe

Gedruckt auf chlorfrei gebleichtem Papier

Liebe Schülerin, lieber Schüler,

Intra, der Name deines neuen Lateinbuchs, ist eine Einladung. Intra bedeutet: »Tritt ein!«.
Tritt ein in die aufregende Welt der Römer!
Zunächst wollen wir dir den Aufbau des Buches erklären: Jede Lektion besteht aus drei Abschnitten, einem Übersetzungsteil, einem Übungsteil und einem Informationstext.
In der Regel beginnt jede Lektion mit einem sogenannten Intra-Text. Der Intra-Text bereitet den neuen Grammatikstoff der Lektion vor. Dann folgt das Lesestück. Bei der Übersetzung des Lesestückes kannst du deine neuen Kenntnisse bereits anwenden. Jedes Lesestück erzählt eine abgeschlossene Geschichte, über deren Inhalt ihr euch während oder nach der Übersetzung in der Klasse unterhalten sollt. Aus den Lesetexten erfährst du viel Wissenswertes über die Antike, was du mithilfe des Informationstextes am Ende der Lektion noch vertiefen kannst.

Eine neue Sprache zu erlernen macht viel Spaß; man braucht dafür aber auch Zeit und Geduld. Abwechslungsreiche Übungen helfen dir beim Verstehen der Texte und beim Lernen des Grammatikstoffes. Die kleinen grauen Bildchen am Rand, die sogenannten Piktogramme, weisen dir dabei den Weg. Eines dieser Piktogramme heißt LEFIS. Es steht für Latein, Englisch, Französisch, Italienisch und Spanisch. Du wirst erstaunt sein, wie viele Ähnlichkeiten es zwischen diesen Sprachen gibt. Altgriechisch, das »Englisch« der Antike, wirst du ebenfalls kennenlernen. Intra lehrt dich sogar zaubern, denn du wirst aus einzelnen Teilen lateinische Sätze entstehen lassen.
Solltest du einmal eine Vokabel vergessen haben, dann schlag im Vokabelverzeichnis am Ende des Buches nach. Dort findest du natürlich auch ein Verzeichnis der Eigennamen.

Und nun wünschen wir dir ein erfolgreiches »Intra« in die lateinische Sprache!

Biberach, Bonn, Göttingen und Kassel
im Februar 2008

Ursula Blank-Sangmeister, Gabriele Hille-Coates,
Silke Hubig, Inge Mosebach-Kaufmann
und der Verlag Vandenhoeck & Ruprecht

Römischer Alltag

cum gaudiō
cum superbiā
cum senātōre
virgā
māgnō cum timōre
cum magistrō
in forō Rōmānō
māgnō cum clāmōre

Griechisch-römische Mythologie

Römische Geschichte

Römischer Alltag

Lektion 1

In der Schule

Ecce Theophilus et Lūcius et Mārcia.
Theophilus Graecus est. Magister est.
Lūcius Rōmānus est. Discipulus est.
Hodiē magister dictat et dictat et dictat.
Lūcius scrībit et scrībit et scrībit. Puer gemit.
Saepe peccat; itaque magister eum saepe vituperat.

eum: ihn

Mārcia discipula est. Etiam puella scrībit et scrībit et scrībit.
Rārō peccat; itaque magister eam laudat.
Discipula cōgitat: »Schola dēlectat.«
Lūcius gemit et cōgitat:
»Cūr magister mē nōn laudat?
Hodiē schola nōn dēlectat!«

eam: sie
mē: mich

Studium nōn semper dēlectat.
Praemium dēlectat.

1 Für Textexperten

1. Nenne die Personen, die in der Geschichte vorkommen, indem du sie in deinem Heft untereinander schreibst.
2. Ordne in deinem Heft den Personen die lateinischen Wörter zu, die Aussagen über sie machen.
3. Beschreibe die Situation. Was fällt dir auf?
4. Was könnte ein heutiger Lehrer/eine heutige Lehrerin aus der Geschichte lernen?

2 Wort-Körbe

Zeichne zwei große und einen kleinen Korb in dein Heft. Schreibe unter die großen Körbe »Substantive« und »Verben« und unter den kleinen Korb »Adverbien«. Ordne die Substantive, Verben und Adverbien aus dem Text in die entsprechenden Körbe ein.

3 Wir wollen's genauer wissen!

Schreibe in dein Heft und setze ein passendes Adverb ein.

a) ~ magister dictat. b) Discipulus ~ gemit.
c) Discipula ~ peccat. d) Praemium ~ dēlectat.

saepe semper hodiē rārō

4 Zauberer ans Werk!

1. Bilde aus den einzelnen Wörtern zehn sinnvolle Sätze. Achte dabei auch auf die Wortstellung.
2. Übersetze die Sätze.

magister	semper	peccat
puer	saepe	vituperat
discipula	hodiē	scrībit
schola	nōn	gemit
Theophilus	rārō	dēlectat
studium	itaque	dictat

5 Einzug ins Satzgliederhaus

Frage bei den folgenden Sätzen auf Deutsch nach den einzelnen Satzgliedern; gib dann an, welche Räume des Satzgliederhauses die einzelnen Wörter beziehen.

Beispiel:
Magister dictat. – Wer diktiert? Der Lehrer. »Magister«: Subjekt-Raum. Was tut der Lehrer? Er diktiert. »dictat«: Prädikat-Raum.

a) Lūcius scrībit. b) Schola nōn dēlectat. c) Theophilus magister est. d) Graecus est.

6 Verstecktes Latein

1. Mit welchen lateinischen Vokabeln sind folgende Wörter verwandt?
2. Erkläre, eventuell mithilfe eines Lexikons oder des Internets, was die Wörter bedeuten.

   a) Diktiergerät b) Prämie c) Skript d) Laudatio

7 **Vokabelkarten**

In der Pause hat ein Windstoß die Vokabel-Lernkarten der Schüler für Englisch, Latein, Französisch und Spanisch im Klassenraum durcheinander gewirbelt:

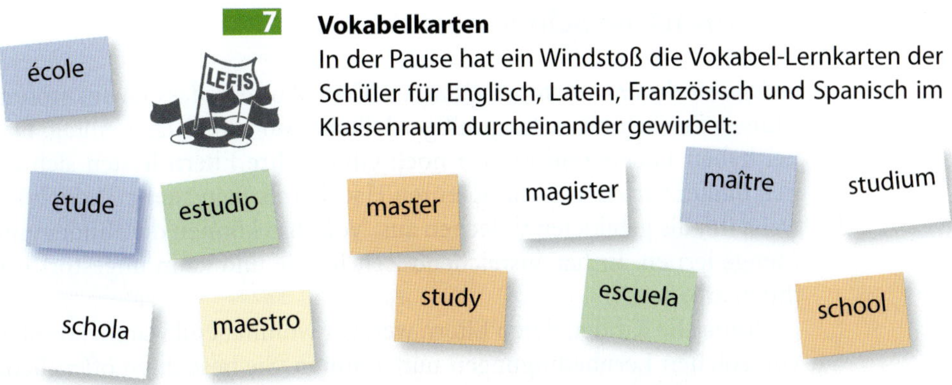

Übertrage die Tabelle in dein Heft. Sortiere die Karten in die jeweils richtige Sprachspalte. Schau dabei jeweils auf das italienische Wort in der Mitte und sortiere (wie in den zwei Beispielen) ähnlich aussehende Wörter links und rechts daneben.

Lateinisch	Französisch	Italienisch	Spanisch	Englisch
~	~	scuola	*escuela*	~
~	~	maestro	~	~
~	*étude*	studio	~	~

8 **Für Rätselfreunde**

Übersetze die Wörter ins Lateinische. Nimm vom ersten lateinischen Wort den fünften Buchstaben, vom zweiten den dritten Buchstaben, vom dritten den zweiten Buchstaben usw. und setze diese Buchstaben zusammen. Es entsteht ein lateinisches Wort, das etwas bedeutet, was jeder Schüler mag.

1. sie tadelt (5) 2. selten (3) 3. oft (2) 4. das Mädchen (3) 5. ein Lehrer (1) 6. er schreibt (6) 7. er lobt (3) 8. immer (3)

***9** **Schule macht Spaß?!**

Übersetze und achte dabei auf besonders gutes Deutsch.

Lucius discipulus est. Theophilus magister est. Graecus est. Magister dictat. Puer scribit et scribit et scribit. Gemit et cogitat: »Schola non delectat.« Marcia discipula est. Puella non peccat. Itaque cogitat: »Scribere delectat.«

scrībere: schreiben

Die römische Schule

»Magister dictat et dictat et dictat …« Kein Wunder, dass Lucius stöhnt. Mühevolles Schreiben langweiliger Diktate war schulischer Alltag. Dabei haben Lucius und Marcia noch Glück. Ihre Eltern leisten sich einen qualifizierten und damit teuren Hauslehrer. Sein Name Theophilus weist ihn als gebildeten Griechen aus. Von ihm können die Kinder eine Menge lernen. Er hat ausreichend Zeit für sie und kann ungestört mit ihnen arbeiten.

Römische Kinder, deren Eltern weniger wohlhabend waren, konnten von solchen Lernbedingungen nur träumen. Sie besuchten öffentliche Schulen, in denen weniger gut ausgebildete, dafür aber bezahlbare Lehrer unterrichteten. Es gab drei Schulstufen, doch die überwiegende Zahl der Kinder, Jungen wie Mädchen, besuchte nur die Elementarschule – im Alter zwischen sieben und elf Jahren. Der Unterricht an weiterführenden Schulen war nur wenigen Kindern – fast ausschließlich Jungen – vorbehalten. Der *grammaticus* führte sie in die griechische Sprache ein; durch das Schreiben und Auswendiglernen von Versen lateinischer und griechischer Dichter sollten sie lernen, selbst elegantes Latein und Griechisch zu sprechen und zu schreiben. Ab dem Alter von etwa 16 Jahren erhielten Söhne aus vornehmen Familien beim *rhētor* Unterricht in der Redekunst (Rhetorik), damit sie später im Senat oder vor Gericht in freier Rede argumentieren und überzeugen konnten.

Auf solchen Wachstafeln lernten römische Kinder schreiben. (Diese ist nachgebaut.)

Wirtschaftliche Lage und öffentliches Ansehen der Lehrer – besonders der Grundschullehrer – waren gleichermaßen schlecht. Meist waren es ehemalige Sklaven – darunter auch Gladiatoren –, die sich durch das Unterrichten eher schlecht als recht über Wasser hielten. Zwar hatte jeder Lehrer Anspruch auf Schulgeld, aber viele Eltern blieben den monatlichen Betrag schuldig. So reichte das Einkommen kaum für Miete und Lebensunterhalt. Mancher Lehrer versuchte, mit dem Abschreiben von Büchern seinen kargen Lohn aufzubessern.

Unterrichtet wurde im Freien oder in Räumen, die nur durch Vorhänge vom Lärm der Straße getrennt waren. Der Lärm war natürlich außerordentlich störend und behinderte das Lernen sehr. Oft versuchten die Lehrer,

ehrer-Schüler-Graffito in der Römervilla in Bad Neuenahr-Ahrweiler.
. Jh. n. Chr.

den Lärm durch Brüllen zu übertönen. Noch schlimmer war es, wenn der Lehrer zusätzlich zu seiner Stimme den Rohrstock als Mittel der Erziehung angeblich fauler oder frecher Schüler einsetzte, wie es im alten Rom üblich war. Zuweilen begegnete man aber auch freundlichen Lehrern, die mit gebackenen oder hölzernen Buchstaben ihren Schülern das Lernen zu erleichtern versuchten. Sie waren jedoch eher die Ausnahme.

Die Unterrichtsräume waren sparsam eingerichtet. Die Schüler saßen auf einfachen Holzschemeln ohne Tische. Sie hatten ihre Wachstafeln auf den Knien und schrieben, was der Lehrer diktierte. War die Tafel voll, konnten die Kinder das Geschriebene mit dem Ende ihres Griffels wieder ausstreichen.

1. Beschreibe das römische Schulsystem.
2. Welche Arten von Lehrern gab es?
3. Vergleiche die schulische Ausbildung eines römischen Jungen mit der eines römischen Mädchens. Wie erklärst du dir die Unterschiede?
4. Wärst du gern in eine römische Schule gegangen? Begründe deine Antwort.
5. Erkundige dich und berichte deinen Mitschülern: Wie war eine Wachstafel gebaut und wie ging man damit um?
6. Erkläre diesen Satz:

»Qui bene non didicit, garrulus esse solet«
Wer nicht anständig gelernt hat, ist gewöhnlich ein Schwätzer.

Lektion 2

Antonia ist dabei, sich anzukleiden und ihren Schmuck anzulegen.

Wo ist die Spange?

Römische Fibel, gefunden in Baden-Württemberg.

Ecce Antōnia et Phrygia. Antōnia domina est, Phrygia ancilla est. Antōnia ancillam interrogat: »Ubī est fībula?« Phrygia fībulam quaerit, sed frūstrā. Domina furit et Phrygiam vituperat. Ancilla Antōniam timet et tacet. Cōgitat: »Vituperāre nōn prōdest.«

Tum domina Germānicum servum advocat. Antōnia: »Ubī est fībula?« Etiam servus fībulam quaerit, etiam frūstrā. Nunc Antōnia valdē furit, valdē clāmat. Germānicus cōgitat: »Clāmor mē nōn terret. Clamōrem tollere nōn prōdest.«

mē: mich

Nunc Aulus mercātor appāret. Aulus dominus est. Aulus: »Cūr iste clāmor?« Antōnia: »Ōrnāmentum abest!«

iste: dieses
abest: ist weg/fehlt

Mercātor puerum et puellam interrogat: »Quis ōrnāmentum habet?« Germānicus tacet, furōrem dominī timet. Phrygia flēre incipit.

dominī: des Herrn

Subitō Lūcilla fīlia intrat: »Ecce fībula! Hortus vērē thēsaurus est!«

thēsaurus *m.:* Schatz(kammer), Fundgrube

Nach Meinung des römischen Schriftstellers Horaz (1. Jahrhundert v. Chr.) wollen die Dichter
aut prōdesse aut dēlectāre

aut … aut: entweder … oder

Für Textexperten

1. Beschreibe Antonia und Aulus.
2. Beschreibe die Reaktion des Germanicus und die der Phrygia auf das Verhalten von Antonia und Aulus.
3. Wie fühlt sich Phrygia?

4. »Hortus vērē thēsaurus est!« Was meint Lūcilla mit diesem Satz?
5. Wie könnte die Geschichte weitergehen?

2 Infinitive gesucht

Bilde Infinitive zu folgenden Formen und übersetze die Infinitive.

a) scrībit b) vituperat c) cōgitat d) laudat
e) dēlectat f) est g) appāret h) quaerit i) timet
j) terret k) intrat l) prōdest

3 Wir bilden Akkusative

Setze in den Akkusativ und übersetze.

a) schola b) clāmor c) studium d) fībula e) furor
f) magister g) praemium h) puer i) Lūcilla j) puella

4 m, m, m

… Hier muss Ordnung rein! Zeichne eine Tabelle mit drei Spalten und sechs Zeilen in dein Heft. Gib den Spalten die Überschriften »Maskulinum«, »Femininum« und »Neutrum«. Sortiere die folgenden Wörter ein.

ōrnāmentum discipulum clāmōrem fīliam
dominam puerum Lūcium mercātōrem puellam
studium scholam magistrum

5 Endungen auf der Flucht

Hilfe! Die Endungen haben sich selbstständig gemacht. Bilde acht lateinische Wörter.

6 **Was sind denn das für Leute?**

Füge aus dem Wortspeicher eine passende Apposition ein und übersetze.

a) Lūcius Theophilum ~ timet.
b) Antōnia ~ valdē furit.
c) Aulus Germānicum ~ advocat.
d) Hortus Aulum ~ dēlectat.
e) Theophilus ~ Mārciam ~ rārō vituperat.

mercātōrem praemium servum magister schola
domina discipulam clamōrem magistrum

7 **Zauberer ans Werk!**

1. Bilde aus den Wörtern sieben sinnvolle Sätze.
2. Übersetze diese Sätze.

dēlectat puellam clāmor valdē servum quaerit
discipulus vērē frūstrā magistrum terret rārō
ancillam timet ōrnāmentum mercātor
laudat semper fībulam dēlectat domina scrībere
magister incipit dictāre

8 **Wer wohnt in welchem Haus?**

Welches Satzgliederhaus passt zu welchem Satz?

1. Ancilla furōrem semper timet.
2. Antōnia domina est.
3. Tacēre saepe prōdest.
4. Hodiē magister discipulam valdē laudat.
5. Hortus vērē thēsaurus (= Fundgrube) est.
6. Mercātor hortum intrat.
7. Phrygia flēre incipit.

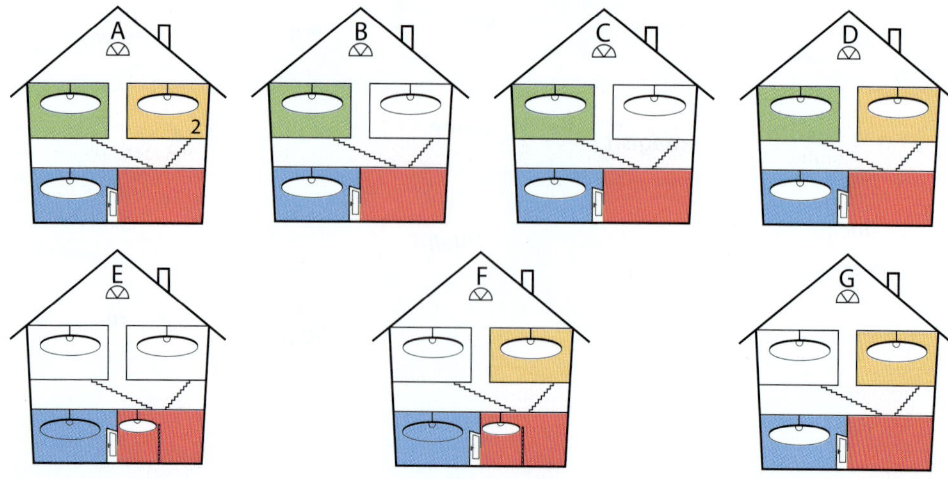

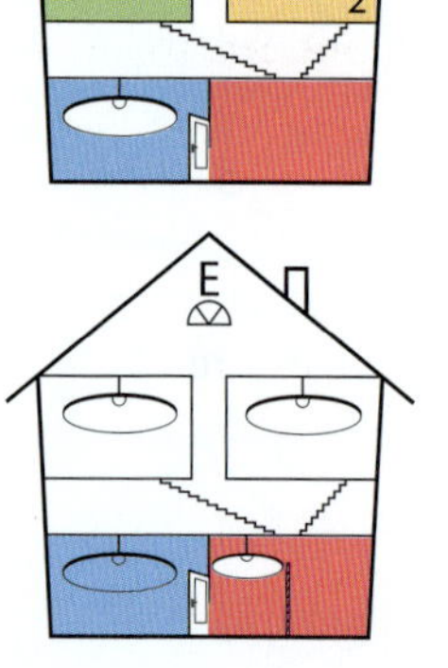

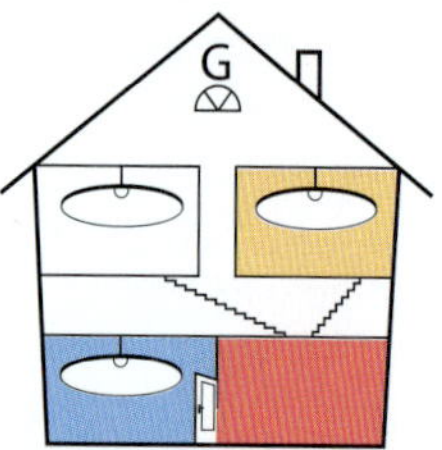

Verstecktes Latein

1. Mit welchen lateinischen Vokabeln sind folgende Wörter verwandt?
2. Erkläre, eventuell mithilfe eines Lexikons oder des Internets, was die Wörter bedeuten.

a) Ornament b) Hort c) frustriert

Vokabelhappen

Suche in den folgenden fremdsprachlichen Vokabelhappen die jeweils enthaltene lateinische »Zutat«. Welche modernen Vokabeln ähneln sich untereinander?

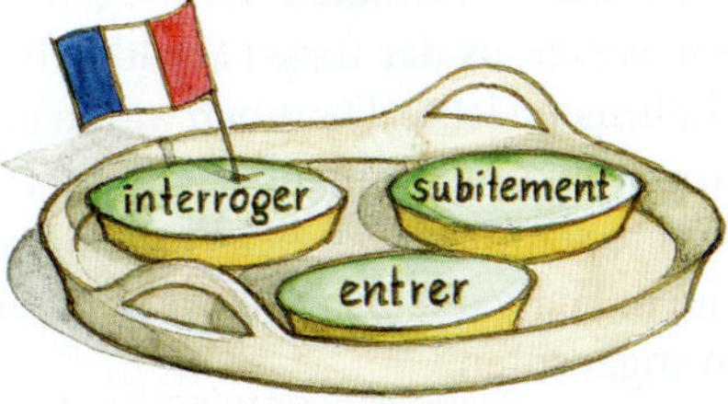

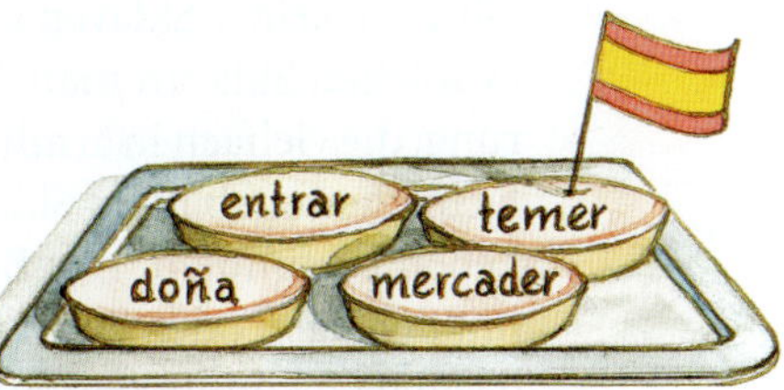

*11 Tränen um ein Schmuckstück

Übersetze und achte dabei auf besonders gutes Deutsch.

Phrygia ancilla fibulam quaerit. Quaerere non prodest; fibula abest. Antonia domina furit et clamat. Clamor Phrygiam valde terret. Flere incipit. Etiam Germanicus servus ornamentum frustra quaerit. Nunc Aulus mercator apparet. Germanicus furorem domini timet. Subito Lucilla filia intrat. Ornamentum habet.

abest: ist nicht da

dominī: seines Herrn

Sklaven – Leben in Unfreiheit

Germanicus und Phrygia sind Sklaven des Kaufmanns Aulus. Sklaven hatten nur sehr wenige Rechte, dafür aber umso mehr Pflichten. Sie mussten alle anfallenden Arbeiten erledigen. Dank konnten sie dafür nicht erwarten und gegen ungerechte Behandlung durften sie sich nicht wehren. Die meisten Römer betrachteten ihre Sklaven als Ware, über die sie frei verfügen, die sie kaufen, vermieten und vererben konnten. War ein Sklave beispielsweise alt oder krank, galt er als wertlos. Man versuchte, ihn möglichst billig loszuwerden. Dagegen wurden für gebildete oder handwerklich geschickte Sklaven auch hohe Summen gezahlt. Wie heute bei einem teuren Auto setzte man alles daran, die Leistungsfähigkeit seiner Sklaven so lang wie möglich zu erhalten. Deswegen ging es solchen Sklaven manchmal sogar besser als der freien Stadtbevölkerung, die vielfach in ärmlichen Verhältnissen lebte. Dennoch waren auch fachlich ausgebildete Sklaven unfrei und konnten nicht selbst über ihr Leben bestimmen. Der Besitzer konnte seine Sklaven bei Verfehlungen mit Schlägen oder Peitschen bestrafen. Hatte ein Sklave ein Verbrechen begangen, konnte sein Besitzer ihn sogar töten.

Am schlimmsten war die Lage der Sklaven auf den riesigen Landgütern, in Bergwerken oder in Steinbrüchen. Unter unmenschlichen Bedingungen schufteten sie oft bis zum völligen Zusammenbruch.

Fußfessel (mit Schlüssel) aus der römischen Villa von Liestal-Munzach (Schweiz, Kanton Basel-Landschaft). Mit solchen Fesseln hat man Sklaven am Weglaufen gehindert.

Sklaven, die dies alles nicht mehr aushielten und eine Gelegenheit zur Flucht fanden, mussten, wenn man sie wieder einfing, mit der Todesstrafe rechnen. Allerdings wurden gegenüber der menschenunwürdigen Behandlung von Sklaven in der frühen Kaiserzeit auch erste kritische Stimmen laut. Ein Umdenken setzte ein und die Rechtslage der Sklaven änderte sich allmählich so grundlegend, dass seit dem 2. Jahrhundert nach Christus Sklaven nicht mehr willkürlich gefoltert oder gar getötet werden durften.

Sklaven wurden nicht immer schlecht behandelt; sie gehörten nämlich zur *familia*, zur Hausgemeinschaft. Das Familienoberhaupt, der *pater familiās*, trug für sie ebenso die Verantwortung wie für die frei geborenen Familienmitglieder. Ein guter Umgang wurde daher ausdrücklich empfohlen. Viele Sklaven erfüllten sehr verantwortungsvolle Aufgaben, wie die Verwaltung des Besitzes oder die Erziehung von Kindern, mit denen sie oft eine tiefe Freundschaft verband. Sklaven konnten sogar Vermögen ansammeln und sich freikaufen. Außerdem konnten sie ab dem 30. Lebensjahr freigelassen werden. Sie nahmen dann den Vor- und den Gentilnamen (Familiennamen) ihres früheren Eigentümers an. Ihr ursprünglicher Rufname wurde nun ihr neuer Beiname. Nicht selten gab es eine sehr enge Bindung zwischen Freigelassenem und ehemaligem Besitzer, wie bei dem Politiker und Schriftsteller Marcus Tullius Cicero und seinem Freigelassenen Tiro, der nach seiner Freilassung Marcus Tullius Tiro hieß.

Wie wurde man im alten Rom Sklave? Die meisten Sklaven stammten aus Ländern, die von den Römern unterworfen worden waren. Sie waren Gefangene von Eroberungszügen und galten als Kriegsbeute, über die man frei verfügen konnte. Das war in der Antike üblich. Die Namen *Germānicus*, »der Germane«, und *Phrygia*, die »Phrygierin«, weisen auf deren Herkunftsländer hin. Sklave konnte man auch durch so genannte Schuldknechtschaft werden; davon betroffen waren in der Regel völlig verarmte Bauern, die ihre Schulden nur noch mit dem Verlust ihrer Freiheit abzahlen konnten. Kinder von Sklaven waren automatisch Sklaven und gehörten den Eigentümern ihrer Eltern.

1. Zwei römische Sklaven lernen sich zufällig auf dem Markt kennen. Sie erzählen sich gegenseitig von ihrem Schicksal. Erfinde das Gespräch.
2. Nenne verschiedene Möglichkeiten, wie man Sklave wurde.
3. Verfasse einen »Lexikonartikel« zum Stichwort »Freigelassener«.
4. Gibt es heute noch Sklaven?

Lektion 3

Intrā!

bonus, bona, bonum: gut

malus, mala, malum: schlecht

māgnus, māgna, māgnum: groß

Mārcia discipula bona est. Lūcius nōn semper discipulus bonus est. Theophilus discipulam bonam laudat, discipulum malum vituperat.

Domina fībulam quaerit. Domina clāmat. Clāmor māgnus est. Ancilla māgnum clāmōrem timet.

Māgnum studium, māgnum praemium.

Eine Schreibtafel mit Fehlern

Lucius hat beim Diktat ein wenig vor sich hin geträumt und die Reihenfolge der Adjektive durcheinander gebracht. Nun muss er das wieder in Ordnung bringen.
Schreibe die Substantive untereinander in dein Heft und ordne dann jedem Substantiv das inhaltlich und grammatisch passende Adjektiv zu.

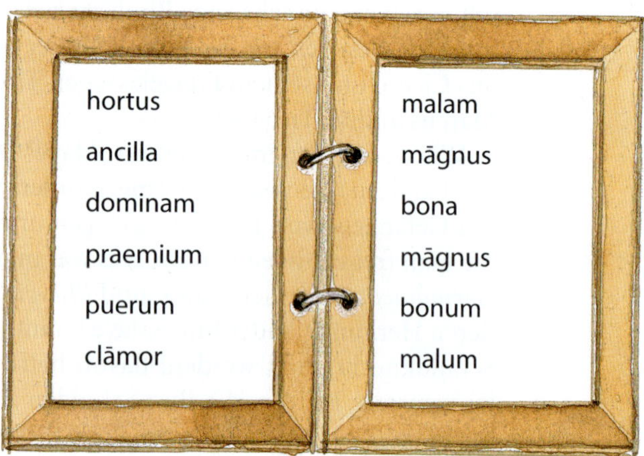

In der Subūra

vesperī: am Abend

māvult: (er) will lieber

Vesperī Aulus mercātor epistulam longam scrībit. Ad T. Cornēlium Asinam, māgnum senātōrem, scrībit. Tum mercātor Britannicum advocat. Britannicus servus bonus et fīdus est; itaque epistulam ad Asinam apportāre dēbet. Britannicus valdē gemit: Nam per Subūram, vīcum malum, īre dēbet. Praetereā dormīre māvult.

nēminem *Akkusativ:* niemanden

Lūna plēna est. Servus forum vacuum trānsit, tum Subūram intrat. Nēminem videt, nihil audit. Vīcus dormit.

plāga (plāgam) *f.:* Schlag
interfector (interfectōrem) *m.:* Mörder

Subitō Britannicus post sē māgnam umbram videt. Itaque servus currere incipit. Etiam umbra currit. Timor māgnus est: Britannicus currit et currit. Plāgam exspectat; exspectat interfectōrem suum … – sed accidit nihil. Subitō Britannicus rīdēre incipit …

1 Für Textexperten

1. Nenne die Personen, die in der Geschichte vorkommen, indem du sie in deinem Heft untereinander schreibst.
2. Ordne den Personen lateinische Wörter zu.
3. Gib den drei Abschnitten des Textes deutsche Überschriften.
4. Welche lateinischen Ausdrücke erzeugen eine unheimliche Stimmung?
5. Warum muss Britannicus am Ende lachen?
6. Spielt folgende Szene: Britannicus kommt, nachdem er den Brief abgeliefert hat, wieder nach Hause. Seine Mitsklavin Phrygia ist noch wach. Er erzählt ihr, was er gerade erlebt hat …

2 Theophilus, die Nervensäge

Theophilus legt großen Wert darauf, dass seine Schülerinnen und Schüler die Verbformen lernen. Sie müssen üben, üben, üben … und sind bald Meister der 3. Person!

Zeichne eine Tabelle mit vier Spalten und sieben Zeilen in dein Heft. Gib den vier Spalten folgende Überschriften: ā-Konjugation, ē-Konjugation, ī-Konjugation, konsonantische Konjugation. Bilde von den angegebenen Verben die 3. Person Singular und ordne sie in die richtige Spalte ein.

Beispiel: audīre rīdēre scrībere laudāre

ā-Konjugation	ē-Konjugation	ī-Konjugation	kons. Konjugation
lauda-t	rīde-t	audi-t	scrībi-t

a) gemere b) cōgitāre c) dormīre d) quaerere
e) timēre f) tacēre g) tollere h) intrāre i) dēbēre
j) vidēre k) exspectāre l) accidere m) currere
n) apportāre o) appārēre p) terrēre q) furere

3 Adjektive mit und ohne Anlehnungsbedürfnis!

1. Schreibe aus dem Text alle als Attribute gebrauchten Adjektive mit ihren Beziehungswörtern heraus und übersetze sie.
2. Vertausche bei den lateinischen Ausdrücken jeweils Nominativ und Akkusativ. Übersetze die neu entstandenen Ausdrücke.

Beispiele (nicht aus dem Text):

discipulus bonus	der gute Schüler	discipulum bonum	den guten Schüler
magistrum malum	den bösen Lehrer	magister malus	der böse Lehrer

3. Schreibe aus dem Text die Sätze heraus, die ein Adjektiv als Prädikatsnomen enthalten.

4 Eine Schreibtafel mit Fehlern

Auch auf dieser Schreibtafel ist einiges zu korrigieren …
Schreibe die Substantive untereinander in dein Heft und ordne dann jedem Substantiv das inhaltlich und grammatisch passende Adjektiv zu.

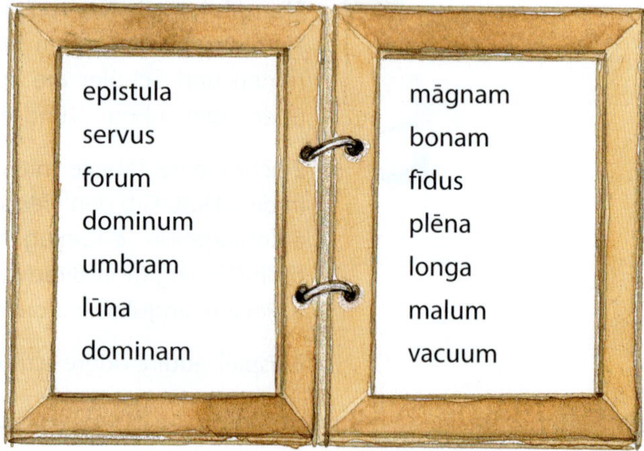

5

Für Zauberlehrlinge

Bilde mindestens zehn Wortpaare, indem du die Präpositionen ad, per und post mit passenden Substantiven aus dem Wortspeicher verbindest. Denke daran, dass du die Substantive meist verändern musst! Übersetze die Wortpaare.

magister hortus senātor vīcus forum

6

Für Hexenmeister

1. Bilde grammatisch und inhaltlich richtige Sätze und schreibe sie in dein Heft.
2. Übersetze diese Sätze.

Beispiel: Britannicus servus bonus et fīdus est. Britannicus ist ein guter und treuer Sklave.

forum	ōrnāmentum	
lūna	servus bonus et fīdus	
Subūra	plēna	
Lūcius	vacuum	est.
Britannicus	vīcus malus	
fībula	bonum	
praemium	puer	

7

Einzug ins Satzgliederhaus

Welche Zimmer des Satzgliederhauses beziehen die Wörter oder Wortgruppen folgender Sätze?

a) Britannicus servus fīdus est.
b) Dominus servum rārō laudat.
c) Britannicus ad forum currit.
d) Subitō umbram videt.
e) Umbra māgna est.

8

Verstecktes Latein

1. Mit welchen lateinischen Vokabeln sind folgende Wörter verwandt?
2. Erkläre, eventuell mithilfe eines Lexikons oder des Internets, was die Wörter bedeuten.

a) Dormitorium b) Vakuum c) Auditorium
d) Ölmagnat

Ende gut – alles gut!

Vergleiche und beschreibe die Wortendungen in den folgenden Ausdrücken.
Wie drücken das Lateinische, das Französische und das Englische jeweils Femininum und Maskulinum aus?

Latein	Französisch	Englisch
discipula bona	la bonne élève	the good schoolgirl
discipulus bonus	le bon élève	the good schoolboy
praemium bonum	la bonne récompense	the good reward

Mutter Latein und ihre Kinder

Wenn du meinst, du kannst überhaupt kein Englisch, Französisch, Italienisch oder Spanisch, so wirst du jetzt sehen, dass du dich irrst! Zeichne in dein Heft eine LEFIS-Tabelle nach folgendem Muster mit fünf Spalten, sechs Zeilen und den angegebenen Spaltenüberschriften:
Trage das lateinische »Mutter«-Wort und die passenden »Geschwister«-Wörter aus den Wortspeichern so ein, dass die zusammengehörigen Wörter in einer Zeile stehen.

Lateinisch	**Englisch**	**Französisch**	**Italienisch**	**Spanisch**
~	~	~	~	~

11 Schattenrisse

1. Welche lateinischen Wörter gehören zu den Schattenrissen?
2. Wenn du die folgenden Buchstaben aneinanderreihst, erhältst du das Lösungswort, das in dieser Lektion eine große Rolle spielt.

a) 5. Buchstabe b) 1. Buchstabe c) 3. Buchstabe
d) 7. Buchstabe e) 6. Buchstabe

*12 Schatten bei Vollmond

Übersetze und achte dabei auf besonders gutes Deutsch.

Britannicus servus epistulam ad Cornelium Asinam senatorem apportare debet. Luna plena est. Britannicus magnam umbram videt. Timor magnus est. Sed timere non prodest. Itaque servus forum vacuum transit et epistulam ad Cornelium Asinam apportat. Senator servum fidum laudat.

Die Subūra

Denk dir eine nächtliche Großstadt wie Köln, Hamburg oder Berlin, allerdings ohne Straßenschilder, ohne Hausnummern, ohne Straßenlaternen und natürlich ohne U-Bahn. Hier sollst du eine bestimmte Adresse suchen. Du hast zwar eine einigermaßen genaue Beschreibung der Umgebung, aber im Dunkeln ähneln sich Straßen doch sehr. Orientieren kannst du dich vielleicht an einem auffälligen Gebäude oder einem Fluss. Es ist stockfinster. Die wenigen Fackeln, die es gibt, verbreiten kaum mehr als ein spärliches Licht. Selbst bei Vollmond brauchst du eine Laterne. Besser, du gehst nicht alleine durch die Stadt. Es gibt viele dunkle Hausecken. Sie bieten ein gutes Versteck für zwielichtige Leute. Polizeistreifen suchst du vergebens. Beschleicht dich schon bei der bloßen Vorstellung ein mulmiges Gefühl? Dann kannst du die Angst des armen Britannicus sicher nachfühlen. Im alten Rom, damals schon Millionenstadt, kannte man nämlich tatsächlich weder Straßenschilder noch Hausnummern noch Straßenlaternen. Kein Wunder also, dass Britannicus gern auf seinen nächtlichen Gang verzichten würde, zumal ihn sein Weg durch die *Subūra* führen wird, für ihn keine einladende Vorstellung.

Die *Subūra* war ein Stadtteil Roms. Sie erstreckte sich vom *Forum Rōmānum* zwischen Viminal und Esquilin. Viminal und Esquilin sind zwei der sieben Hügel Roms. Am Fuß des Esquilin gab es einen Friedhof (= *Sepulcra*) für arme Leute und Sklaven. Deswegen fanden die Römer diese Gegend unheimlich. Von der Hauptstraße *Argīlētum*, die im weiteren Verlauf *Clīvus Subūrānus* heißt, verzweigten sich zahlreiche kleine Straßen und Gassen. Hier gab es viele sogenannte *īnsulae*. Das sind mehrstöckige Mietshäuser, in denen die Leute wohnten, die sich im teuren Rom kein eigenes Haus leisten konnten. Die *Subūra* galt daher als Arme-Leute-Viertel und stand in einem schlechten Ruf.

So ähnlich wie in dieser Gasse im heutigen Neapel dürfte es in der *Subūra* ausgesehen haben.

Tagsüber herrschte hier reges Treiben, aber nach Sonnenuntergang zogen sich die Menschen in ihre Wohnungen zurück. Wer jetzt zu Fuß unterwegs war, lief Gefahr, Opfer von Belästigungen oder sogar eines Überfalls zu werden. Selbst der spätere Kaiser Nero machte sich als Jugendlicher einen »Spaß« daraus, nachts mit Freunden herumzustreifen und wehrlose Leute zu verprügeln oder sie in einen Abwasserkanal zu tauchen. Dabei wäre er beinahe selber einmal ums Leben gekommen. Der römische Dichter Juvenal, der um 100 nach Christus lebte, riet darum dringend, möglichst wenig Geld mit sich zu führen. Angesichts der Gefahren brauchte man schon eine ordentliche Portion Mut für einen nächtlichen Gang durch die Stadt, wie ihn Britannicus vornehmen muss. Wohlhabende Römer hatten daher immer ihre Leibwächter dabei. Außerdem war es ratsam, sich einigermaßen gut auszukennen, damit man sich in dem Wirrwarr von Gassen nicht verlief. So machten sich manche Leute, die zu einem Gastmahl eingeladen waren, sogar mit Kreide Zeichen an die Hauswände, damit sie auch den Rückweg fanden. Für die Zustellung eines Briefes bedurfte es also in der Tat eines so zuverlässigen Sklaven wie Britannicus.

1. Schreibe einen »Lexikonartikel« zum Stichwort *»Subūra«*.

2. Schreibt in Gruppenarbeit eine Szene »Ein nächtlicher Gang durch die *Subūra*«. Denkt dabei auch an Regieanweisungen, zum Beispiel zu Geräuschen, zu Mimik und Gestik der Akteure, zum »Bühnenbild« usw. Spielt die Szenen euren Klassenkameraden vor.

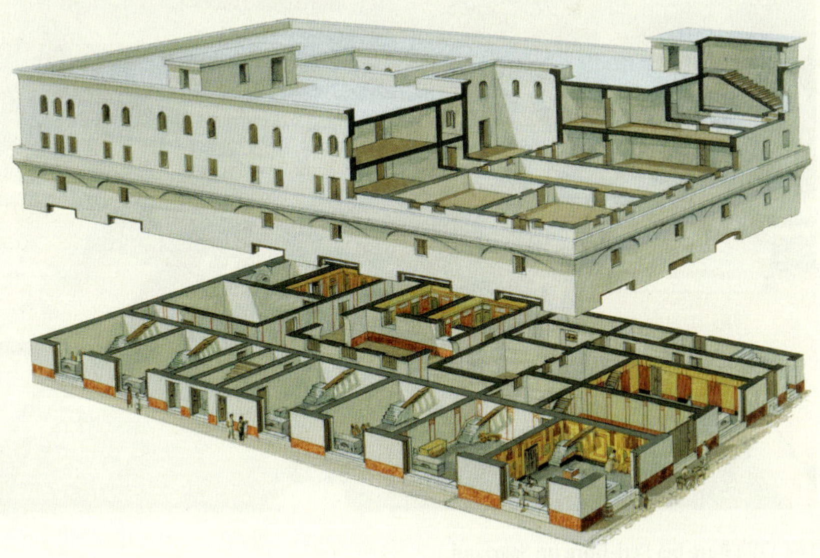

Rekonstruktion des »Hauses der Diana«, einer *īnsula* in Ostia Antica bei Rom.

Lektion 4

Intrā!

Lȳdia (Lȳdiam) *f.: Eigenname*

Phrygia et Lȳdia ancillae sunt. Itaque saepe gemunt.

Ōrnāmenta puellās dēlectant.

Mercātor epistulās longās scrībit. Tum servōs fīdōs advocat.

Servī fīdī epistulās ad senātōrēs apportant. Praemia exspectant.

vesperī: am Abend

Vesperī puerī forum trānseunt. Subitō māgnās umbrās vident, sed nihil audiunt. Umbrae puerōs valdē terrent. Puerī currunt et currunt.

Ein neuer Besitzer

Teil 1

Ecce vīlla rūstica! Vīlla rūstica parva, sed pulchra est. Hīc servus hortum fodit, illīc servus arborem caedit. Multī servī vīllam cūrant; nam sunt multa negōtia.

Die Villa Borg bei Perl-Borg im Saarland.

Etiam ancillae sēdulae sunt: Lȳdia cēnam parat, Aglaia mēnsam ōrnat. Hodiē ancillae labōrāre amant. Labōrēs enim iūcundī sunt.

vīlicus (vīlicum) *m.*: Verwalter

eius: seine

Dēmētrius vīlicus est. Lībertus est. Dominum novum exspectat. Dēmētrius servōs et ancillās advocat: »Hodiē Quīntus Horātius Flaccus, dominus novus, venit. Poēta praeclārus est; librōs scrībit. Multī scrīpta eius amant. Horātius inter senātōrēs multōs amīcōs māgnōs habet. Librī eius etiam Octāviānum imperātōrem dēlectant.«

Teil 2

an: oder etwa

Servī et ancillae cōgitant: »Estne dominus novus sevērus? Estne hūmānus? Servōsne et ancillās saepe laudat? An saepe vituperat? Servōsne et ancillās verberat?«

crassus, crassa, crassum: dick

amīcī: eines Freundes

Subitō virum parvum et crassum vident; Horātius appropinquat. Servī et ancillae dominum novum salūtant. Etiam Horātius servōs et ancillās salūtat. Tum vīllam, dōnum amīcī, īnspicit.

flōs (flōrem) *m.*: Blume

Horātius valdē contentus est et vīlicum servōsque laudat: »Hīc māgnae arborēs crēscunt, hīc flōrēs pulchrī sunt. Hīc servī māgnōs labōrēs subīre dēbent. Arborēs caedunt … Tamen nōn gemunt. Negōtia bene gerunt; vērē sēdulī sunt.« Servī gaudent: Dominus novus hūmānus est.

ōrnātus, ōrnāta, ōrnātum: geschmückt

Horātius vīllam intrat. Ancillae poētam audiunt: Et cibōs bonōs et mēnsam ōrnātam et ancillās sēdulās laudat. Nōn modo hūmānus, sed etiam grātus est.

1 Für Textexperten

Zu Teil 1

1. Beschreibe die vīlla rūstica, von der im Text die Rede ist.
2. Nenne die Aufgaben der Sklaven und die der Sklavinnen.

Zu Teil 2

3. Die Sklaven und Sklavinnen erwarten den neuen Besitzer: Spielt die Szene (auf Deutsch oder Lateinisch).

Zu Teil 1 und 2

4. Charakterisiere Quintus Horatius Flaccus.

2 Wir werden persönlich …

Wie heißen die 3. Person Singular und Plural zu den Infinitiven?

a) quaerere b) currere c) dormīre d) advocāre e) rīdēre f) trānsīre g) venīre h) appārēre i) esse j) vituperāre k) appropinquāre l) gaudēre m) intrāre n) audīre o) gemere p) īre q) caedere

3 Verwandlungen mit Folgen

1. Übersetze die lateinischen Ausdrücke.
2. Verwandle die lateinischen Ausdrücke: die Nominative in Akkusative, die Akkusative in Nominative.
3. Übersetze die neu entstandenen Ausdrücke.

a) vīlla rūstica b) māgnās arborēs c) servī bonī d) ancillae bonae e) multōs discipulōs f) dominum novum g) multōs senātōrēs h) vīllās pulchrās i) māgnum negōtium j) poētae praeclārī k) forum vacuum l) imperātōrēs novī m) scrīpta nova n) parva puella

4 Der mysteriöse Mehrzahlzauber

Setze Subjekte und Prädikate in den Plural.

a) Vīlla rūstica pulchra est. b) Servus vīllam cūrat. c) Ancilla cēnam parat. d) Dominum novum exspectat. e) Poēta praeclārus est. f) Liber magistrum dēlectat. g) Magister puellās laudat.

5 Eine Schreibtafel mit Fehlern

Wer korrigiert?
Ordne den Substantiven der linken Spalte passende Adjektive der rechten Spalte zu. Gleiche dabei die Adjektive den Substantiven in Kasus, Numerus und Genus an.

Beispiel: dominum hūmānum

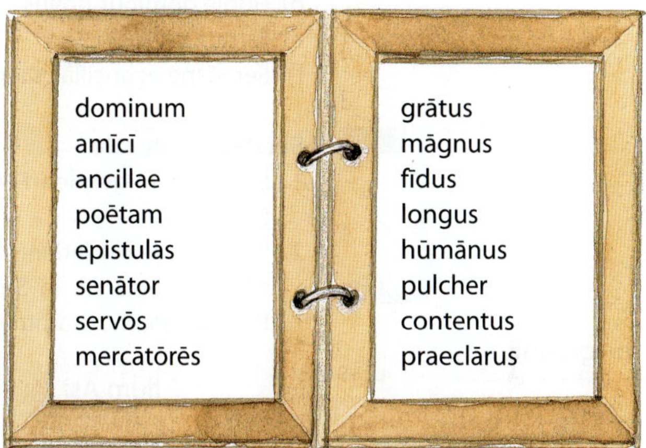

6 Mäusefraß

Eine kleine Maus ist über das Papier gelaufen und hat einige Endungen weggeknabbert. Schreibe die Sätze in dein Heft und repariere dabei die angefressenen Wörter. Übersetze die Sätze.

Beispiel:

a) Servī sēdul~ sunt.
b) Mult~ negōti~ ger~.
c) Ancillae vīlla~ cūra~.
d) Mēns~ ōrnant.
e) Hodiē Horātium poēt~ praeclār~ exspectant.
f) Horātius mult~ libr~ scrīb~.
g) Libr~ Octāviān~ imperātōr~ dēlectant.
h) Dēmētrius poēta~ praeclār~ salūta~.
i) Horāti~ content~ est: Hīc māgn~ arbor~ cresc~. Servī et ancill~ māgnōs labōr~ sube~.
j) Servī poēt~ audi~ et gaud~.

Einzug ins Satzgliederhaus

Welche Zimmer des Satzgliederhauses beziehen die Wörter folgender Sätze?

a) Multī servī vīllam cūrant.
b) Ancillae vērē sēdulae sunt.
c) Mēnsās ōrnant et cibōs bonōs parant.
d) Hodiē dominus novus venit.
e) Estne sevērus?
f) Servōsne et ancillās saepe laudat?

Satzfetzen-Puzzle

1. Bilde aus folgenden Fetzen zwei sinnvolle lateinische Sätze.
2. Schreibe selbst lateinische Sätze auf einen festen Karton, schneide sie in Stücke und lass sie von deinem Platznachbarn zusammenfügen und übersetzen.

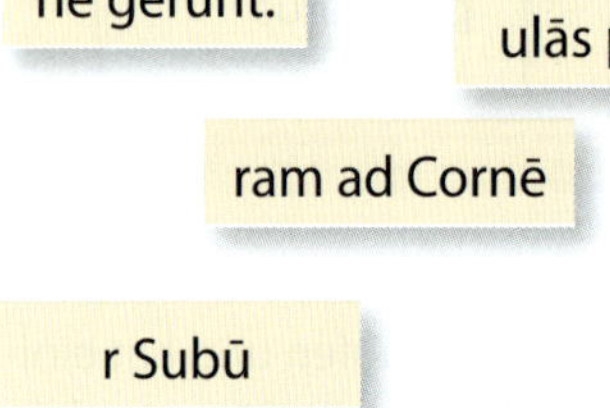

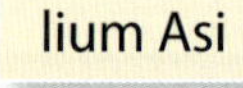

Serv — epist — ī fīdī — tant. N — tōrem appor — nam senā — egōtia be

Erkennst du die »schwarzen Schafe«?

In jede Reihe hat sich ein »schwarzes Schaf« eingeschlichen. Es hat sich zwar gut getarnt – aber du wirst es finden! Welches Wort passt (aus sachlichen oder grammatischen Gründen) nicht in die Reihe? Begründe deine Antwort.

1. incipit – quaerit – dormit – currit – tollit
2. arbor – mercātor – furor – timor – senātor
3. hodiē – illīc – nunc – bene – per
4. servus – hortus – amīcus – lībertus – discipulus
5. dōna – lūna – praemia – fora – negōtia
6. imperātōrēs – magistrōs – poētae – vīllās – dōna

Verstecktes Latein

1. Mit welchen lateinischen Vokabeln sind folgende Wörter verwandt?
2. Erkläre, eventuell mithilfe eines Lexikons oder des Internets, was die Wörter bedeuten.

a) Mensa b) Novität c) Labor d) Advokat
e) Poet f) Humanität g) Gaudi

11 Wirst du Millionär?

Mit Latein kommst du in jeder Quizrunde weiter! Logge dich bei der richtigen Antwort ein.

1. Die Einrichtung eines **rustikalen** Wirtshauses ist …

(A) russisch.	(B) grau-braun vom vielen Kaminruß.
(C) vom Architekten Anton Rustik entworfen.	(D) ländlich-gemütlich.

2. Was macht der Automechaniker bei einer **Inspektion**?

(A) Er trinkt Kaffee mit einem Polizei-Inspektor.	(B) Er schaut in den Motor und prüft ihn.
(C) Er reibt den Motor mit Speck ein.	(D) Er horcht, ob die Sendung »Spezial« im Autoradio läuft.

3. Wenn ein Engländer **grateful** ist, dann

(A) ist er hochgradig betrunken.	(B) liebt er Gratwanderungen.
(C) ist er dankbar.	(D) ist er grantig.

4. Ein **Arboretum** ist

(A) die Abschlussprüfung im Gymnasium.	(B) eine Baumschule.
(C) ein gepflegter Ausdruck für »Arbeitsamt«.	(D) die Jahresbestellung einer Zeitung.

Ein geheimnisvoller Laden

Stell dir vor, ein Laden heißt »Libri«: Um was für einen Laden handelt es sich wohl?

Ein menschlicher Gutsherr

Übersetze und achte dabei auf besonders gutes Deutsch.

Horatius poeta praeclarus ad villam novam venit. Villa donum est. Horatius magnos amicos habet; inter amicos senatores sunt. Libri eius etiam Octavianum imperatorem delectant. Horatius hortum intrat. Hic multae magnae arbores sunt. Tum villam inspicit. Servi cogitant: »Estne dominus novus severus? Vituperatne servos?« Subito Horatius servos ancillasque advocat: »Servi seduli magnos labores subeunt. Dominus bonus servos sedulos saepe laudat.« Servi gaudent; dominus novus vere humanus est.

eius: seine

Zwei Gesichter römischer Landwirtschaft

»Dies gehörte zu meinen sehnlichsten Wünschen: ein nicht so großes Stück Ackerland, wo es einen Küchengarten, eine dem Haus benachbarte Quelle nie versiegenden Wassers und ein wenig Wald über diesem allen gäbe.« So freute sich einst der römische Dichter Horaz, als ihm sein wohlhabender Freund Maecenas ein kleines Landgut in den Sabiner Bergen schenkte. Schon damals galt ihm, dem gestressten Großstädter, ein Haus auf dem Lande als Inbegriff der Ruhe und Erholung.

Horaz ist bescheiden und dankbar. Er begegnet seinen Untergebenen freundlich. Schließlich hat er nicht vergessen, wie hart sein Vater als ehemaliger Sklave hatte arbeiten müssen, bis er sich ein eigenes Stück Land kaufen und so seinem Sohn eine gute Ausbildung in Rom ermöglichen konnte.

Eine eigene Quelle, Gemüse und Kräuter aus dem eigenen Garten, Getreide vom eigenen Feld, Wein aus dem eigenen Weinberg, dazu Obst- und Olivenbäume, Hühner, ein paar Kühe und Schweine, ein Fischteich, vielleicht ein kleines Badehaus und einige Bienenstöcke – Horaz hat allen Grund, zufrieden zu sein. Sein Landgut sichert ihm die

Römisches Relief »Bauer und Kuh«. Glyptothek, München. Gipsabguss, Archäologisches Institut der Universität Göttingen.

Unabhängigkeit, die er als Dichter braucht. Er kann seinen Neigungen nachgehen und sich ganz seiner Dichtkunst widmen.

Für viele Bauern war das Leben auf dem Land allerdings mühevolle Arbeit. Sie besaßen nur einen einfachen Bauernhof, zu dem ein paar Ziegen, Hühner und vielleicht noch ein Ochse für die Feldarbeit gehörten. Auf kleinen, wenig fruchtbaren Böden pflanzten sie Getreide und Gemüse. Die Ernte reichte kaum zum Überleben der Familie. Nur wenige Bauern konnten sich einen Sklaven leisten. Oft trieben Schulden die Kleinbauern dazu, ihr winziges Stückchen Land an einen Großgrundbesitzer zu verkaufen. So entstanden besonders in Italien immer mehr landwirtschaftliche Großbetriebe, sogenannte Latifundien, die von einem Heer von Sklaven bewirtschaftet wurden. Die Besitzer dieser Latifundien waren zumeist reiche Stadtrömer, die mit den Einnahmen ihren aufwändigen und luxuriösen Lebensstil finanzierten. Die Kleinbauern konnten gegen sie nicht konkurrieren und wurden immer weiter in die Armut getrieben. Heimatlos geworden zogen sie in die Millionenstadt Rom, wo sie sich ein besseres Leben erhofften und am Ende doch nur durch öffentliche Getreidespenden überleben konnten.

Eine kleine Anekdote

In unserem Lektionstext erfahren wir, dass Horaz klein und dick ist. Darauf spielt Kaiser Augustus an, wenn er sich scherzhaft bei Horaz beklagt, sein letzter Gedichtband sei so kurz, dass er alle darin enthaltenen Gedichte problemlos auch auf seinen Gürtel hätte schreiben können.

1. Erläutere die Überschrift des Textes »Zwei Gesichter römischer Landwirtschaft«.
2. Ein römischer Bauer beschließt, sein Land zu verkaufen und in die Stadt Rom zu ziehen. Er erklärt seinen Beschluss seinen Nachbarn. Schreibe das Gespräch auf.
3. Erkläre, warum die reichen Großgrundbesitzer kein Interesse an einer gerechteren Verteilung des Ackerlandes hatten.
4. Im Römischen Reich gab es zahlreiche Landgüter wie das des Horaz. Auch bei uns in Deutschland hat man etliche ausgegraben und so wieder aufgebaut, wie man sich vorstellte, dass sie in römischer Zeit waren. Ein Beispiel dafür ist die Villa Borg im Saarland, die du auf dem Foto S. 30 siehst; so ähnlich könnte die *vīlla rūstica* des Horaz ausgesehen haben.
   a) Beschreibe, was du siehst.
   b) Was bedeutet der Besitz eines Landgutes für Horaz?
   c) Welche Gründe könnten Horaz bewogen haben, das Landleben dem Leben in der Stadt Rom vorzuziehen?

Lektion 5

Intrā!

cum: mit
ē, ex: aus
in: in, auf

Dēmētrius lībertus cum Quīntō Horātiō appāret.
Itaque ancillae ē vīllā veniunt et dominum novum salūtant.
Nunc servī ex hortō appropinquant et Horātium salūtant.
Poēta cum servīs rīdet.
Tum Horātius vīllam intrat.
In mēnsīs multōs cibōs bonōs videt et gaudet.
Post cēnam in hortum it.

disputāre: diskutieren
cupere: wünschen, wollen

In forō senātōrēs imperātōrem exspectant.
Nam cum imperātōre disputāre cupiunt.
Sed imperātor in forum nōn venit:
Cum senātōribus disputāre nōn amat.

In den Thermen

induere: anziehen
thermae (thermās) *f. Pl.:* Thermen

Hodiē Lūcius tunicam novam induit,
nam cum Decimō amīcō Britannicōque servō in viīs ambulāre
et posteā thermās vīsitāre cupit.
Prīmō *apodytērium* intrant.
Puerī tunicās pōnunt et in *palaestram* eunt.

Kaltbad in der Villa Borg bei Perl-Borg im Saarland.

1 Eingang
2 *apodytērium* (Umkleideraum)
3 *palaestra* (Sporthalle)
4 *lacōnicum* (Sauna)
5 *caldārium* (warmer Raum mit warmem Wasserbecken)
6 *tempidārium* (lauwarmer Raum)
7 *frigidārium* (kühler Raum)
8 *piscīna* (Kaltwasserschwimmbecken)

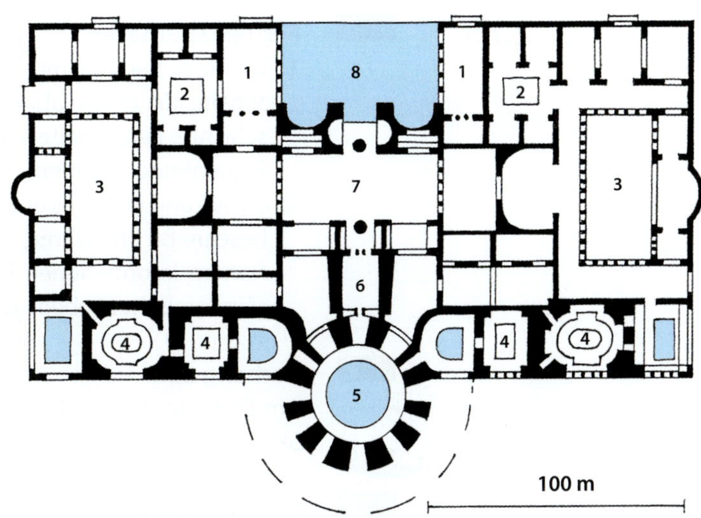

Grundriss der Caracalla-Thermen in Rom.

Britannicus autem in *apodytēriō* manet:
Vestīmenta cūstōdīre dēbet.

pila (pilam) *f.*: Ball
(brachia) plumbō gravia: mit Bleigewichten beschwerte …
crūstula *Akk. Pl. n.*: Gebäck
botulus (botulum) *m.*: Wurst
minōris: billiger
istum: *Akk. Sg. m. von* **iste:** dieser

In *palaestrā* multī hominēs sunt. Nōnnūllī sē exercent:
Pilās iaciunt et capiunt,
brachia plumbō gravia iaciunt.
Aliī cum venditōribus dē pretiīs agunt.
Clāmant, furunt, rīdent:
Crūstula et botulōs minōris emere cupiunt.
Lūcius et Decimus istum clāmōrem nōn amant.
Itaque ē *palaestrā* in *lacōnicum* eunt.
Sed hīc multī virī cum senātōre disputant …

cum: als
tenēte!: haltet!
sēcum: bei sich

Dēnique in *piscīnā* natant,
cum subitō clāmōrem novum audiunt:
»Tenēte fūrem! Tenēte fūrem!«
Tum hominem vident:
Circum *piscīnam* currit,
nōnnūlla vestīmenta sēcum portat.

columna (columnam) *f.*: Säule

Lūcius ē *piscīnā* exit et in *apodytērium* currit.
Sed ubī Britannicus est? Ubī tunica nova est?
Tum Lūcius et Decimus servum quaerere incipiunt,
dēnique inveniunt:
Britannicus post columnam dormit –
in tunicā novā …

Für Textspürnasen

1. Der Text beginnt mit einer Zeitangabe: »Hodiē«. Verschaffe dir einen Überblick über den Ablauf der Geschichte: Finde weitere kleine Wörter, die die Zeit oder Reihenfolge angeben.
2. Lucius und Decimus besuchen die Thermen. Nenne und beschreibe die Räume, die sie der Reihe nach betreten. Nähere Informationen findest du im Informationstext »Ein römisches Lebensgefühl – die Thermen« (S. 46–47).

Vorhang auf!

Am Ende der Geschichte finden Lucius und Decimus den Sklaven Britannicus. Spielt die Szene.

Lachen ist ansteckend

Phrygia steckt die anderen Sklaven an, egal was sie tut: Wenn sie lacht, wenn sie sich freut, wenn sie … – ergänze die lateinischen Formen und übersetze alles.

Beispiel:
Phrygia rīdet. Servī rīdent. Rīdēre dēlectat.
Phrygia lacht. Die Sklaven lachen. Lachen macht Spaß.

a) Phrygia gaudet. b) Phrygia dormit. c) Phrygia furit.
d) Phrygia labōrat. e) Phrygia flet. f) Phrygia gemit.
g) Phrygia currere incipit.

Der mysteriöse Mehrzahlzauber

1. Übersetze die Sätze.
2. Setze die lateinischen Sätze in den Plural.

Beispiel:
Servus tunicam apportat. Der Sklave bringt die Tunika.
Servī tunicās apportant.

a) Puer intrat.
b) Puella māgnum clāmōrem audit.
c) Servus dominum timet.
d) Mercātor vestīmentum emere cupit.
e) Poēta librum scrībit.
f) Servus hominem capit.
g) Dominus arborem pulchram videt.

5 Von Stein zu Stein

Es geht um die Wurst! Wer kommt trocken über den Bach zum Grillplatz? Mein amīcus fīdus springt von Stein zu Stein.

Also: amīcus fīdus – amīcum fīdum – amīcōs fīdōs – amīcī fīdī – amīcīs fīdīs – amīcō fīdō

Verfahre ebenso mit:
a) homō malus b) puella pulchra c) imperātor sevērus d) māgnum studium e) vir bonus

6 W-Fragen

Stelle die Fragen: »Wo?« »Woher?« »Mit wem?«
Suche aus den folgenden Sätzen die passenden lateinischen Antworten heraus und stelle fest, welche semantische Funktion der Ablativ jeweils hat.

a) Lūcilla cum Phrygiā ancillā ē vīllā in hortum exit. b) In hortō ambulant. c) Lūcilla cum ancillā ambulāre amat. d) Tum ex hortō exīre dēbent. e) Lūcilla flēre incipit.

7 Mit wem? Wohin? Wo? Woher?

1. Überlege dir drei andere präpositionale Ausdrücke auf Lateinisch, schreibe sie auf und zeichne Bilder dazu.
2. Schreibe die folgenden Sätze ab und ergänze sie lateinisch. Der deutsche Wortspeicher kann dich auf Ideen bringen.
3. Übersetze.

a) Antōnia domina ~ ambulat.
b) Lūcilla gemere incipit; nōn amat ambulāre.
c) Itaque Antōnia et Lūcilla ~ exeunt et vīllam intrant.
d) Aulus ~ Asinam senātōrem vīsitāre cupit.
e) ~ ambulant.
f) ~ multōs amīcōs vident.

über den Marktplatz   aus dem Garten   mit einem Freund   mit ihrer Tochter Lucilla   auf dem Marktplatz   im Garten

4. Übersetze und zeichne.

a) Puellae in vīllā sunt.
b) Imperātor in forum venit.
c) Poēta in hortum it.
d) Cibī in mēnsā sunt.

8

Einzug ins Satzgliederhaus

Welche Zimmer des Satzgliederhauses beziehen die Wörter oder Wortgruppen folgender Sätze?

Beispiel:
Servus in hortō arborem caedit.
Servus: Subjekt-Zimmer. in hortō: Adverbiale-Zimmer (aB des Ortes). arborem: Objekt-Zimmer (AObj). caedit: Prädikat-Zimmer.

a) Lūcius cum amīcō bonō ē vīllā exit.
b) Imperātor in forō cum senātōribus disputat.
c) Lūcilla parva cum ancillā in hortum currit.

9

Wort-Rosette

Manchmal kannst du eine Fülle von ähnlichen Wörtern durch ein einziges lateinisches Wort erklären.

1. Suche ein lateinisches Wort, das mit den Wörtern in der Rosette verwandt ist, und erkläre die Wörter mit seiner Hilfe. Wo nötig, ziehe ein Lexikon oder das Internet zu Rate.
2. Male eine Rosette in dein Heft, in deren Mitte »Inter« steht. Schreibe auf die anderen Rosettenfelder alle Wörter mit »Inter-«, die dir einfallen (z.B. Intercity), und erkläre sie.

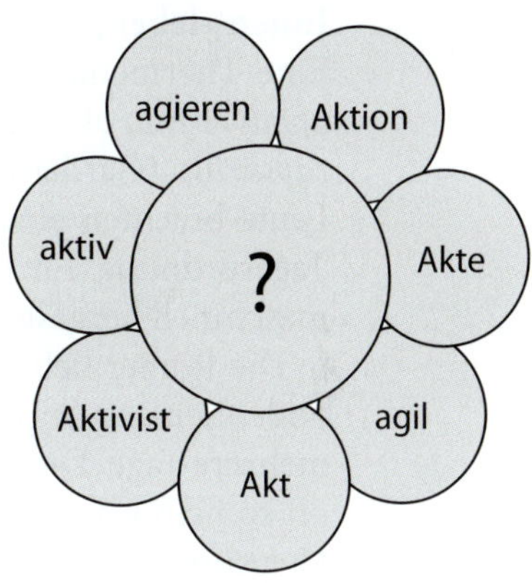

***10**

Hunger!

Übersetze und achte dabei auf besonders gutes Deutsch.

Phrygia ancilla cum parva Lucilla ex horto venit. In villam currunt. Lucilla cenam exspectat. In villa cibos bonos videt et gaudet. Etiam Phrygia cenam exspectat. Sed mensas ornare debet. Semper ancilla sedula esse debet. Phrygia gemit: »Labor non delectat!«

Ein römisches Lebensgefühl – die Thermen

Beliebter Treffpunkt

Gehst du gerne schwimmen? Dann warst du vielleicht schon einmal in einem Erlebnisbad mit Schwimmanlage, Wellnessbereich, Sauna, Massage, Fitness-, Ruheraum und Imbiss. Ungefähr so musst du dir nämlich römische Thermen vorstellen – nur viel preiswerter! Männer bezahlten höchstens ½ As , Frauen oft das Doppelte. In den *balnea pūblica* (öffentliche Bäder) war der Eintritt sogar gratis. Politiker und reiche Privatleute ließen diese Thermen auf eigene Kosten bauen, um der Bevölkerung den freien Zugang zu den Bädern zu ermöglichen.

Römer gingen eigentlich jeden Tag in die Thermen. Dies galt unterschiedslos für Arm und Reich. Nur wenige hatten ein Badezimmer zu Hause. In den meisten Wohnungen gab es nicht einmal fließendes Wasser. In den Thermen konnte man außerdem immer Bekannte treffen. Nicht selten ergab sich eine Einladung zum Essen. Die Römer waren nämlich sehr gesellig. Sie badeten – und aßen eben gerne in größerer Runde. Daher war es nichts Ungewöhnliches, auch fremde Leute zu sich einzuladen.

Innen(-leben)

Eine Thermenanlage hatte viele Bereiche. Die Kleidung legte man im *apodytērium* ab. Da es keine abschließbaren Fächer gab, bewachte ein *capsārius* (Garderobenmann) gegen Gebühr die Kleidung. Reichere Leute brachten einen Sklaven mit. Dennoch waren Diebstähle an der Tagesordnung. Ein Grund lag sicher darin, dass Kleidung, weil sie nicht maschinell hergestellt werden konnte, ziemlich teuer war.

Die Römer liebten es warm. Daher besaßen die Thermen eine Fußbodenheizung *(hypocaustum)*. Um Thermen zu beheizen, brauchte man mehrere Tage. Die Heizung ließ sich kaum regulieren, sodass der Boden oft so heiß war, dass er nur mit Holzsandalen betreten werden konnte. Ursprünglich badeten Männer und Frauen getrennt, aber in späterer Zeit waren auch Gemeinschaftsthermen üblich. Im Badebereich der Thermen war man nackt – alles andere hätte Anstoß erregt!

Ein Thermenbesuch folgte einem festen Ablauf: Zunächst trieb man in der *palaestra* ein wenig Sport. Anschließend ging es ins *sūdātōrium* (Schwitzbad) oder direkt ins *caldārium* (Warmwasserbad). Bevor man in das mit Duftölen angereicherte Warmwasserbecken stieg, reinigte man sich. Da es keine Seife gab, rieb man die Haut mit Olivenöl ein und zog sie anschließend mit einem Striegel ab. Zum Abkühlen ging es in die *piscīna* (Kaltwasserbecken), wo es in den großen Thermen ähnlich zuging wie in modernen Schwimmbädern. Der Wasserverbrauch war enorm, denn allen Becken wurde ständig frisches Wasser zugeführt. Entspannen konnte man sich im *lacōnicum* (Sauna); Abkühlung bot das *frīgidārium* (kühler Raum). Aber schon damals liebte nicht jeder den Gang in die Sauna.

»Begleiterscheinungen«

Natürlich ging es in den Thermen recht laut zu. Masseure, Händler, Imbissverkäufer, alle schrien durcheinander. Dazwischen das Lärmen der Besucher in den Bädern und Sportanlagen. In direkter Nachbarschaft von Thermen brauchte man also gute Nerven, um sich nicht so gestört zu fühlen wie der Philosoph Seneca, dessen Ferienwohnung in dem schicken und teuren Badeort Baiae ausgerechnet direkt über einer Thermenanlage lag. Seufzend beklagt er Luxus und Lärm moderner römischer Bäder und erinnert an die »gute alte Zeit«, als man bescheiden nur einmal in der Woche badete …

1. Welche Bedeutung hatten die Thermen für die Römer?
2. Beschreibe die Ausstattung einer Thermenanlage.
3. Beschreibe ein *hypocaustum*.
4. Der Philosoph Seneca beklagt Luxus und Lärm moderner römischer Bäder. Erfinde ein Gespräch, das er mit einem guten Freund darüber führt.
5. Die Reinigungskraft von Öl macht man sich auch heute noch in einigen Bereichen zunutze. Nenne Beispiele.

Restaurierte und rekonstruierte Fußbodenheizung *(hypocaustum)*, die man in Kaiseraugst bei Basel (Schweiz) besichtigen kann.

Lektion 6

Intrā!

virga (virgam) *f.*: Rute, Stock

Antōnia cum Phrygiā in vīllā est.
Domina fībulā sē ōrnāre cupit. Phrygia fībulam frūstrā quaerit.
Itaque māgnō (cum) clāmōre Antōnia ancillam vituperat.
Cum timōre Phrygia tacet:
Saepe dominae sevērae ancillās etiam virgīs verberant.

Was nun?

thermae (thermās) *f. Pl.*: Thermen

saccus (saccum) *m.*: Sack

rōstra, rōstrōrum *n. Pl.*: Rednerbühne

basilica Iūlia, basilicae Iūliae *f.*: Basilika Iulia

Ad vesperum Lūcius cum amīcō servōque thermīs exit.
Tunicā novā vestītus nōndum domum īre cupit,
itaque cum Decimō Britannicōque iterum per viās ambulat.
In forō Rōmānō multī hominēs sunt:
Servī sarcinīs onustī per turbam currunt.
Agricolae carrīs parvīs saccōs vehunt.
Nōnnūllī asinōs virgīs verberant.
In rōstrīs senātōrēs māgnā vōce cum collēgīs disputant.
Ante basilicam Iūliam venditōrēs māgnō cum clāmōre mercēs pulchrās laudant.

ista *Nom. Pl. n.*: diese

ea *Akk. Pl. n.*: sie

potestis: ihr könnt

summissus, summissa, summissum: gedämpft, leise

Cum gaudiō Lūcius turbam spectat.
Subitō ūnum ē mercātōribus recōgnōscit:
Ecce fūr! Vestīmenta vendit!
Lūcius, Decimus Britannicusque lentē appropinquant.
Fūr ante cūriam stat et
cum superbiā vestīmenta laudat:
»Nōnne ista vestīmenta sunt pulchra?
Parvā pecūniā ea emere potestis!«
Lūcius Decimum vōce summissā interrogat:
»Quid nunc?«

Die *Rōstra*, die Rednerbühne, auf dem Forum Romanum. Im Hintergrund das *Tabulārium*, das Archiv, und links der Saturntempel.

1 **Für Textspürnasen**

1. Nenne die Personen, die in der Geschichte vorkommen.
2. An welchen Schauplätzen spielt die Geschichte? Schreibe die lateinischen Begriffe auf.

2 **Für Textexperten**

1. Schreibe aus dem Text heraus, was die Personen tun. Beispiel: Lūcius exit, īre cupit, ambulat.
2. »Quid nunc?« (Z. 22): Was hättest du an Lucius' und Decimus' Stelle getan?

3 **Wenig wird viel – viel wird wenig!**

Vertausche Singular und Plural und übersetze die neuen Ausdrücke.

a) cum agricolā b) cum puellīs c) cum fūre d) virgā
e) cum collēgīs f) per turbam g) carrīs parvīs
h) cum mercātōre i) fībulīs j) per viam
k) dē mercatōribus fīdīs

4 Von Stein zu Stein

Wer springt so gut wie unser amīcus fīdus und gelangt trocken auf den Grillplatz?
Also: amīcus fīdus – amīcō fīdō – amīcī fīdī – amīcīs fīdīs – amīcum fīdum – amīcōs fīdōs
Verfahre ebenso mit:
a) māgnum gaudium b) parvus hortus c) māgna vōx
d) homō grātus e) merx nova f) dōnum iūcundum

5 Die fehlerhafte Schreibtafel

Lucius ist nach seinen aufregenden Erlebnissen so erschlagen, dass er sich abends überhaupt nicht mehr konzentrieren kann … Bring sein Schreibtäfelchen in Ordnung, bevor Theophilus am nächsten Morgen das Chaos bemerkt!
Schreibe die Substantive untereinander in dein Heft und ordne dann jedem Substantiv das inhaltlich und grammatisch passende Wort von der rechten Tafelseite zu.

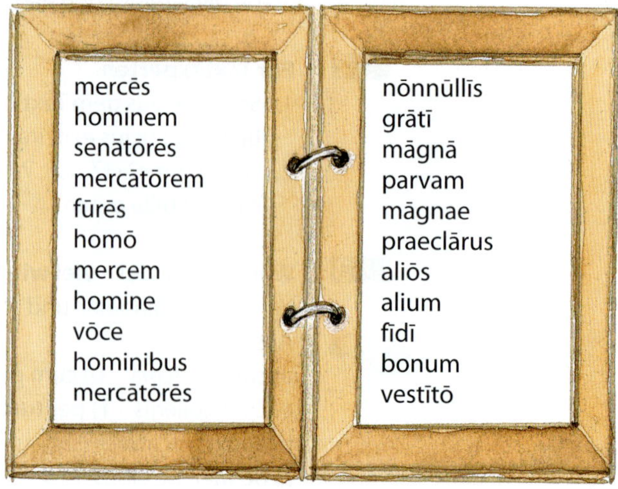

6 Streik der Ablative!

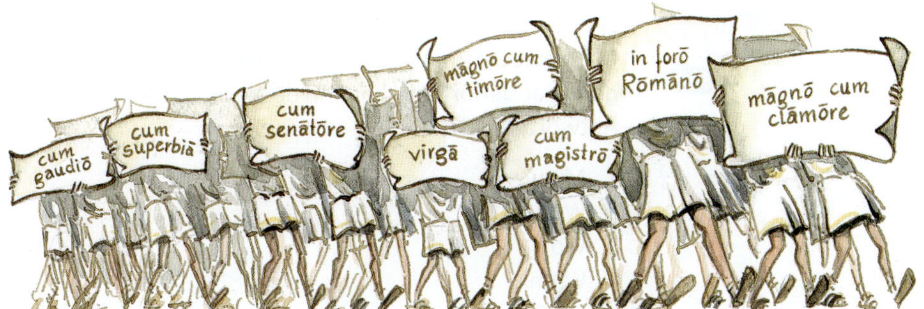

Die Ablative kämpfen um mehr Anerkennung ihrer Leistungen, haben ihre Arbeitsplätze verlassen und sich zu einer Protestveranstaltung getroffen. Nach Beendigung ihres Streiks kehren sie an ihre Arbeitsplätze zurück.

1. Schreibe die Sätze in dein Heft und setze die Ablative an die richtigen Stellen.
2. Übersetze die Sätze.
3. Schreibe hinter jeden Satz die semantische Funktion des Ablativs.

a) Dominus servum ~ nōn verberat.
b) Senātor amīcum ~ salūtat.
c) Amīcus ~ ambulat.
d) Magister discipulōs ~ vituperat.
e) Puellae ~ per viās currunt.
f) Venditōrēs ~ mercēs pulchrās laudant.
g) Ancillae dominam ~ exspectant.
h) Discipulī ~ in forum veniunt.

7 Einzug ins Satzgliederhaus

Welche Zimmer des Satzgliederhauses beziehen die Wörter oder Wortgruppen folgender Sätze?

a) Venditor mercēs pulchrās cum studiō laudat.
b) Agricolae māgnō cum clāmōre per viās currunt.
c) Antōnia vestīmenta nova parvā pecūniā emit.

Ein Detektiv ermittelt

Unser Detektiv stellt Zeugen eines Verbrechens Fragen. Ordne jeder Frage zwei mögliche Zeugenaussagen zu und übersetze sie (manche Zeugen haben sich die Fragen nicht genau angehört und können deshalb auch keine richtigen Antworten geben …).

1. Mit wem?
2. Woher?
3. Wo?
4. Womit?
5. Wie?

in viīs cum puellīs cum gaudiō ē vīcīs in hortum
ē vīllā rūsticā parvō carrō in forō Rōmānō
cum fīliā ad senātōrem in hortō cum labōre
vestīmentō novō

Erkennst du die »schwarzen Schafe«?

Welches Wort passt (aus sachlichen oder grammatischen Gründen) nicht in die Reihe? Begründe deine Antwort.

a) currere – venīre – transīre – labōre – exercēre – manēre
b) ad – in – ex – dē – ubī – per
c) labōre – ōrnāre – mercātōre – clāmōre – imperātōre – furōre
d) pecūnia – mēnsa – homō – brachium – iterum
e) onustus – fīdus – hortus – vacuus – māgnus

Versttecktes Latein

1. Mit welchen lateinischen Vokabeln sind folgende Wörter verwandt?
2. Erkläre, eventuell mithilfe eines Lexikons oder des Internets, was die Wörter bedeuten.

a) Exil b) Weste c) Karre d) Kollegium
e) Spektakel f) Vesper

11 Dolmetscher gesucht!

Stell dir vor: Der Römer Flavius ist auf Zeitreise bei uns zu Besuch. Du begleitest ihn als Dolmetscher auf seiner Rundreise durch Europa.

1. Übersetze ihm auf eurer Reise die eingezeichneten Wörter.
2. Warum wollte Flavius wohl gerade in diese Länder reisen? Wie lautet der Sammelbegriff für die Sprachen dieser Länder?

*12 Ein unternehmungslustiger Esel

Übersetze und achte dabei auf besonders gutes Deutsch.

taberna, tabernae *f.*: Schenke

Agricola cum asino per vias ambulat. Amicum bonum videt. Agricola cum amico in tabernam ire cupit. Asinus agricolam non exspectat et in hortum currit. Postea agricola magno cum studio asinum quaerit. Asinum autem non invenit. Ad vesperum asinus ex horto ad agricolam venit. Cum gaudio agricola asinum salutat.

Das Forum Romanum – mehr als nur ein Marktplatz

Rōma aeterna! Ewiges Rom! Lass dich auf eine kleine Fantasiereise entführen und schau in Gedanken gemeinsam mit mir vom *Capitōlium*, einem der sieben Hügel Roms, hinunter auf das *Forum Rōmānum*.

»*Forum*« bedeutet eigentlich »Marktplatz«. Aber dieses *Forum* hatte schon in römischer Zeit mit dem, was wir heute unter Marktplatz verstehen, nichts mehr zu tun; heute ist es nur noch ein riesiges Trümmerfeld, Opfer zahlreicher Erdbeben, Brände und Plünderungen. Dennoch strömen alljährlich Touristen aus aller Welt hierher. Gibt es dafür eine Erklärung?

Das *Forum Rōmānum* ist das Herzstück Roms. Von hier aus haben die Römer über Jahrhunderte die Welt beherrscht. Am Fuß des Kapitols sehen wir, erhöht auf einem Podium, die Säulen des *Saturntempels*. Wir wenden unseren Blick zur *Via Sacra* (Heilige Straße). Auf dieser Straße zogen in römischer Zeit siegreiche Feldherren im Triumphzug hinauf zum Kapitol. Manche von ihnen ließen Triumphbögen errichten wie der Kaiser *Septimius Sevērus*, dessen *dreitorigen Bogen* wir hinter dem *Saturntempel* erkennen können.

Das schmucklose Gebäude zur Linken des Bogens ist die *Cūria*, in römischer Zeit Sitz des Senats. Vor der *Cūria* befinden sich, gut sichtbar, die Überreste der *Rōstra*, der Rednerbühne. Ihr Name rührt von Schiffsschnäbeln her (*rōstrum:* Schiffsschnabel), die Kaiser Augustus an beiden Seiten der Bühne anbringen ließ. Von dort führt eine Treppe hinunter zu dem geheimnisvollen *Lapis Niger* (Schwarzer Stein), einem uralten Weiheort des Gottes Vulcanus, des Gottes des Feuers.

Oberhalb der *Cūria* erhebt sich eine Kirche, errichtet auf den Überresten des berüchtigten *Mamertinischen Kerkers*. Dieser ist nur durch eine Öffnung von oben zugänglich. Hier sollen auch die Apostel Petrus und Paulus auf ihre Hinrichtung gewartet haben. Nur noch erahnen können wir die *Basilica Iūlia*, eine einstmals prächtige Säulenhalle, die zu Ehren von Gaius Iulius Caesar erbaut worden war. Im Hintergrund entdecken wir den *Rundtempel der Vesta* und die Überreste einer Wohnanlage. In diesem Teil des Forums wohnten die Vestalinnen, hoch angesehene, unverheiratete Priesterinnen, die das ewige Herdfeuer der Göttin Vesta bewachen mussten.

In Gedanken gehen wir die *Via Sacra* entlang, vorbei am *Tempel des Antōnīnus Pius* und seiner Gattin *Faustīna*; hier steht heute eine Kirche, die im 11. Jahrhundert in den Tempel hineingebaut wurde. Wir kommen zum *Tempel des Rōmulus,* dessen Bronzetür noch aus römischer Zeit stammt. Dahinter sehen wir die monumentalen Überreste der *Maxentiusbasilika.* Ein weiterer Triumphbogen wird sichtbar. Es ist der *Titusbogen*, errichtet nach der Zerstörung Jerusalems im Jahre 70 n. Chr.

ick vom *Tabulārium*, dem Archiv, auf das Forum Romanum. inks im Vordergrund der Bogen des Septimius Severus und die *ūria*, im Hintergrund e Maxentius-Basilika und das *Colossēum*.

Ein Relief im rechten Innenbogen erinnert an dieses für Römer wie Juden gleichermaßen einschneidende Ereignis. Und dann – ganz am Ende der *Via Sacra* – gelangen wir zu dem berühmtesten antiken Bauwerk, dem *Colossēum*, der Arena, in der die Gladiatoren vor jubelnden Zuschauermassen um ihr Leben kämpften.

1. Wenn du nächste Woche nach Rom reisen würdest, aber nur wenig Zeit hättest: Welche drei Sehenswürdigkeiten auf dem *Forum Rōmānum* würdest du dir auf jeden Fall anschauen, und warum?
2. Bereite mithilfe von Büchern oder des Internets ein Kurzreferat von fünf Minuten über eine der Sehenswürdigkeiten, die du besuchen würdest, vor und halte es vor der Klasse. Suche auch nach Bildern, mit denen du deinen Mitschülern anschaulich machen kannst, was du sagst. Hier sind zwei Internetadressen, die dir weiterhelfen können:
   http://www.antikefan.de/Bilder/rom/forumromanum/forum.html
   http://www.roma-antiqua.de/antikes_rom/forum_romanum/
3. Erkläre den Unterschied zwischen einem Marktplatz in unserem Sinn und dem *Forum Rōmānum*.
4. Zeichne eine Skizze von der *Via Sacra*.
5. Suche in Büchern oder im Internet Bilder von Triumphbögen.

Lektion 7

Was ist denn hier los?

Teil 1

In vīllā et Britannicus et Phrygia et Germānicus āleā lūdunt.
Aulus dominus hortum īnspicit.
Subitō clāmat:
»Venī, Phrygia! Venīte, Britannice et Germānice!«
Sed neque ancilla neque servī audiunt –
āleā lūdere pergunt.

Māgnō cum timōre Lūcilla parva servōs interrogat:
»Ō servī, cūr nōn obtemperātis? Cūr lūdere pergitis?
Nōnne vōs furōrem patris timētis?«
Britannicus rīdet: »Hodiē nihil timēmus!
Hodiē nōn servīmus, hodiē nōn labōrāmus, hodiē lūdimus!
Hodiē nōs servī līberī sumus!
Etiam egō līber sum: Cantō, clāmōrem tollō, iubeō, dormiō,
utcumque mihi libet!«
Lūcilla stupet …

patris: meines Vaters

utcumque mihi libet: ganz wie ich Lust habe

Triclīnium in Kaiseraugst.

Teil 2

Ad vesperum tōta familia in triclīniō est.
Servī in lectīs iacent.
Et Aulus et Antōnia et Lūcius et Lūcilla cibōs apportant.
Lūcius rīdēre incipit, Britannicus autem clāmat:

triclīnium (triclīnium) *n.*: Esszimmer

»Dēsiste rīdēre, Lūcī! Cum silentiō cēnāre cupiō.«
Germānicus: »Hēia tū, Aule!
Vīnum bibere cupiō, apportā vīnum!
Cūr tam lentus es?«

Phrygia: »Et tū, Antōnia, cūr semper mē vituperās?
Cūr clāmōre tuō semper nōs terrēs?
Servōsne vexāre tē iuvat?«
Et Aulus et Antōnia gemere incipiunt.
Britannicus: »Hēia, Aule et Antōnia, tacēte!
Ecce epistula.
Apportāte eam ad Titum Cornēlium Asinam!
An vōs Subūram timētis? Valēte!«

eam: ihn

1 Für Textspürnasen

1. Nenne die Personen, die in Teil 1 vorkommen.
2. Nenne die Personen, die in Teil 2 sprechen.

2 Für Textexperten

1. Erläutere, was Lucilla Sorge bereitet (Z. 9–10).
2. Beschreibe und erkläre die besondere Ausdrucksweise des Sklaven Britannicus in Teil 2, Z. 6–17.
3. »Lucilla stupet …« (Z. 18). Erkläre, weshalb.
4. Beschreibe und erkläre das Verhalten der Sklaven gegenüber Aulus und Antonia in Teil 2, Z. 6–17.
5. Die Frage »An vōs Subūram timētis?«, die Britannicus am Ende der Geschichte stellt, dürfte den Herrn und die Herrin in besonderer Weise treffen. Erkläre, warum.

3 Für Wortzerleger

Zerlege, bestimme und übersetze die folgenden Verbformen.

Beispiel furimus: fur-i-mus. 1. Person Plural Präsens von furere: wir sind wütend

a) lūdunt
b) clāmās
c) cupit
d) iubē!
e) cūstōdiō
f) exītis
g) este!

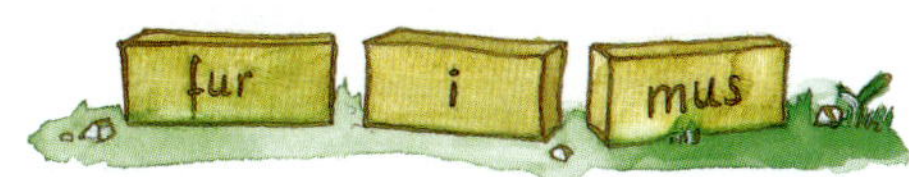

Theophilus, die Nervensäge

Theophilus, die Nervensäge, will es wieder einmal genau wissen …
Setze die Verbformen lateinisch und deutsch aus dem Singular in den Plural oder umgekehrt und übersetze.

1. a) labōrat b) fodiō c) cūstōdī d) manēs e) īnspicis f) iacētis g) flent h) natāmus i) appārēte j) dictāmus
2. a) prōdes (2 Pluralformen) b) est c) es (2 Pluralformen) d) prōsunt e) sumus f) prōdestis

5 Formen-Wippe

Lass Singular mit Plural wippen: Schreibe die Sätze in dein Heft. Setze sie dann aus dem Singular in den Plural oder umgekehrt. Übersetze.

Beispiel:
Pergite, amīcī! Perge, amīce!
Macht weiter, Freunde! Mach weiter, Freund!

a) Rīdē, ancilla!
b) Currite, asinī bonī!
c) Tacē, homō male!
d) Venīte, collēgae sēdulī!
e) Scrībe, fīlia!
f) Audī, mercātor!

6 Die fehlerhafte Schreibtafel

Lucius hat mal wieder die Adjektive auf der rechten Tafelseite in der falschen Reihenfolge aufgeschrieben. Hilf ihm, Ordnung zu schaffen: Schreibe die Substantive untereinander in dein Heft und ordne dann jedem Substantiv das inhaltlich und grammatisch passende Adjektiv zu.

7 Krach!

Schreibe die Sätze in dein Heft ab, setze jeweils das passende Personalpronomen ein und übersetze.

a) Domina: »Egō semper labōrō, ~ semper dormīs.«
b) Dominus: »Egō ~ amō, sed ~ ~ semper vituperās.«
c) Servī: »~ in hortō labōrāre dēbēmus, ~ autem cum Lūcillā lūditis.«
d) Ancillae: »~ semper in hortō dormītis, ~ autem semper sēdulae sumus, rārō peccāmus. Tamen Antōnia domina ~ semper vituperat.«

Erkennst du die »schwarzen Schafe«?

Welches Wort passt (aus sachlichen oder grammatischen Gründen) nicht in die Reihe? Begründe deine Antwort.

a) iubē – tolle – timē – incipe – amīce – bibe
b) nōndum – illīc – nunc – tum – dēnique – subitō
c) apportā – āleā – cēnā – vexā – vituperā – cantā
d) magistrum – carrum – arborem – puerum – furōrem – hortum
e) mercātōrēs – hominēs – fūrēs – terrēs – clāmōrēs – venditōrēs
f) quaerit – accidit – dēsistit – recōgnōscit – scrībit – capit

Mutter Latein und ihre Kinder

Inzwischen kennst du schon viele lateinische Wörter; da wird es dir leicht fallen, die Bedeutung einiger englischer, französischer, italienischer und spanischer Vokabeln zu erschließen.

Zeichne in dein Heft eine LEFIS-Tabelle nach folgendem Muster mit fünf Spalten und fünf Zeilen.

Lateinisch	Englisch	Französisch	Italienisch	Spanisch
~	~	~	~	~

Trage die passenden »Geschwister«-Wörter aus den Wortspeichern und das lateinische »Mutter«-Wort ein.

10 Zaubersprüche – überall nützlich!

Unser Zauberer ist gerade auf einem Zaubererkongress in England zu Gast. Er hört einen englischen Vortrag über Zaubersprüche für Schüler. Fleißig notiert er sich alles auf Lateinisch. Übersetze auch du die Sprüche aus dem Vortrag vom Englischen ins Lateinische.

Dictate *schrotabitatüt*!

Serve wine!

Capture Theophilus!

Appear, donkey!

Chant *lalilalu*!

Vex the teacher!

*11 Freunde

Übersetze und achte dabei auf besonders gutes Deutsch.

Antonia clamat: »Veni, Lucilla! Veni, Luci! Venite! Decimus amicus vos visitare cupit.« Sed neque puer neque puella venit. Decimus clamat: »Ego vos visito, sed vos me non salutatis. Nonne amici fidi sumus? Ubi estis?« Tum Lucius et Lucilla veniunt, amicum salutant, cum amico in hortum currunt. Lucius amicum interrogat: »Cur tam raro venis? Cum amicis esse nos semper iuvat.«

Der römische Kalender – eine Wissenschaft für sich

Britannicus, Phrygia und Germanicus jubeln: *Ante diem sextum decimum (a. d. XVI) Kalendās Iānuāriās*! Heute beginnen die Saturnalien. Das bedeutet 14 Tage Fröhlichkeit bis *ante diem tertium (a. d. III) Kalendās Iānuāriās.*

Die Zählung der Monatstage

Ante diem quīndecimum Kalendās Iānuāriās, ante diem tertium Kalendās Iānuāriās – Das Wort *ante* kennst du bereits. *Diēs* heißt »Tag« und *quīndecimus* »fünfzehnter«. Das Wort *Kalendās* erklärt sich aus der römischen Zählung der Monate nach dem Mondzyklus. Dafür beobachteten Priester den Himmel und riefen bei Neumond den Anfang des neuen Monats mit den *Kalenden* (*calāre:* ausrufen) aus. Es handelt sich also um den 15. Tag vor dem Januarneumond. Mit *tertium* (dritter) *diem* ist der vorletzte Tag vor dem Januarneumond gemeint.

Januskopf. Römische Skulptur. Museo di Antichità, Turin.

Der Tag des Vollmonds hieß *Īdūs* = *Iden*. In den Monaten März, Mai, Juli und Oktober waren die *Iden* am 15., in den anderen Monaten am jeweils 13. Tag des Monats. Vom neunten Tag vor den *Iden*, den *Nōnae (nōnus:* neunter) an wurde rückwärts bis zu den *Iden* gezählt. Die *Nonen* dienten zur Bezeichnung des ersten Mondviertels. Von den *Iden* wurde dann rückwärts bis zu den *Kalenden* gezählt. Na, alles klar? Vielleicht doch noch nicht so ganz. Im Grunde verstanden selbst in römischer Zeit nur die Priester das System. Deswegen hier nun das Datum der Saturnalien nach unserer Zählung: Die Saturnalien begannen am 17. Dezember und dauerten bis zum 30. Dezember (in der Frühzeit bis zum 23. Dezember).

Das römische Kalenderjahr

Einen Kalender gab es seit der Frühzeit Roms. Damals wurde der Jahreswechsel noch im März = *Mārtius* zu Ehren des als Fruchtbarkeitsgott verehrten Gottes Mars gefeiert. Das Jahr hatte damals nur zehn Monate. Die Namen September (*septem:* sieben), Oktober (*octō:* acht), November (*novem:* neun), Dezember (*decem:* zehn) erinnern daran. König Numa erweiterte die Zahl auf zwölf Monate, indem er den Januar und den Februar einfügte und den Jahresbeginn auf den 1. Januar legte. Der Januar erinnert an den Gott Janus; der Februar wurde zum Reinigungsmonat (*februāre:* reinigen). Da durch die Zählung nach dem Mondzyklus das Jahr nur 355 Tage hatte, mussten regelmäßig Schaltmonate eingefügt werden. Erst Gaius Iulius Caesar führte 46 v. Chr. die jährliche Zählweise von 365¼ Tagen ein, die heute noch gebräuchlich ist.

Wochen- und Feiertage

Die Monate selbst waren in Wochen aufgeteilt. Jeweils am achten Tag wurde Markt gehalten. Diese Markttage hießen *Nūndinae* (*novem diēs:* neun Tage – beide Markttage wurden immer mitgezählt). Da allerdings jede Stadt ihre eigene Wocheneinteilung hatte, waren die *Nūndinae* für eine genaue Datierung äußerst unzuverlässig. Einen Sonntag in unserem Sinne kannten die Römer nicht. Dafür hatten sie eine Vielzahl von Feiertagen (*fēriae:* Ruhetage), die auf öffentlichen Kalendern vermerkt waren. Die Kinder hatten an den *fēriae* meistens nicht schulfrei.

Am beliebtesten aber waren die Saturnalien zu Ehren Saturns, des Gottes des Ackerbaus. An diesem Tag waren alle gesellschaftlichen Schranken aufgehoben. Die Kinder hatten diesmal wirklich Ferien. Sklaven konnten sich ihren Herrschaften gegenüber freimütig äußern. In vielen Familien wurden sie sogar von ihnen bedient. Man beschenkte sich gegenseitig, wählte einen *prīnceps Sāturnālicius* (Saturnalienfürst) und tat all die Dinge, die im übrigen Jahr nicht erlaubt oder einfach auch nicht möglich waren wie gut essen und trinken, um Geld würfeln, witzige Gespräche führen und vieles mehr.

1. Erläutere die Namen September, Oktober, November und Dezember.
2. Was versteht man unter den Kalenden? – Welchen Zeitpunkt eines Monats bezeichnet man als Iden?
3. Sieh dir die Abbildung des Januskopfes an. Warum wählte Numa ausgerechnet diesen Gott für den Jahreswechsel?
4. Erkläre den Begriff Nūndinae.
5. Warum waren die Saturnalien so beliebt? – In welchen Festen leben sie heute fort?
6. Bestimme den Tag deines Geburtstages nach römischer Zählung.

Lektion 8

Unter Nachbarn

Tiberius: Salvē, Valeria!
Valeria: Salvē, Tiberī, et tū. Cūr hōrā tertiā domī es?
Tempus est labōrāre!
Tiberius: Hodiē labōrāre nōn possum.
Valeria: Cūr tū labōrāre nōn potes?
Tiberius: Fessus sum. Male dormīvī.
Valeria: Quid egō dīcam?
Egō quasi numquam dormiō, semper vigilō:
Ad multam noctem
carrī lapidēs per vīcum vehunt,
servī oneribus onustī clāmant,
agricolae pecus per viās agunt, pecus mūgit.
Ō bēstiās miserās! Mox corpora vestra trucīdābuntur.
Tiberius: Ēheu …

Valeria: Et scītō, Tiberī, etiam in īnsulā quiētem nōn capiō:
Post labōrem vīcīnī cum amīcīs cēnant,
vīnum bibunt, dēnique iūrgant …
Nōs autem nōn invītant,
nōs sōlum clāmōrem audīmus.
Numquam dormīre possumus.
Ō vīcīnī, cūr nōn in pāce vīvere potestis?
Ō tempora, ō mōrēs!
Tiberius: Valē, Valeria, tē audīre nōn iam possum.
Egō valdē fessus sum …

Valeria: Manē paulisper, Tiberī!
Hodiē enim tē invītāre cupiō.
Ānserem pulchrum parābō.
Hōrā decimā tē exspectō. Venī ad tempus!
Tiberius *(summissā vōce)*: Ō mē miserum …

male dormīvī: ich habe schlecht geschlafen
dīcam: ich soll (erst) sagen
mūgīre: brüllen
trucīdābuntur: werden geschlachtet
ēheu: ach
scītō: du musst wissen
iūrgāre: sich streiten
paulisper *Adv.:* noch einen Moment
parābō: ich werde zubereiten
summissus, summissa, summissum: leise

Straße in Pompeji, auf der noch Spurrillen von Wagen erkennbar sind. Welchen Lärm die Wagen auf diesem Pflaster machten, kann man sich vorstellen …

vōbīscum: mit euch

Pāx vōbīscum!

Der Wunsch eines römischen Schriftstellers:
Mēns sāna in corpore sānō!

1 **Für Textspürnasen**

1. Nenne die Personen, die in der Geschichte vorkommen.
2. Wo könnte die Geschichte spielen? Begründe deine Antwort.

2 **Für Textexperten**

1. Warum kann Valeria so schlecht schlafen?
2. Beschreibe Valeria (auf Deutsch) in etwa drei kurzen Sätzen.
3. Wo wird im Text sichtbar, wie Tiberius Valerias Verhalten findet?
4. Zitiere aus dem Text Valerias Äußerungen zu Tieren. Was fällt dir auf?

5. Spielt die Szene nach. Achtet dabei auch auf die Gesten und den Gesichtsausdruck der beiden Personen.

3 **Sei schlau – schau genau!**

Bestimme die folgenden Formen.

Beispiele: clāmant: 3. Person Plural Präsens von clāmāre: rufen
noctem: Akkusativ Singular Femininum von nox: die Nacht

a) potes b) pācem c) audīmus d) es e) vigilāre
f) lapidēs g) tē h) corpora i) salvē j) invītant
k) bēstiae l) vīcīne m) vīcōs n) lūdite o) possumus
p) tempore q) nōs r) capiō s) cēnāte t) vehunt
u) mōrēs

4 **Nominativ gesucht**

Nenne den Nominativ Singular und das Genus des Substantivs.

a) temporibus b) quiētem c) hominem d) mente
e) mōrēs f) lapidibus g) lectīs h) vestīmenta
i) vīcīnus j) pāx k) mōs l) liber m) onera n) ānsere
o) gaudium p) fūrēs

5

Aus viel mach wenig!

1. Verwandle Plural in Singular.
2. Übersetze die neuen Sätze.

a) Vīcīnī cum amīcīs cēnant.
b) Parvae puellae dōna pulchra amant.
c) Hodiē labōrāre nōn possumus.
d) Servī oneribus onustī clāmant.
e) Carrī māgnōs lapidēs per vīcōs vehunt.
f) Tenēte fūrēs!
g) Agricolae bēstiās per viās longās agunt.
h) Hominēs ē vīllīs currunt.

6

Von Stein zu Stein

Es geht um die Wurst! Wer kommt trocken über den Bach zum Grillplatz? Unser amīcus fīdus springt von Stein zu Stein.

Also: amīcus fīdus – amīcōs fīdōs – amīcī fīdī – amīcum fīdum – amīcīs fīdīs – amīcō fīdō

Verfahre ebenso mit:
a) tempus longum b) discipulus fessus c) māgnum corpus d) tōta nox e) pāx bona f) dōnum iūcundum g) homō grātus h) mēns sāna

7 Viele Fragen, noch mehr Antworten

Ordne jeder Frage aus der linken Spalte zwei Antworten aus der rechten Spalte zu.

	cum amīcō
Woher?	tertiā hōrā
	in īnsulā
Womit?	māgnō cum timōre
	domī
Wie?	ē vīllā novā
	cum servīs
Wann?	oneribus
	hodiē
Wo?	virgā
Mit wem?	ex hortīs
	māgnā vōce

8 Einzug ins Satzgliederhaus

Welche Zimmer des Satzgliederhauses beziehen die Wörter oder Wortgruppen folgender Sätze?

a) Valeria cum ancillā ānserem pulchrum parat.
b) Decimā hōrā Valeria Tiberium exspectat.
c) Ad multam noctem vīcīnī cum amīcīs cēnant.
d) Tertiā hōrā Tiberius valdē fessus est.
e) Tiberius Valeriam audīre nōn iam potest.

9 Erkennst du die »schwarzen Schafe«?

Welches Wort passt (aus sachlichen oder grammatischen Gründen) nicht in die Reihe? Begründe deine Antwort.

a) īnsula – bēstia – hōra – corpora – pāx
b) appropinquāre – ambulāre – currere – cōgitāre – īre
c) miserum – grātum – possum – fessum – sānum
d) quiēs – lapis – homō – ānser – puer
e) mōs – nox – pāx – mox – vōx
f) parō – possum – parāre – parvō – posse
g) Britannicus – lectus – tempus – dominus – lībertus

10 Verstecktes Latein

1. Mit welchen lateinischen Vokabeln sind folgende Wörter verwandt?
2. Erkläre, eventuell mithilfe eines Lexikons oder des Internets, was die Wörter bedeuten.

   a) Tempo b) Bestie c) Insel d) miserabel
   e) Dezimalzahl f) mental g) Sanitäter h) Moral
   i) korpulent

11 Hilfe – Computervirus!

Ein Virus hat das Vokabelprogramm Latein-Deutsch mit anderen Vokabelprogrammen durcheinander gebracht. Es zeigt nun Ergebnisse in allen möglichen Sprachen an und die lateinische Vokabel ist gelöscht!
Wie lautet jeweils die gelöschte lateinische Vokabel? Übersetze nun du anstelle des Programms die lateinischen Wörter ins Deutsche.

Latein	Englisch	Französisch	Italienisch	Spanisch	Deutsch
~	~	~	~	el cuerpo	~
~	hour	~	~	~	~
~	~	misérable	~	~	~
~	~	~	la notte	~	~
~	quiet	~	~	~	~
~	~	vivre	~	~	~
~	~	~	la pace	~	~
~	~	~	~	sano, sana	~
~	to invite	~	~	~	~
~	~	~	~	el vecino	~

*12 Tiberius, Valeria und die Gans

Übersetze und achte dabei auf besonders gutes Deutsch.

Hodie Tiberius Valeriam exspectat. Hora decima magnum anserem parat. Valeria autem venire non potest, nam fessa est; iam in lecto iacet. Tamen dormire non potest. In viis enim vicini, mercatores agricolaeque clamant. Valeria quietem capere non potest. Gemit: »O me miseram!«
Tiberius Valeriam diu frustra exspectat. Denique cibos capit et ad Valeriam currit. Valeria anserem videt et gaudet. Subito fessa non iam est …

Sekt und Selters

Vielfältige, allerdings nicht nur angenehme Gerüche durchziehen die Straßen der *Subūra*. Tagsüber herrscht hier, anders als in der Nacht, reges Treiben. Der Lärm von Handwerksbetrieben mischt sich mit dem Geschrei von Händlern, die ihre Waren anpreisen. Dazwischen versuchen Lehrer, sich bei ihren Schülern Gehör zu verschaffen. Die Straßen sind schmutzig von Unrat. Zwar hat Rom eine Kanalisation, aber trotzdem werfen die Leute einfach alles auf die Straße. Eine Müllabfuhr gibt es nicht. Man muss aufpassen, dass einem der Abfall nicht auf den Kopf fällt. In unbeobachteten Momenten kippen sogar manche den Inhalt ihrer Nachttöpfe aus dem Fenster. Gelegentlich treiben Männer mit Stöcken die Menge auseinander – wenn sich vornehme Römer von Sklaven in einer Sänfte durch die Straßen tragen lassen.

Zahlreiche Garküchen, *popīnae,* bieten ihre warmen Speisen an. Es riecht nach Lauch, Zwiebeln, Kohl, Erbsensuppe und geräucherten Würstchen; diese Nahrungsmittel kann sich auch der einfache Bürger in der *Subūra* neben billigem Wein, Brot und Getreideprodukten wie *puls* (Dinkelbrei) leisten; Fleisch ist für die meisten unerschwinglich. In den Mietshäusern, den *īnsulae,* gibt es nur wenige Wohnungen mit Küchen. Außerdem ist das Entfachen offenen Feuers – und damit natürlich auch das Kochen – während der Sommermonate verboten. Die Brandgefahr ist zu groß. Die Menschen sind also auf das warme Essen aus den *popīnae* angewiesen. Trotzdem ist die Feuerwehr häufiger Gast.

Römische Garküche, wie man sie heute noch in Pompeji sehen kann.

Wohnungsbrände gehören zum Alltag der *Subūra* wie Wohnungseinstürze aufgrund mangelhafter Bausubstanz.

Die Gerüche der *Subūra* stehen in krassem Gegensatz zu den köstlichen Düften, die aus den Küchen vornehmer römischer Villen aufsteigen. Hier kochen Gourmetköche die feinsten Speisen: Huhn auf numidische Art, fein abgeschmeckt mit Datteln, Zicklein à la Tarpeius, geschmort im aromatischen Weinsud, dazu Spanferkel, Thunfisch, Scampi, Muscheln, die so beliebten und eigens in Farmen gezüchteten Haselmäuse in einem Teigmantel mit Honig und Pfeffer und vieles mehr. Als Nachtisch gibt es eine zarte Eierpatina. Das ist eine Art Omelett, das mit Birnen in der Tonschale gegart und anschließend mit Honig übergossen und mit Pfeffer überstreut wird. Auf den Tischen der Reichen findet man außerdem Früchte wie Trauben, Pfirsiche, Kirschen, Granatäpfel, verschiedene Apfel- und Birnensorten, Pflaumen und Datteln. Dazu trinkt man köstliches *mulsum,* einen Würzwein, der mit Honig, Pfeffer, Anis und anderen Gewürzen angesetzt wird.

Reiche Römer liebten stark gewürztes Essen. Es galt als Zeichen großer Kochkunst, Nahrungsmittel geschmacklich so zu verändern, dass das Grundprodukt nicht mehr erkennbar war. Teure exotische Gewürze wie Pfeffer und Koriander verwendete man ebenso wie Wein, Honig, Essig, Lorbeerblätter, Pinienkerne, Kräuter und das unvermeidliche *liquāmen,* das anstelle von Salz benutzt wurde. *Liquāmen* ist ein eingedickter Sud aus Sardellen und anderen Fischen, die man in der Sonne verfaulen ließ und anschließend auf verschiedene Art geschmacklich anreicherte. Große Unternehmen versandten *liquāmen* im ganzen Römischen Reich. Man mag darüber heute die Nase rümpfen. Aber man sollte nicht vergessen, dass die große Würzkraft von Fischsoße auch heute in der asiatischen Küche eine bedeutende Rolle spielt.

Wie wichtig den Römern gutes Essen war, lernt man beispielsweise aus dem *testāmentum porcellī,* dem Testament des Ferkels Marcus Grunnius Corocotta, das um 350 n. Chr. von einem unbekannten Autor geschrieben und uns durch den Kirchenvater Hieronymus überliefert wurde. Dieses Ferkel besteht nämlich darauf, dass man seinen »Körper gut zubereite und schmackhaft würze mit der ausgezeichneten Würzkraft von Nuss, Pfeffer und Honig, damit sein Name in Ewigkeit genannt werde«.

1. Schildere das Leben der einfachen Römer in der *Subūra.*
2. Was versteht man unter einer *popīna*? Erkläre, warum man in der *Subūra* auf sie angewiesen war.
3. In der gehobenen römischen Kochkunst liebte man exotische Gewürze. Erläutere, warum.

Lektion 9

Intrā!

Horātius poēta vīllam novam īnspicit.
Servī in hortō labōrant et Horātium venīre vident.
Dēmētrium lībertum poētam salutāre audiunt.
Horātius servōs māgnō studiō labōrāre videt.
Servōs sēdulōs esse gaudet.
Tum vīllam intrat. Ancillās cēnam parāre videt eāsque laudat.
Ancillae dominum novum hūmānum esse gaudent.

eās: *Akk. Pl. f.:* sie

Kopfgeburten

1. Schreibe alle »Kopfverben« mit ihrem aci aus dem Vortext heraus.
   Beispiel: Servī vident → Horātium venīre
2. Forme nun die gefundenen Sätze nach folgendem Beispiel um: Servī vident: Horātius venit.

In amphitheātrō

Pūblius per viam currit.
Sextus ē fenestrā spectat.
Sextus: »Salvē, Pūblī! Quō properās?«
Pūblius *(stupet)*: »Hēia, Sextī! Cūr domī es? Num aeger es?
Nōnne turbam per viās properāre vidēs?
Nōnne leōnes rūgīre audīs?
Nōnne scīs aedīlēs hodiē mūnus gladiātōrium dare?
Venī mēcum, properā!«
Paulō post amīcī in amphitheātrō sunt.

rūgīre: brüllen
aedīlis (aedīlem) *m.:* Ädil *(römischer Beamter)*

Prīmō gladiātōrem cum leōne pūgnāre vident.
Vir leōnem lentē adit.
Bēstia recēdit, tum māgnā īrā rūgit.
Subitō virum adit, vulnerat, necat.
Turba leōnem tam saevum esse gaudet.

Tum duo gladiātōrēs arēnam intrant.
Rētiārius rētī et fuscinā, secūtor gladiō pūgnat.
Rētiārius secūtōrem rētī capit.
Sed secūtor sē līberat et rētiārium gladiō vulnerat.
Sextus et Pūblius multum sanguinem mānāre vident.
Tamen turbam māgnō studiō clāmāre audiunt:

duo: zwei
rētiārius (rētiārium) *m.:* Netzkämpfer
rētī *n.:* mit einem Netz
fuscina (fuscinam) *f.:* Dreizack
secūtor (secūtōrem) *m.:* Verfolger
mānāre: fließen

osaik aus Tusculum, auf dem verschiedene Arten des Gladiatorenkampfes zu sehen sind.

»Occīde! Occīdite!«
Gladiātōrēs diū māgnā cum virtūte pūgnant.
Dēnique rētiārius secūtōrem necat.

Sextus: »Abeō. Valē, Pūblī.«
Pūblius: »Cūr abīre cupis?«
Sextus tacet.
Pūblius: »Stultus es.
Nōnne gladiātōrēs hominēs malōs esse scīs?
Nōnne gladiātōrēs scelestōs et parricīdās esse scīs?
Morte sunt dīgnī.«
Sextus: »Sunt tamen hominēs.«

scelestus (scelestum) *m.*: Verbrecher
parricīda (parricīdam) *m.*: Mörder

1

Für Textspürnasen

1. Woran erkennst du, dass es sich in Zeile 3-9 um ein Gespräch handelt? Nenne einige sprachliche Merkmale.
2. Worauf könnte das dreifache »Nōnne« in Zeile 6-8 hinweisen?
3. Suche aus dem zweiten und dritten Textabschnitt (Z. 11-24) die Wörter heraus, die Zeitangaben liefern. Teile mithilfe der Zeitangaben das Geschehen in einzelne Phasen ein und triff erste inhaltliche Aussagen über diese Phasen.

2 **Für Textexperten**

1. Nenne die zwei verschiedenen Arten von Gladiatorenkämpfen, die in der Geschichte beschrieben werden.
2. Wähle eine Szene aus dem zweiten Textabschnitt aus und zeichne sie.
3. Wie verhält sich das Publikum während der Veranstaltung? Schreibe die Textstellen heraus, die uns darüber Auskunft geben.
4. Beschreibe, wie in Zeile 14 ausgedrückt wird, dass in kurzer Zeit viel Wichtiges passiert.
5. In Zeile 27 steht: »Sextus tacet.« Warum sagt Sextus nichts?
6. Was meint Sextus, wenn er in Zeile 32 sagt: »Sunt tamen hominēs«?
7. Hätte die große Mehrheit des Publikums am Ende der Geschichte eher Sextus oder Publius zugestimmt? Begründe deine Meinung.
8. Gibt es in heutiger Zeit Veranstaltungen, die sich mit den römischen Gladiatorenkämpfen vergleichen lassen? Begründe deine Antwort.

3 **Verben, die aus dem Kopf kommen**

Schreibe alle »Kopfverben« mit ihrem aci aus dem Text heraus.

Beispiel:

Kopfverb	aci
Vidēs	turbam per viās properāre

4 **aci-Züge**

1. Hänge aci-»Waggons« an die »Lokomotiven«. Viele »Lokomotiven« können verschiedene »Waggons« ziehen.

Vorsicht: In das »Lokomotivendepot« haben sich Attrappen eingeschlichen, die gar nicht als Lokomotiven taugen.

2. Nenne die Attrappen.
3. Übersetze die entstandenen Sätze.

Lokomotiven	**Waggons**
Servus videt	gladiātōrēs clāmāre
Bēstiae recēdunt	dominum novum virum vērē hūmānum esse
Dormiō	ancillās cantāre
Bene scītis	fīliam aegram esse
Puerī audiunt	servum epistulam ad senātōrem apportāre
Gaudēs	fūrem vestīmenta tollere
Amīcus scrībit	servōs aliam arborem caedere
Aulus iubet	parvam Lūcillam nōn modo gemere, sed etiam flēre
Ad vesperum cēnāmus	dominam fessam esse

5 **Ist das nicht Zauberei? Aus einem werden zwei.**

1. Übersetze die Sätze.
2. Zaubere aus jedem Satz zwei Sätze.

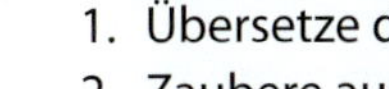

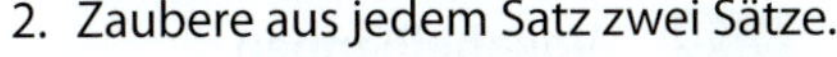

Beispiel: Magister discipulōs sēdulōs esse scit.
Der Lehrer weiß, dass seine Schüler fleißig sind.
Magister scit: Discipulī sēdulī sunt.

a) Magistrum discipulōs exspectāre vidēmus.
b) Magister discipulōs appropinquāre gaudet.
c) Magister discipulōs intrāre videt.
d) Discipulī magistrum māgnā vōce dictāre audiunt.
e) Magister puerōs saepe peccāre scit.
f) Discipulī magistrum virum hūmānum esse gaudent.
g) Lūcius magistrum gemere audit.

6 **Einzug ins Satzgliederhaus**

Welche Zimmer des Satzgliederhauses beziehen die Wörter oder Wortgruppen folgender Sätze?

a) Antōnia ancillās cēnam parāre iubet.
b) Imperātor servum morte dīgnum esse scit.
c) Gladiātor leōnem lentē appropinquāre videt.

Zwei werden eins im Nu: Der Zauberer bist du!

1. Bilde aus den zwei Sätzen jeweils einen Satz mit einem aci.
2. Übersetze die entstandenen Sätze.

Beispiel:
Aulus scit: Turba mūnera gladiātōria amat.
Aulus turbam mūnera gladiātōria amāre scit.
Aulus weiß, dass die Menge Gladiatorenkämpfe mag.

a) Aulus cupit: Turba mūnera gladiātōria exspectat.
b) Aulus videt: Multī hominēs ad amphitheātrum properant.
c) Aulus valdē gaudet: Gladiātōrēs intrant.
d) Aulus audit: Hominēs māgnā vōce gladiātōrēs salūtant.
e) Hominēs gaudent: Prīmō gladiātor bēstiam necat.
f) Gladiātor videt: Aliae bēstiae appārent.

Verstecktes Latein

1. Mit welchen lateinischen Vokabeln sind folgende Wörter verwandt?
2. Erkläre, eventuell mithilfe eines Lexikons oder des Internets, was die Wörter bedeuten.

a) Gladiole b) Abitur c) Rezession d) liberal

Vokabelhappen

Der Tisch ist wieder für ein europäisches Buffet gedeckt! Suche in den folgenden fremdsprachlichen Vokabelhappen die jeweils enthaltene lateinische »Zutat«.

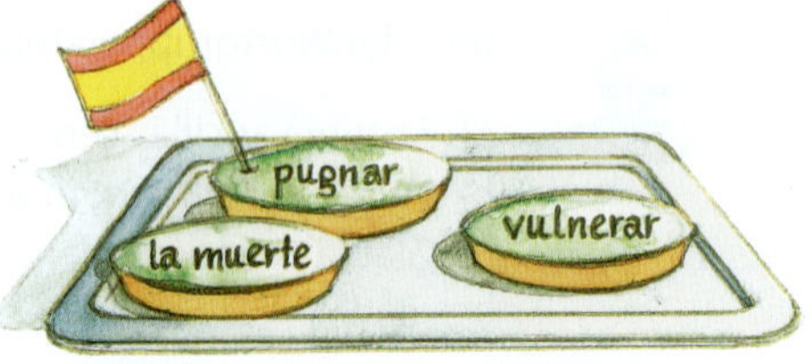

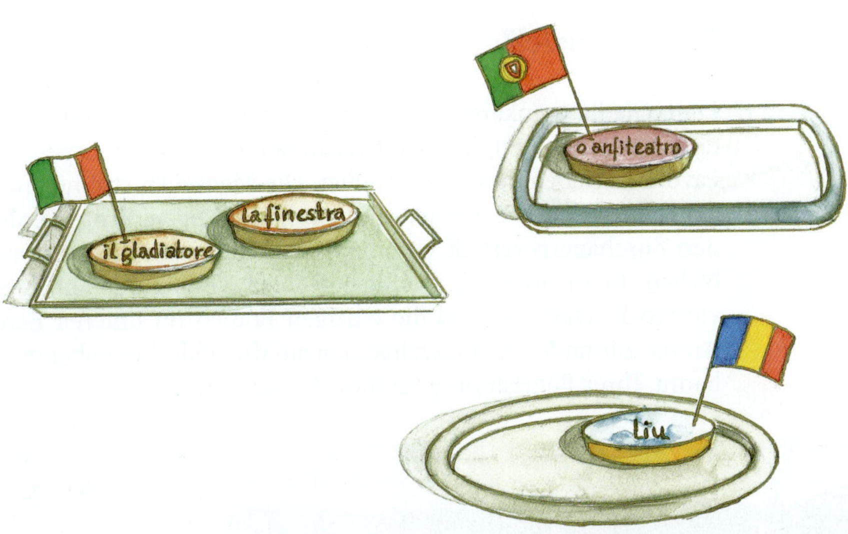

*10 Der Esel mag keine Gladiatorenkämpfe

Übersetze und achte dabei auf besonders gutes Deutsch.

Mārcus (Mārcum) *m.: Eigenname*

Phrygia pueros magnum clamorem tollere audit. Itaque ancilla appropinquat; Lucium cum Marco et Decimo amicis ludere videt. Marcus clamat: »Ego gladiator sum, vos autem leones saevi estis.« Sed Decimus: »Bene scis Lucium munera gladiatoria non amare. Cur amicum leonem esse iubes? Sed ecce, illic asinum video; asinus hodie leo esse debet.«

Phrygia pueros asinum lente adire videt. Subito Marcus magna voce clamat: »Heia, bestia saeva, mecum pugna!« Sed asinus abit. Marcus asinum manere iubet, sed frustra. Phrygia: »O gladiator, bestiam saevam recedere video; itaque te laudo …«

Lūdī – Spiele!?

Lūdī (Gladiatorenkämpfe)! Wie ein Lauffeuer hat sich schon Tage vorher die Ankündigung in der Stadt verbreitet. Fans mit Transparenten ihrer Favoriten ziehen durch die Straßen. Die Menschen strömen in Scharen ins Kolosseum. Die Sonnensegel sind ausgezogen. Brote werden unter den Zuschauern verteilt. Auf der Tribüne nehmen die Senatoren Platz. Neben ihnen sitzen die weiß gekleideten Vestalinnen auf ihren reservierten Plätzen. Sie sind die einzigen Frauen im unteren Bereich der Arena; alle anderen Frauen hat man auf die schlechten oberen Sitze verbannt. Ihrer Begeisterung tut dies aber keinen Abbruch.

Amphitheater, wie man es noch heute in Pompeji sehen kann. In das Theater passten 12.000 Zuschauer! Um 80 v. Chr.

Dann eröffnet der Veranstalter die »Spiele«. Sie werden den ganzen Tag andauern. In der *pompa* (Festzug) ziehen die Gladiatoren ein. Unter dem Jubel der Bevölkerung sind sie vorher auf geschmückten Wagen bis an das Kolosseum herangefahren worden. Auch Frauen sind darunter. In Zweier- und Dreierreihen drehen sie eine Runde durch die Arena. Sie tragen bestickte Mäntel über ihren Rüstungen. Ihnen folgen Ärzte, Masseure und Wächter. Eine Wasserorgel, Hörner, Flöten, Trommeln und Pfeifen begleiten den Einzug. Das Publikum soll in Stimmung gebracht werden. Vor der Tribüne der Senatoren bleiben die Gladiatoren stehen. Sie begrüßen den Kaiser mit den Worten: »*Avē, imperātor, moritūrī tē salūtant.*« (»Sei gegrüßt, Imperator! Die dem Tod entgegensehen, grüßen dich.«)

Die »Spiele« können beginnen. In den Vormittagsstunden gibt es Tierhetzen *(vēnātiōnēs)*. Hier geht es um den Kampf Tier gegen Tier, Mensch gegen Tier. Es folgt der wohl barbarischste Teil der Gladiatorenkämpfe. Denn während der Mittagszeit werden zum Tode Verurteilte wilden Tieren zum Fraß vorgeworfen. Am Nachmittag und Abend finden die eigentlichen Gladiatorenkämpfe statt, zu denen auch Naumachien, die kostspieligste Form des Gladiatorenkampfes, gehören können.

Naumachien sind Kämpfe zu Schiff, für die die Arena eigens geflutet wird. Erfinder dieser Art des Kampfes war Gaius Iulius Caesar. Um die Spannung zu steigern, beginnt man die Kämpfe Mann gegen Mann, Frau gegen Frau (seit 200 n. Chr. verboten) in der Regel mit einem Spießrutenlaufen. Dazu müssen die »Neulinge« zum Vergnügen des Publikums unter Stock- und Peitschenschlägen durch ein Spalier, also durch zwei einander gegenüberstehende Reihen, erfahrener Gladiatoren laufen. Diese Aktion wird von Musik und dem rhythmischen Stampfen der Gladiatoren begleitet. Es folgen Schaukämpfe mit stumpfen Waffen. Ist die Stimmung richtig angeheizt, kommt es zum ernsten Kampf. Dem Sieger winkt ein Palmzweig, dem Besiegten droht der Tod.

Das Wort Gladiator kommt von *gladius* = Schwert. In alter Zeit wurden Gladiatorenkämpfe zu Ehren von Toten veranstaltet. Damals waren die Gladiatoren fast ausnahmslos Sklaven. Später wurden auch freie Bürger Gladiatoren. Sie mussten unterschreiben, dass sie auf ihre Rechte als freie Bürger verzichten. Anschließend begaben sie sich in die Gewalt eines *lanista* (Gladiatorenkäufer, -meister), der sie in seiner Gladiatorenschule *(lūdus)* ausbilden ließ.

Übrigens: Den Christen galt die Orgel lange Zeit als heidnisches Instrument. Noch heute ist sie in den östlichen Kirchen verpönt. Im Westen hingegen wurde ihr Klang von den Franken wiederentdeckt, als 757 n. Chr. der Frankenkönig Pippin eine Orgel aus Rom zum Geschenk erhielt. Karl der Große ließ eine römische Orgel im Aachener Dom installieren. Seit 825 gab es eine Orgel aus Venedig im Aachener Kaiserpalast. Papst Johannes VIII. weihte 873 erstmals eine Orgel im Papstpalast. Und so ganz nebenbei: Orgelspiel gilt immer noch als Stimmungsmacher bei sportlichen Veranstaltungen, zumindest beim Eishockey …

1. Beschreibe den Ablauf eines Gladiatorenkampfes.
2. Erkläre, wie die Gladiatorenkämpfe entstanden sind.
3. Sieh dir die verschiedenen Gladiatoren auf dem Bild S. 71 an und beschreibe sie.
4. Orgeln und Gladiatorenkämpfe – Was weißt du über diese uns heute etwas ungewohnt anmutende Beziehung?
5. Was mag einen Hausbesitzer bewogen haben, seinen Fußboden mit einem Gladiatorenmosaik auslegen zu lassen?

Lektion 10

Intrā!

Phrygia fībulam Antōniae quaerit, sed frūstrā.
Itaque īra dominae māgna est.
Etiam Germānicus, servus Aulī et Antōniae, ōrnāmentum quaerit, etiam frūstrā.
Itaque furōrem mercātōris timet.

Sextus et Pūblius in amphitheātrum properant.
Iam in viā rūgītūs bēstiārum et clāmōrēs hominum audiunt.
Posteā gladiātōrēs pūgnāre vident.
Virtūs virōrum māgna est.

iam *Adv.*: schon
rūgītūs *Akk. Pl. m.*: das Brüllen

Genitive gesucht

1. Schreibe aus dem Vortext alle Genitiv-Attribute mit ihren Beziehungswörtern heraus.
2. Notiere zu jedem Genitiv den entsprechenden Nominativ.

Besuch aus der Provinz

Quintus und Claudia, Verwandte vom Lande, sind bei Lucius und Lucilla zu Besuch. Sie sind zum ersten Mal in Rom. Die Mädchen spielen im Haus, die beiden Jungen beratschlagen, was sie tun könnten.

Lūcius: Dīc, Quīnte, forumne vīsitāre cupis?
Quīntus: Forum etiam in oppidō nostrō habēmus …
Lūcius: Sed forum urbis Rōmae multō māius est!
Hīc hominēs multārum nātiōnum spectāre
et linguās multōrum populōrum audīre potes!
Urbs Rōma caput est orbis terrārum, caput est mundī!
Quīntus: Fortasse crās …

Lūcius: Eāmus igitur in Campum Mārtium!
Quīntus: Campus Mārtius, quid est?
Lūcius: Est māgnus campus.
Illīc puerī et adulēscentēs, fīliī senātōrum et māgnōrum mercātōrum,
sē exercent.
Illīc semper multōs amīcōs conveniō:
Currimus, in altum vel in longum salīmus, equitāmus, luctāmur.

multō māius: viel größer
eāmus!: lasst uns gehen!
luctāmur: wir machen Ringkämpfe

haec ista *Akk. Pl. n.*: all das

Quīntus: Egō haec ista nōn amō. Pūgnāre mē nōn dēlectat.
Lūcius *(rīdet)*: Num clādem timēs?
Quīntus: Timōrem clādis nōn habeō, sed … piger sum.

cum: wenn
nux, nucis *f.*: Nuss
trochum agere, agō: den Reifen schlagen
istī *Nom. Pl. m.*: das

Lūcius: Quid autem agis, cum vacās?
Quīntus: Cum amīcīs āleā vel nucibus lūdō.
Saepe etiam trochum agimus.
Lūcius: Istī sunt lūdī puerōrum vel puellārum!
Nōn sunt lūdī adulēscentium, nōn mīlitum futūrōrum!
Venī igitur! An etiam spectāre tē nimis fatīgat?

domō: aus dem Haus
lānam facere, faciō: Wolle machen, spinnen

Claudia et Lūcilla puerōs domō exīre vident.
Lūcilla clāmat: Quō properātis, Lūcī et Quīnte?
Lūcius: In Campum Mārtium īmus.
Claudia: Cūr nōs nōn vōbīscum dūcitis?
Lūcius: Vōs domī manēre dēbēre scītis.
Nōnne īram Aulī patris timētis?
Quīntus: Praetereā … Puellārum nōn est sē exercēre. Puellae est vīllam cūrāre, cēnam parāre, lānam facere.
Claudia: Lānam facere???
Lūcius: Ita! Valēte!

Das Marsfeld in Rom. Rekonstruktion / Aquarell.

Aus einem Studentenlied:
Ecce tempus gaudiī …

1 **Für Textexperten**

1. Schreibe aus dem lateinischen Text heraus, welche Tätigkeiten nach Ansicht der Jungen (zum Teil auch nur nach Ansicht des Lucius) für Jungen, für Mädchen oder für Jungen und Mädchen passend sind.
2. Nenne Tätigkeiten, die auch heute noch als typische Mädchen- und Frauentätigkeiten oder Jungen- und Männertätigkeiten gelten.
3. »Puellārum nōn est sē exercēre« (Z. 33). Begründe aus dem Text, warum dieser Ausspruch aus dem Mund des Quintus ein wenig komisch wirkt.

4. Schreibe eine Theaterszene und führe sie mit Klassenkameraden und Klassenkameradinnen auf: Die Jungen machen sich Richtung Marsfeld auf, Claudia und Lucilla bleiben im Haus zurück. Was tun die Kinder, worüber sprechen sie?

2 **Mäusefraß**

Eine kleine Maus mit einer Vorliebe für frische Genitive ist über das Papier gelaufen und hat einige Endungen weggeknabbert.

Schreibe die Ausdrücke in dein Heft und repariere dabei die angefressenen Wörter (manchmal gibt es mehrere Möglichkeiten). Übersetze die Ausdrücke.
(Ein Tipp: Die Genitiv-Endungen findest du in der Begleitgrammatik: Rap sie dir vor – dann hast du sie im Ohr!)

a) forum oppid~
b) vōx popul~
c) viae urb~ Rōm~
d) vestīmenta fīli~ tu~
e) vīlla poēt~ praeclār~
f) mōrēs fūr~ mal~
g) virtūs adulēscent~ pulchr~
h) negōtia serv~ fīd~
i) dominus capit~ mund~
j) timor clād~

3 **Fundbüro**

Was gehört wem? Ordne die Fundstücke ihrem Besitzer zu und übersetze.
Beispiel: vīlla senātōris: das Landhaus des Senators
Fundstücke: āleae, fībula, gladiī, mercēs, pecus, virga
Mögliche Besitzer: adulēscentēs, agricolae, Antōnia domina, mīlitēs, pater, venditōrēs

4 **Erkennst du die »schwarzen Schafe«?**

Welches Wort passt (aus sachlichen oder grammatischen Gründen) nicht in die Reihe? Begründe deine Antwort.

a) salī – vīcī – carrī – hortī – lectī
b) clādium – adulēscentium – silentium – urbium
c) iuvat – gaudium – flēre – dēlectāre – grātus
d) onustī – altī – nōnnūllī – plēnī – domī
e) lūdum – campum – vesperum – temporum – vīcīnum
f) vacās – intrās – necās – dās – crās

timor dominī

Die Furcht vor dem Herrn
genitīvus obiectīvus

Die Furcht des Herrn
genitīvus subiectīvus

5 **Wer fürchtet wen?**

1. Übersetze und gib jeweils an, ob wir es mit einem genitīvus subiectīvus oder einem genitīvus obiectīvus zu tun haben. Manchmal ist nur eine Übersetzung sinnvoll, manchmal gibt es zwei Möglichkeiten (wie im Beispiel).
2. Zeichne, was du übersetzt hast.

a) timor ānserum b) timor mortis c) timor umbrae
d) studium magistrī e) studium pecūniae
f) studium amīcōrum

6 Einzug ins Satzgliederhaus

Welche Zimmer des Satzgliederhauses beziehen die Wörter oder Wortgruppen folgender Sätze?

a) Urbem Rōmam caput orbis terrārum esse scīmus.
b) Equitāre amīcum nostrum fortasse nimis fatīgat.
c) Fīliōs parvōs amīcī nostrī vōbīscum dūcite!

7 Verstecktes Latein

1. Mit welchen lateinischen Vokabeln sind folgende Wörter verwandt?
2. Erkläre, eventuell mithilfe eines Lexikons oder des Internets, was die Wörter bedeuten.

a) Kapitän b) populär c) Militär d) mondän

8 Genitive – international!

1. Lucius, Gallus und Britannicus meinen alle drei, dass ihre jeweilige Landeshauptstadt die Hauptstadt der Welt ist! Vergleiche die besitzanzeigenden Ausdrücke im Lateinischen, Französischen und Englischen.

2. Vergleiche auch die folgenden besitzanzeigenden Ausdrücke.

Latein	Französisch	Englisch
servus Antōniae	le serviteur d'Antonia	Antonia's slave
furor mercātōris	la fureur du marchand	the merchant's fury
forum Rōmae	le forum de Rome	the forum of Rome
vōx bēstiārum	la voix des bêtes	the voice of the beasts

9 **Da stimmt etwas nicht!**

Hier hat sich die Zeichnerin einige Freiheiten erlaubt …
Nenne die lateinischen Wörter, die in der Zeichnung nicht richtig dargestellt sind.

a) Antōnia domina studium puellārum et ancillae laudat.

b) In hortō Lūcius et Quīntus sē exercent: In altum saliunt. Gaudium puerōrum māgnum est.

***10** **Verkehrte Welt**

Übersetze und achte dabei auf besonders gutes Deutsch.

Servi dominam hodie cenam parare gaudent. Phrygia dicit: »Hodie Antoniam dominam non timemus.« Germanicus clamat: »Hodie furorem Auli domini non timemus. Hodie servorum est cenare, servire autem dominorum est.« Antoniam dominam cibos et vina apportare iubet. Antonia anserem pulchrum, multos alios cibos vinaque bona apportat. Phrygia ancilla studium dominae magna voce laudat. Aulus autem mercator de pretiis cogitat et gemit: »O me miserum!«

cōgitāre dē, cōgitō: nachdenken über

Ein Dichter empfiehlt: »Männerkörper sollten vom Marsfeld gebräunt werden.«

Eine wichtige Empfehlung
Eine natürliche Bräune steht jedem Mann. Sagt jedenfalls der römische Dichter Ovid in seinen Tipps für gutes männliches Aussehen. Aber bitte keine »Sonnenbankbräune«! Der echte Mann holt sich seine Farbe beim Sport auf dem *Campus Mārtius* (= Marsfeld).

Männersport
Ovids Empfehlung zeigt die Bedeutung des Sports im römischen Alltag. Das Marsfeld befand sich mitten in der Stadt Rom und hatte eine Größe von ca. 250 ha. Es erstreckte sich vom Fuß des Kapitols bis zum Tiberbogen und besaß viele Sportanlagen. Hier trafen sich vor allem junge Männer, um regelmäßig Sport zu treiben. Dass sich gerade das Marsfeld zu einem sportlichen Zentrum entwickelte, hat einen historischen Hintergrund. Hier versammelten sich ursprünglich die Männer, die für den Kriegsdienst geeignet waren, und machten sich fit. Daran erinnert der Name Marsfeld, der sich von dem Kriegsgott Mars ableitet. Gleichzeitig war es der Ort, an dem alle fünf Jahre eine Art Musterung der wehrfähigen Männer abgehalten wurde. Der militärische Hintergrund führte dazu, dass Reiten und Fechten auch die ersten Sportarten wurden, die die Römer in ihrer Freizeit betrieben. Später kamen Diskus- und Speerwurf, Boxen, Ringen, Schwimmen, Laufen und Ballspiele wie Handball und Hockey dazu. Ovid bedauert die Frauen, denen eine *īgnāva nātūra* (schwacher Körperbau) die wirklich schönen Sportarten auf dem Marsfeld vorenthält: Zirkelreiten, Ballspiele, Fechten und das Schwimmen im Tiber oder im großen Kaltwasserfreibecken der Agrippathermen, die durch die ausgerechnet als *Aqua Virgō* (Wasserleitung »Mädchen«) bezeichnete Wasserleitung gespeist wurden. Der berühmteste Brunnen Roms, die *Fontana di Trevi*, erhält sein Wasser noch heute durch die *Virgō*.

Wagenrennen. Römisches Terrakottarelief, 31 x 38 cm, 1. Jh. Musée du Louvre, Paris.

Frauensport

Alle diese Sportarten erschienen unpassend für römische Frauen und Mädchen. Und so ist es nicht weiter verwunderlich, dass die Sportanlagen Männern vorbehalten blieben. Das mag heute befremdlich erscheinen. Aber auch bei uns ist es noch gar nicht lange her, dass Frauen höchstens als Zuschauerinnen an Sportveranstaltungen teilnahmen. Römische Frauen betätigten sich jedoch durchaus auch sportlich. Dass es Gladiatorinnen gab, haben wir bereits in Lektion 9 erfahren. Es gibt ein interessantes Fußbodenmosaik, auf dem junge Frauen im Sportdress abgebildet sind. Nicht ganz zutreffend wird es »Bikini«-Mosaik genannt. Diese jungen Frauen sind mit verschiedenen sportlichen Übungen beschäftigt. Dass Sport gut für die Gesundheit sein kann, war ja auch der Antike bekannt. Man solle allerdings nicht übertreiben, meint der Philosoph Seneca, weil sonst der Geist schlaff werde …

»Breitensport«

Die Möglichkeiten, auch außerhalb des Marsfeldes Sport zu treiben, waren vielfältig. In allen öffentlichen Thermen gab es Gymnastikräume. Ein besonderes »Highlight« bildeten die Wagenrennen. Es gab mehrere Rennanlagen in Rom. Die bekannteste ist der *Circus Maximus* (größte Rennbahn) zwischen Palatin und Aventin mit einer Länge von 600m und einer Breite von 150 m. Seit der frühen Kaiserzeit gab es vier bedeutende »Rennställe« *(factiōnēs)* mit entsprechenden Fangemeinden, die »Grünen« *(prasina)*, die »Roten« *(russāta)*, die »Blauen« *(veneta)* und die »Weißen« *(albāta)*. Die jeweiligen Wagenlenker waren an den Farben ihrer Tuniken erkennbar. Siegreiche Fahrer wurden gefeiert – und ähnlich gut bezahlt! – wie die Formel-1-Stars von heute.

Zum Schmunzeln: Der Kaiser Nero blamierte sich einmal bei einem Wagenrennen während der Olympischen Spiele 67 n. Chr. Er hatte die Spiele um zwei Jahre nach hinten verlegen lassen, damit er überhaupt an ihnen teilnehmen konnte. Bei besagtem Rennen stürzte er dann vom Wagen. Da sich aber niemand traute, ihn zu überholen, wurde er trotzdem hinterher zum Sieger erklärt.

1. Treffpunkt der Römer: das Marsfeld. – Erläutere Namen und Bedeutung.
2. Welche Bedeutung hatte das Marsfeld für die römische Bevölkerung?
3. Zähle einige Lieblingssportarten der Römer auf.
4. Bei welchen Sportarten aus unserer Zeit waren Frauen noch bis vor kurzem überwiegend Zuschauerinnen?
5. Wie hießen die vier bekanntesten *factiōnēs* Roms (auf Lateinisch und Deutsch)?

Lektion 11

Intrā!

Teil 1

Phrygia et Lȳdia in vīllā labōrant. Hodiē domina contenta est.
Itaque ancillīs dōna dat:
Et Phrygiae et Lȳdiae tunicās novās dat.

vocāre, vocō: rufen

hanc *Akk. Sg. f.:* diesen

Aulus Britannicum vocat:
»Britannice, apportā Titō Cornēliō Asinae senātōrī hanc epistulam!«
Britannicus per Subūram īre nōn amat, tamen Aulō dominō obtemperat.
Gemit: »Cūr mercātōrēs senātōribus semper epistulās scrībunt?
Cūr servī dominīs semper obtemperāre dēbent?«

Teil 2

dubitāre, dubitō: Bedenken haben

Saepe Lūcius cum amīcīs sē exercet.
Itaque cum Quīntō in Campum Mārtium īre cupit.
Quīntus autem dubitat: Sē pigrum esse scit.

Eine römische Hochzeit

assentiuntur: stimmen zu

Iam diū Drūsilla Spuriō,
fīliō Titī Cornēliī Asinae senātōris,
valdē placet.
Et Spurius sē Drūsillae placēre scit.
Itaque virginem in mātrimōnium dūcere cupit.
Et parentēs Spuriī et parentēs Drūsillae mātrimōniō assentiuntur.

diē: am Tag

domus *Nom. Sg. f.:* Haus

interfuit *m. Dat.:* (sie) hat teilgenommen *an*

Diē nūptiārum domus corōnīs pulchrīs ōrnāta est.
Iam māne multī cōgnātī et amīcī adsunt
et māgnō cum gaudiō inter sē salūtant.
Inter amīcōs etiam familia Aulī est.
Lūcilla sē nūptiīs interesse valdē gaudet,
nam nūptiīs numquam interfuit.

toga praetexta, togae praetextae *f.:* Toga mit dem Purpurstreifen

Lār, Laris *m.:* Hausgott

dōnō dedit: (sie) hat geschenkt

palla galbeāta, pallae galbeatae *f.:* langes, gelbrotes Kleid

flammeō vēlāta: mit einem (feuerroten) Brautschleier verhüllt

Nunc Drūsilla, uxor futūra, appāret.
Prīdiē togam praetextam Laribus Vestaeque deae dōnō dedit,
hodiē tunicā et pallā galbeātā vestīta est.
Caput flammeō vēlātum est.

Römisches Hochzeitspaar auf dem Sarkophag eines Ehepaars. Vor dem Paar der Hochzeitsgott Hymenaios mit brennender Fackel. Um 240 n. Chr. Glyptothek München.

agnella, agnellae *f.*: Lamm

exta, extōrum *n. Pl.*: Eingeweide

ostendērunt: sie haben gezeigt

Prīmō pontifex Iūnōnī deae agnellam sacrificat.
Lūcilla Lūcium frātrem interrogat:
»Cūr pontifex agnellam sacrificat?«
Lūcius: »Exta īnspicit voluntātemque deae explōrat.«
Paulō post pontifex deīs grātiās agit:
Deī sē mātrimōniō Spuriī cum Drūsillā favēre ostendērunt.

tabulīs nūptiālibus factīs: nach Unterzeichnung des Ehevertrages

Tabulīs nūptiālibus factīs
Spurius et Drūsilla dextrās sibi porrigunt.
Sē nunc marītum et uxōrem esse gaudent.

triclīnium, triclīniī *n.*: Esszimmer

Inter cēnam subitō nōnnūllī in triclīnium intrant
et Drūsillam sēcum rapere temptant.
Lūcillae timor est, Lūcius autem rīdet:
»Dēsiste timēre, Lūcilla! Iocus est.«

Die römische Heiratsformel:
Ubī tū Gāius, egō Gāia

Was der römische Philosoph Seneca mit seinen Schriften möchte:
Et mihi et tibi prōdesse

Der Beginn eines kirchlichen Liedes:
Dā nōbīs pācem, Domine!

Der Papst spendet seinen Segen
urbī et orbī

ēvangelizāre, ēvangelizō: verkünden
quia: denn
nātus, nāta, nātum: geboren
Salvātor, Salvātōris *m.*: Retter, Heiland
annūntiāre, annūntiō: verkünden
pāpa, pāpae *m.*: Bischof (von Rom), Papst

Aus dem Lukasevangelium:
Ecce enim ēvangelizō vōbīs gaudium māgnum:
quia nātus est vōbīs hodiē Salvātor.

Nach der Wahl eines neuen Papstes:
Annūntiō vōbīs gaudium māgnum;
habēmus Pāpam.

1

Für Textspürnasen

Nenne die Personen, die in der Geschichte vorkommen.

2

Für Textexperten

1. Gib den Abschnitten des Textes Überschriften.
2. Schildere, wie sich Drusilla auf die Hochzeit vorbereitet hat. Versuche, den Sinn ihrer Vorbereitungen zu erklären.
3. Von welchem Moment an sind Spurius und Drusilla verheiratet? Nenne die Textstelle.
4. Vergleiche die Hochzeitszeremonie, von der die Geschichte erzählt, mit einer Hochzeit, die du selbst schon einmal miterlebt hast. Nenne Gemeinsamkeiten und Unterschiede.

Achtung, Verwechslungsgefahr!

Schreibe die Formen in dein Heft und analysiere sie nach Kasus, Numerus und Genus.
Finde für jede Form möglichst viele Lösungen. Achtung: Es stehen keine Längenstriche.

Beispiel: mercatoribus: Dat. Pl. m., Abl. Pl. m.

a) pigri b) fenestrae c) negotia d) nos
e) hominibus f) populo g) orbium h) rusticis
i) corona j) matrimonium k) maritis l) pontifice
m) virginis n) parentes o) nuptiis p) uxori

4

Proteus

Der Meeresgott Proteus kann sich in alle möglichen Gestalten verwandeln. Verfolge ihn durch die angegebenen Kasūs und Numeri.

Beispiel:

	→ Pl.	→ Gen.	→ Sg.	→ Abl.	→ Dat.	→ Pl.	→ Abl.	→ Akk.	→ Sg.
deus bonus	deī bonī	deōrum bonōrum	deī bonī	deō bonō	deō bonō	deīs bonīs	deīs bonīs	deōs bonōs	deum bonum

a) oppidum parvum → Gen. → Pl. → Dat. → Sg. → Abl. → Pl. → Nom. → Akk. → Sg.
b) pater sevērus → Dat. → Pl. → Akk. → Sg. → Abl. → Pl. → Nom. → Gen. → Sg.
c) caput tuum → Akk. → Pl. → Nom. → Dat. → Gen. → Sg. → Dat. → Abl. → Pl.
d) merx bona → Abl. → Pl. → Dat. → Sg. → Akk. → Gen. → Pl. → Nom. → Akk.
e) māgna dea → Pl. → Abl. → Dat. → Sg. → Abl. → Gen. → Pl. → Akk. → Sg.
f) cōgnātus suus → Gen. → Dat. → Akk. → Abl. → Pl. → Akk. → Dat. → Gen. → Nom.
g) virgō pulchra → Pl. → Akk. → Sg. → Gen. → Pl. → Dat. → Sg. → Abl. → Pl.

Kenner können Kasūs knacken

1. Übersetze die folgenden Sätze.
2. Bestimme den Kasus der hervorgehobenen Wörter und gib seine jeweilige semantische Funktion an.

Beispiel: Venī *mēcum*! Komm mit mir! Ablātīvus sociātīvus

a) Germānicus: »Quid *tibi* est, Phrygia?«
b) »Cur *deīs* sacrificās?«
c) Phrygia: »Frāter *dominae* aeger est.«
d) »In māgnō timōre *mortis* est.«
e) »Etiam timor *dominae* māgnus est.«
f) »Neque frāter neque domina dormīre possunt. Domina *cum frātre* vigilat.«
g) Senātōrēs *in forō* adsunt, nam imperātōrem exspectant.
h) Etiam nōnnūllae uxōrēs senātōrum adsunt, *ōrnāmentīs pulchrīs* ōrnātae sunt.
i) Nunc imperātor appropinquat. *Māgnō cum gaudiō* turba imperātōrem salūtat.
j) Tum imperātor *ē forō* exit.

Aulus soll die Wogen glätten

Aulus kommt nach Hause und alle klagen ihm ihr Leid …

1. Übersetze die Sätze.
2. Wandle die Sätze nach folgendem Beispiel um und übersetze die entstandenen Sätze.

Beispiel:
Lūcilla sē aegram esse dīcit. Lūcilla dīcit: »Aegra sum.«

a) Antōnia sē fībulam quaerere dīcit.
b) Lūcius sē semper cum Quīntō lūdere dēbēre dīcit.
c) Quīntus lūdōs adulēscentium sibi nōn placēre dīcit.
d) Claudia et Lūcilla sē ē vīllā exīre cupere dīcunt.
e) Servī sē semper labōrāre dēbēre … nōn dīcunt.

Dolmetscher gesucht!

Flavius ist immer noch auf Zeitreise. Diesmal braucht er deine Hilfe als Dolmetscher bei einer Stadtführung durch London; ihm fehlen nämlich noch die fett gedruckten Vokabeln. Übersetze sie ihm ins Lateinische (Infinitiv oder Nominativ Singular).

*8

Quintus will nicht heiraten

Übersetze und achte dabei auf besonders gutes Deutsch.

Claudia et Lucilla cum Quinto ludere cupiunt.
Claudia: »Quinte, placetne tibi Lucilla?«
Quintus: »Mihi non placet. Puella enim est.«
Claudia: »Sed tu, Quinte, Lucillam in matrimonium ducere debes. Lucilla igitur tibi valde placet.«
Quintus: »O me miserum!«
Lucilla: »Me tibi placere scio. Etiam parentibus tuis placeo. Pontifex, Iunoni sacrifica!«
Claudia: »Dei matrimonio favent. Nunc dextras vobis porrigite!«
Sed Quintus piger se fessum esse dicit et abire temptat.
Claudia: »Quid tibi est, Quinte?«
Quintus autem recedit.

Ehe und Familie im alten Rom

Ein merkwürdiger Antrag

Wir schreiben das Jahr 21 n. Chr. Während einer Senatssitzung stellt der Senator Caecina einen eigenartigen Antrag: Hohen Staatsbeamten soll es in Zukunft nicht mehr erlaubt sein, die Ehefrauen mit in ihre Provinzen* zu nehmen. Caecinas Begründung: Obwohl Vater von sechs Kindern habe er seiner Frau während vierzig Dienstjahren verboten, ihn in die Provinz zu begleiten. Frauen solle man nämlich nicht alles erlauben, weil sie grausam, herrschsüchtig und Schmeichlern gegenüber besonders anfällig seien! Fassungslos hält der Senator Messalinus dagegen: Alles Unsinn! Die Rechte der Frauen seien beschränkt genug. Jetzt wolle Caecina ihnen auch noch verwehren, ihren Ehemännern, deren Halt sie in guten wie in schlechten Tagen seien, im Ausland zur Seite zu stehen. – Die Mehrzahl der Senatoren schließt sich der Entgegnung des Messalinus an und sorgt dafür, dass Caecinas Antrag abgeschmettert wird.

Diese durch den Historiker Tacitus überlieferte Geschichte ist recht aufschlussreich. Caecina führt sich auf wie ein Mann von »altem römischem Schlag«. Seine Einstellung zu Frauen wirft dabei ein Schlaglicht auf seine häuslichen Verhältnisse. Man kann vermuten, dass sich seine Frau entweder nicht so unterbuttern lässt, wie er es gern hätte, oder dass sie das ist, was wir gemeinhin einen »Drachen« nennen.

* Unter einer Provinz verstand man damals ein Gebiet oder Land, das unter römischer Verwaltung stand. Die vom Senat entsandten Beamten waren für die Überwachung der Rechtsprechung, die militärische Sicherheit und das Eintreiben von Steuern zuständig.

Die römische familia

Caecinas Antrag ist für Messalinus und die meisten Senatoren nicht nachvollziehbar, bildet doch die *familia* den Kern der römischen Gesellschaft. Bei einfachen Bürgern beschränkt sich die *familia* auf Eltern und Kinder, entspricht also ungefähr dem, was wir unter »Familie« verstehen. Vielleicht gehören noch ein oder zwei Sklaven dazu. Zu den *familiae* der Oberschicht zählen noch ganz andere Menschen als zu unseren Familien: Diese *familiae* umfassen nämlich neben den Familienangehörigen in unserem Sinn auch noch Sklaven und Klienten (*cliēns:* der Hörige). Ein *cliēns* ist jemand, der seinen *patrōnus* (»Schutzherr«), das ist der *pater familiās*, für den Rechtsschutz, den er ihm bietet, beispielsweise im Wahlkampf unterstützt. Dem *pater familiās* müssen alle gehorchen. Ihm steht das Recht über Leben und Tod aller Familienmitglieder (*patria potestās:* väterliche Macht) zu. Von diesem Recht machen die Wenigsten Gebrauch. Im Gegenteil! Es gibt viele Väter, die ihre Kinder über alles lieben, wie der ältere Cato oder der Redner und Schriftsteller Cicero.

mienportrait eines römischen Mädchens. Ägypten ayoum), 3. Jh. n. Chr. Akademisches Kunstmuseum Bonn.

Nach dem *pater familiās* kommt die *māter familiās*, die Mutter des Hauses, der man als *domina* und *mātrōna* (Ehefrau) großen Respekt entgegenzubringen hat. Sie ist verantwortlich für den Haushalt, überwacht die Tätigkeiten der Sklaven und kümmert sich um sie, wenn sie krank sind. Gesellschaftlich genießt sie großes Ansehen.

Die römische Eheschließung

Geheiratet wird sehr früh. Mädchen gelten mit zwölf, Jungen mit 16 Jahren als heiratsfähig. Für eine Eheschließung bedarf es des Einverständnisses beider Väter. Vielfach suchen die Eltern die Ehepartner aus. Es ist aber nicht ausgeschlossen, dass Ehen dennoch von gegenseitiger Liebe getragen werden.

Oft geht der Hochzeit eine Verlobung voraus. Eine Mitgift wird vereinbart, über die die Braut während ihrer Ehe frei verfügen kann. Am Tag der Hochzeit weiht die Braut ihr Spielzeug den Hausgöttern. Ihre Haare werden mit einer gebogenen Speerspitze sechsfach gescheitelt und in Form eines Kegels auf dem Kopf aufgesteckt. Darüber kommt ein orangefarbener oder roter Brautschleier. Vor Zeugen wird der Ehevertrag unterzeichnet, dann folgen die Glückwünsche der Gäste. Am Abend »entreißt« der Bräutigam die Braut symbolisch den Armen ihrer Mutter, führt sie im Festzug zu seinem Haus (*domum dēductiō:* Fortführen nach Hause) und trägt sie dort über die Schwelle.

1. Stelle Caecinas Sichtweise und die des Messalinus einander gegenüber.
2. Zeige Parallelen und Unterschiede zwischen der römischen *familia* und unserem modernen Begriff von »Familie« auf.
3. Welchen Stellenwert hat die Ehe in der römischen Gesellschaft?
4. Was versteht man unter *patria potestās*?
5. Beschreibe eine römische Eheschließung. Greife auch auf Informationen aus dem Lektionstext zurück.

Lektion 12

Der Fuchs und der Rabe

corvus, corvī *m.*: Rabe
cāseus, cāseī *m.*: Käse
volāre, volō: fliegen
comedere, comedō: essen
vulpēs, vulpis *f.*: Fuchs
sedēre, sedeō: sitzen
famēs, famis *f.*: Hunger

comest: (er) isst

quam: wie

Corvus cāseum dē fenestrā vīllae rapit.
In arborem altam volat et cum gaudiō cāseum comedere incipit.
Vulpēs corvum in arbore sedēre videt.
Bēstiae māgna famēs est. Itaque lentē appropinquat:
»Salvē, corve.«
Corvus autem nōn audit, cāseum comest.

Nunc vulpēs māgnā vōce clāmat:
»Hēia, corve, cūr mē nōn audīs? Salvē!«
Corvus tacet. Cum silentiō cāseum comedere pergit.
Tum vulpēs:
»Ō, amīce, quam pulcher es!

Auch der französische Dichter Jean de la Fontaine (1621–1695) hat eine Fabel »Der Rabe und der Fuchs« geschrieben. Der Farbdruck, den du hier siehst, ist nach einer Illustration dieser Fabel von Calvet-Kogniat entstanden. Paris, Privatsammlung.

fōrma, fōrmae *f.*: Gestalt
penna, pennae *f.*: Feder
doctus, docta, doctum: gelehrt, gebildet
heu: ach
putāre, putō: glauben
errāre, errō: sich irren
īrā … commōtus, commōta, commōtum: aus Zorn
cadere, cadō: fallen

Quam pulchra fōrma est corporis tuī! Pennae corvōrum mihi valdē placent. Et quam docta semper est lingua vestra! Sed, heu, corvīs vōx iūcunda nōn est. Corvī sē cantāre posse putant, sed valdē errant. Corvōrum nōn est nōs vōce suā dēlectāre.« Corvus cāseum comedere dēsistit sēcumque cōgitat: »Vulpēs vērē stultae malaeque sunt!« Tum īrā vulpis commōtus corvus cantāre incipit. Cāseus dē arbore cadit. Vulpēs cibum tollit et rīdet et rīdet et rīdet …

1

Für Textspürnasen

Lies die Überschrift und die Vokabeln neben Text 12. Stelle vor der Übersetzung Vermutungen über den Textinhalt an.

2

Für Textexperten

1. Teile die Fabel in drei Abschnitte: Ausgangssituation, Handlung, Lösung. Erstelle eine knappe Inhaltsangabe zu jedem Abschnitt.
2. Zeichne eine Tabelle nach folgendem Muster ins Heft und fülle darin die Felder für Fuchs und Rabe aus. Vergleiche nun die beiden Tiere miteinander. Wer ist dir (un)sympathischer?

Charaktereigenschaften	vulpēs	corvus
wie er den anderen einschätzt		

3. Hat der Rabe ein Recht darauf, »sauer« zu sein? Begründe deine Meinung.
4. Was kannst du aus der Geschichte lernen? Fasse diese Lehre in einer Moral, das heißt in einem »klugen Satz«, zusammen.
5. Theaterprojekt A

Spielt die Fabel auf Lateinisch vor. Bildet dazu Gruppen mit je drei Schauspielern: Rabe, Fuchs, Erzähler. Übt in eurer Gruppe, den Text mit verteilten Rollen auf Lateinisch vorzulesen (Auswendiglernen ist nicht ausdrücklich verboten!). Spielt dann die Fabel vor der Klasse vor.

→

Tipps zur Aufführung
- Lest langsam.
- Lest laut und deutlich vor.
- Lest mit Gefühl. (Beispiel: Der schmeichelnde Fuchs soll überzeugend klingen!)
- Achtet auf eure Körpersprache. (Beispiel: Nicht mit dem Rücken zum Publikum sprechen! Hände aus den Hosentaschen!)
- Malt ein kleines Bühnenbild an die Tafel (Fenster, Baum).
- Zieht euch einen schwarzen (Rabe) oder roten Pullover (Fuchs) an.
- Besorgt euch ein Stück Käse oder bastelt einen Käse aus Papier.

6. Theaterprojekt B
   Stellt euch vor, der Rabe zeigt den Fuchs wegen Diebstahls an. Es kommt zur Gerichtsverhandlung. Spielt die Verhandlung und Verurteilung als Rollenspiel. Bildet dazu zwei Gruppen und verteilt darin folgende Rollen: Rabe, Fuchs, Anwalt des Fuchses, Richter, Staatsanwalt, ursprünglicher Käsebesitzer und Zuschauer. Spielt anschließend euer »Stück« der jeweils anderen Gruppe vor.

3 **Der Ablativ – ein toller Typ**

Der Ablativ ist ein vielseitiger Kasus, wie du schon erfahren hast. Zeichne eine Tabelle nach folgendem Muster in dein Heft und trage alle Ablative mit und ohne Präposition aus dem Text ein. Auf welche Frage antwortet der jeweilige Ablativ?

(Tipp: Falls du nicht mehr alles über die Ablative weißt, schau in die Grammatik zu Lektion 8.)

Name des Ablativs in der Fachsprache	Frage	Semantische Funktion	Lateinisches Beispiel	Deutsche Übersetzung
ablātīvus sociātīvus	~	~	~	~
ablātīvus sēparātīvus	~	~	~	~
ablātīvus locī	~	~	~	~
ablātīvus īnstrūmentī	~	~	~	~
ablātīvus modī	~	~	~	~

4 Sei schlau, schau genau!

Bestimme die Formen. (Manchmal gibt es mehrere Möglichkeiten.)

Beispiele: interest: 3. Pers. Sg. Präs. von interesse: teilnehmen an
fīlium: Akk. Sg. m. von fīlius, fīliī *m.*: Sohn
malam: Akk. Sg. f. von malus: schlecht, übel

a) fenestrae b) silentiō c) arboris d) tacēte
e) māgnīs f) vōcis g) altārum h) rapiunt
i) māgnum j) gaudiī k) vōce l) appropinquāmus
m) corpora n) altōs o) pulchrās p) clamātis
q) vīllā r) cantās s) dēlectat t) incipe

5 Vervielfacher ans Werk!

1. Verwandle Singular in Plural.
2. Übersetze die neuen Sätze.

a) Cūr labōrāre nōn potes?
b) Ō magister, frāter tē audīre nōn potest.
c) Asinus onus portāre dēbet.
d) Agricola saevus asinum virgā verberat.
e) Ō bēstiam miseram!
f) Homō miser saepe flet.
g) Venditor mercem pulchram laudat.
h) Fīlius mercātōris cum venditōre dē pretiō agit.
i) Senātor rīdēre incipit.

Ein Dieb wird gefasst

Lucius und Decimus sind einem frechen Kleiderdieb auf der Spur. Der Dieb geht gerade in einen Kleiderladen. Die Jungen verstecken sich und beobachten die Ereignisse. Decimus kann von seiner Stellung aus nicht so gut sehen, so dass nur Lucius alles mitbekommt:

1. Übersetze:
   Lūcius videt …
   a) … fūrem intrāre.
   b) … mercātōrem fūrem salūtāre et mercēs apportāre.
   c) … fūrem mercēs diū īnspicere.
   d) … fūrem vestīmentum pulchrum tollere.
   e) … fūrem paulō post abīre cupere.
   f) … mercātōrem fūrem capere et cum fūre pūgnāre.

2. Lucius kommentiert aufgeregt, was er sieht. Setze seinen Kommentar lateinisch fort.
   a) Fūr intrat. …

3. Stell dir vor, dass die Jungen nicht *einen* Dieb beobachten, sondern zwei.
   Schreibe auf, was Lucius sagt.
   a) Fūrēs intrant.
   …

Einzug ins Satzgliederhaus

Wir befinden uns an einem schönen Sommertag auf einem römischen Landgut. Die herrliche Idylle trügt jedoch: Ein Dieb ist am Werk!

1. Welche Zimmer des Satzgliederhauses beziehen die einzelnen Wörter oder Wortgruppen?
   a) Decimā hōrā ānser musteum dē fenestrā vīllae rapit.
   b) Phrygia ancilla ānserem musteum cum gaudiō in hortum portāre videt.
   c) Ānser ancillam videt et valdē timet.

musteum, musteī *n.*: Mostbrötchen

2. Wie könnte diese kleine Geschichte ausgehen? Entscheide dich für einen der folgenden Ausgänge. Schicke anschließend die Wörter oder Wortgruppen des von dir gewählten Satzes in ihr jeweiliges Zimmer im Satzgliederhaus.
   a) Phrygia ānserem adit, sed subitō domina ancillam advocat. Phrygia abit, ānser gaudet.
   b) Phrygia ānserem adit et musteum rapit. Phrygia abit, ānser furit.

Wort-Rosette

Wie du schon weißt, kannst du manchmal eine Fülle von ähnlichen Fremdwörtern mit einem einzigen lateinischen Wort erklären.

1. Suche ein lateinisches Wort, das mit den Fremdwörtern in der Rosette verwandt ist.
2. Ordne die Fremdwörter folgenden Bedeutungen zu:

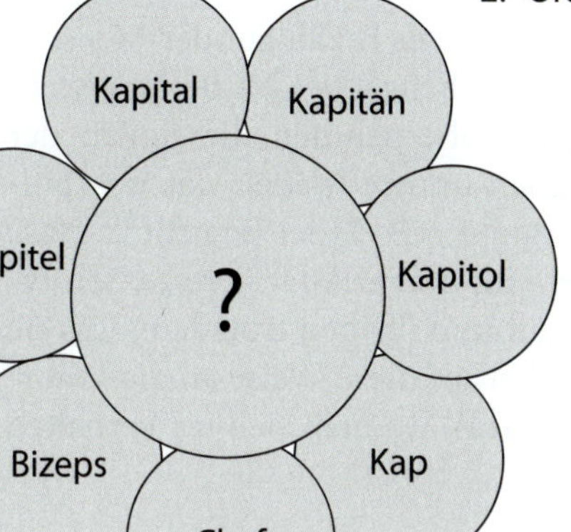

a) Haupthügel Roms
b) »Kopfsumme«, Vermögen
c) zweiköpfiger Oberarmmuskel
d) Landspitze eines Kontinents
e) Schiffsoberhaupt
f) Hauptabschnitt eines Buches
g) Oberhaupt, Leiter

9 Die Mond und der Sonne??

Übersetze und achte dabei auf besonders gutes Deutsch.

Hodie luna plena est. Poeta Germanus lunam ornamentum orbis terrarum et quasi terrae dominae maritum esse scribit.
Subito luna magna voce per arborem altam vocat: »Audi! Maritus non sum!« Poetam scribere desistere iubet et dicit: »Nonne scis lunam, reginam noctis, deam esse et multas filias pulchras habere? Graeci mihi gratias agunt et me amant. Nam homines nocte domum duco. Romani autem mihi raro sacrificant. Ecce, Sol frater adit! Cur fratrem non interrogas? Me maritum esse non posse scit.«
Poeta iram deae et dei valde timet et lunae obtemperat. Nunc non iam de deis, sed solum de hominibus bestiisque scribit.

vocāre, vocō: rufen

rēgīna, rēgīnae *f.*: Königin

sōl, sōlis *m.*: die Sonne
Sōl: *Name des Sonnengottes*

Sanfte Lehrmeister – die Fabeln

Wer versteht ihn nicht, den eitlen Raben, der nur zu gern den Schmeicheleien des Fuchses erliegt und die Wahrheit erst erkennt, als es zu spät ist?

Wesenszüge der Fabel

Fābula – Geschichte, Fabel. Fabeln sind uraltes Erzählgut der Menschheit. Viele Völker kennen Fabeln als unentbehrliches Mittel, um Menschen einen Spiegel vorzuhalten. Tiere übernehmen die Rollen der Menschen. Manche von ihnen begegnen immer wieder: das unschuldige Lamm, der gefräßige Wolf, der dumme Esel, der ängstliche Hase oder eben der schlaue Fuchs und der eitle Rabe. Alle Tiere weisen typisch menschliche Verhaltensweisen auf und bleiben trotzdem, was sie sind, nämlich Tiere. Sanft führt die Fabel auf diese Weise an die Wahrheit heran und erlaubt auch dort zu lächeln, wo man sich im Verhalten der Tiere wiedererkennt.

Aufbau

Fabeln erzählen immer auf einen Höhepunkt, eine Pointe, hin. Vom ersten Wort bis zu dieser Pointe zieht sich ein Spannungsbogen. Das Geschehen wird auf das Wesentliche beschränkt. Jedes Wort zu viel würde dem Anliegen einer Fabel schaden. Der Erzählstrang folgt einem dreigliedrigen Aufbau. Am Anfang steht eine Ausgangssituation. Es folgt eine Rede oder Handlung, auf die entsprechend reagiert wird. Am Ende kommt es zur Lösung.

Nicht selten ist der Fabel eine sogenannte »Moral von der Geschichte« beigefügt. Diese »Moral« versucht noch einmal in kurzer Form, das Anliegen der Fabel auf den Punkt zu bringen. Steht sie am Beginn, heißt sie *Promythion*, steht sie am Ende, heißt sie *Epimythion*.

Äsop. Gipsabguss nach einem Original aus Marmor aus antoninischer Zeit. Akademisches Kunstmuseum Bonn.

Äsop

Viele der uns bekannten Fabeln gehen auf den griechischen Fabeldichter Äsop zurück. Dies gilt auch für die Fabel von dem Raben und dem Fuchs. Über Äsop selbst wissen wir kaum etwas. Einigermaßen sicher ist, dass er im 6. Jahrhundert v. Chr. lebte und ein freigelassener Sklave war. In seinen Fabeln begegnet er uns als Mensch, der zum Nachdenken anregen will. Weil er aber weiß, dass die Wahrheit oft nur schwer zu ertragen ist, bedient er sich der Fabel, um menschliche Schwächen oder gesellschaftliche Missstände aufzudecken. Äsops Fabeln werden so zu sanften und zeitlosen Lehrmeistern der Wahrheit.

Wilhelm Busch: Frosch und Fink

Im Apfelbaume pfeift der Fink
Sein: pinkepink!
Ein Laubfrosch klettert mühsam nach
Bis auf des Baumes Blätterdach
Und bläht sich auf und quackt: »Ja, ja!
Herr Nachbar, ick bin och noch da!«
Und wie der Vogel frisch und süß
Sein Frühlingslied erklingen ließ,
Gleich muss der Frosch in rauen Tönen
Den Schusterbass dazwischen dröhnen.
»Juchheija, heija!« spricht der Fink.
»Fort flieg ich flink!«
Und schwingt sich in die Lüfte hoch.
»Wat!« ruft der Frosch, »dat kann ick och!«
Macht einen ungeschickten Satz,
Fällt auf den harten Gartenplatz,
Ist platt, wie man die Kuchen backt,
Und hat für ewig ausgequackt.
Wenn einer, der mit Mühe kaum
Geklettert ist auf einen Baum,
Schon meint, dass er ein Vogel wär,
So irrt sich der.

1. Nenne wesentliche Merkmale einer Fabel. – Zeige diese Merkmale an der Fabel von dem Fuchs und dem Raben.
2. Schreibe einen Steckbrief für Äsop.
3. Fasse den Inhalt einer anderen Fabel, die du kennst, kurz zusammen.
4. Was versteht man unter einem *Promythion*, was unter einem *Epimythion*?
5. *Promythion* und *Epimythion* sollten einprägsam formuliert sein. Ein schönes Beispiel für ein *Epimythion* finden wir bei dem Dichter Wilhelm Busch (1851-1907). Er hat seine Fabel in Gedichtform gekleidet. Lies das Gedicht, gliedere es in die drei Hauptteile und zeige auf, wo das *Epimythion* beginnt. Erläutere den tieferen Sinn des Gedichtes.

Griechisch-römische
Mythologie

Lektion 13

Intrā!

thermae, thermārum *f. Pl.*: Thermen
mālō: ich möchte lieber

Sextus: »Salvē, Pūblī. Quō īs?«
Pūblius: »Salvē, Sexte, et tū. In amphitheātrum eō.
Venī mēcum!«
Sextus: »Mūnera gladiātōria mē nōn dēlectant.
Thermās vīsitāre mālō.«
Ita amīcī in thermās eunt.

Dē Daedalō et Īcarō

Crēta, Crētae *f.*: Kreta *(Insel im Mittelmeer)*

Daedalus, artifex praeclārus, cum Īcarō fīliō
in Crētā īnsulā in exiliō est.

ēgregius, ēgregia, ēgregium: hervorragend
labyrinthus, labyrinthī *m.*: Labyrinth
in quō: in dem

Aliquandō Mīnōs, rēx Crētae, Daedalum adit:
»Tē artificem ēgregium esse nōtum est.
Itaque tē labyrinthum aedificāre iubeō,
in quō Mīnōtaurus habitāre potest.
Nunc abī!«
Daedalus rēgī obtemperat labyrinthumque aedificat.

Mīnōtaurus, fīlius Pāsiphaae rēgīnae, mōnstrum est:
Mīnōtaurō caput taurī et corpus hūmānum est,
itaque Mīnōs timōre īnfāmiae
mōnstrum in labyrinthō occultāre cupit.

vetuit: hat verboten
obstrūxit: hat versperrt
cēra, cērae *f.*: Wachs
alligāre, alligō: verbinden

Aliquandō Daedalus et Īcarus fīlius dē turrī altā mare spectant:
Crētam relinquere et in patriam redīre cupiunt,
quamquam Mīnōs artificem cum fīliō ab īnsulā abīre vetuit.
Diū dē fugā cōgitant.
Daedalus dēnique: »Mīnōs terrās et maria obstrūxit,
caelum autem patet.«
Itaque ālās sibi et fīliō parat, pennās cērā alligat.

diēs *Nom. Sg. m.*: Tag
accommodāre, accommodō: anlegen
propinquitās, propinquitātis *f.*: Nähe

Nunc diēs fugae adest.
Pater sibi fīliōque ālās accommodat Īcarumque monet:
»Via nostra valdē perīculōsa est.
Vītā igitur propinquitātem maris, vītā propinquitātem sōlis:
Nōs viā mediā volāre opus est.«
Prīmō Īcarus patrī obtemperat.

Pieter Brueghel d. Ä. (um 1525/30–1569), »Sturz des Ikarus«.

altius *Adv.*: höher

Subitō autem superbiā commōtus
altius īre temptat, sōlī appropinquat.

cum: als
flūctuantēs *Akk. Pl. f.*: (umher)treibende

Paulō post Daedalus, cum respicit, fīlium nōn iam videt.
Videt sōlum pennās in marī flūctuantēs.

ibi: dort

Ubī bene, ibi patria

1

Für Textspürnasen

1. Schreibe in dein Heft, welche Personen in Text 13 vorkommen und an welchem Ort die ersten drei Absätze der Geschichte spielen.
2. Lies anschließend die Vokabeln im Lernvokabel-Verzeichnis sowie am Rand von Text 13 und formuliere Vermutungen darüber, was in dem Text passiert.

3. Übertrage folgende Tabelle in dein Heft und trage darin alle dir schon bekannten Konnektoren ein, die du in Text 13 finden kannst. Ergänze diese Tabelle später mit weiteren Konnektoren aus Text 13 und aus den folgenden Lektionen.

	Konnektor
Zeitangabe	~
Begründung	~
Aneinanderreihung	~
Gegensatz	~
~	~

2 Für Textexperten

1. Wie mag sich Daedalus am Abend nach dem Fluchtversuch fühlen? Verfasse einen Tagebucheintrag, in dem Daedalus auf die Ereignisse des Tages zurückblickt und seine Gefühle beschreibt.
2. Was könnte König Minos über die Geschehnisse denken? Verfasse ein kurzes Selbstgespräch, das Minos auf dem Balkon seines Palastes am Abend nach dem Fluchtversuch führt.
3. Formuliere die Lehre, die du aus der Geschichte von Daedalus und Icarus ziehst.

3 Mäusefraß

Diesmal war eine ir(r)e Maus am Werk …

Ergänze im folgenden Text die Formen von īre, abīre, exīre, adīre, redīre und trānsīre und schreibe sie in dein Heft.

a) Gladiātor bēstiam lentē ~.
b) Lūcius et Decimus domum ~.
c) Mercātor māgnā cum vōce clāmat: »Mendīcī, ~!«
d) Daedalus et Īcarus ē patriā ~ et mare ~.
e) Flāminius senātor fīliās parvās ā vīllā parentium ~ vetat.
f) Fīliī ad patrem: »In amphitheātrum ~.« Pater gaudet et fīliī ~.
g) Drūsilla fīlia autem frātribus dīcit: »Numquam in amphitheātrum ~. Ēheu, mē miseram! Pater mē semper domī manēre iubet. Numquam cum amīcīs ā vīllā ~.«
h) Agricola furit: Asinus viam nōn ~. Itaque agricola clāmat: »Asine stulte! Viam ~!« Et clāmat et clāmat et clāmat …

mendīcus, mendīcī *m.*: Bettler

vetāre, vetō: verbieten

ēheu: ach

4 Gehen und spazieren gehen

Bilde zu den folgenden Formen von ambulāre die entsprechenden Formen von īre.

a) ambulant b) ambulā c) ambulās d) ambulātis
e) ambulō f) ambulat g) ambulāte h) ambulāmus

5 Von Stein zu Stein

Wer kommt diesmal trocken über den Bach? Spring wie im Beispiel von Stein zu Stein.

Beispiel:

Infinitiv	→ Imp. Sg.	→ 1. Pers. Sg.	→ 3. Pers. Pl.	→ Imp. Pl.	→ 1. Pers. Pl.	→ 2. Pers. Sg.
audīre	audī	audiō	audiunt	audīte	audīmus	audīs

a) volāre: → 2. Pers. Pl. → 3. Pers. Sg. → Imp. Sg. → 3. Pers. Pl. → 1. Pers. Sg. → 2. Pers. Sg.
b) vidēre: → Imp. Pl. → 2. Pers. Sg. → 2. Pers. Pl. → 3. Pers. Sg. → 1. Pers. Pl. → 3. Pers. Pl.
c) abīre: → 3. Pers. Pl. → 1. Pers. Pl. → 2. Pers. Sg. → Imp. Sg. → 3. Pers. Sg. → 1. Pers. Sg.
d) lūdere: → 2. Pers. Sg. → 3. Pers. Pl. → Imp. Pl. → 1. Pers. Sg. → 2. Pers. Pl. → 3. Pers. Sg.
e) venīre: → Imp. Sg. → 3. Pers. Sg. → 3. Pers. Pl. → 1. Pers. Sg. →2. Pers. Pl. → 1. Pers. Pl.
f) esse: → 3. Pers. Sg. → 1. Pers. Sg. → 2. Pers. Pl. → 2. Pers. Sg. → 3. Pers. Pl. → 1. Pers. Pl.
g) respicere: → 2. Pers. Sg. → 1. Pers. Pl. → Imp. Pl. → 3. Pers. Pl. → 1. Pers. Sg. → Imp. Sg.
h) exīre: → 3. Pers. Sg. → 1. Pers. Pl. → Imp. Pl. → 2. Pers. Sg. → 3. Pers. Pl. → 1. Pers. Sg.

6

Fehlerhafte Schreibtafel

Hier hat mal wieder jemand nicht richtig aufgepasst … Ordne die folgenden Substantive und Adjektive einander so zu, dass die KNG-Regel überall eingehalten wird.

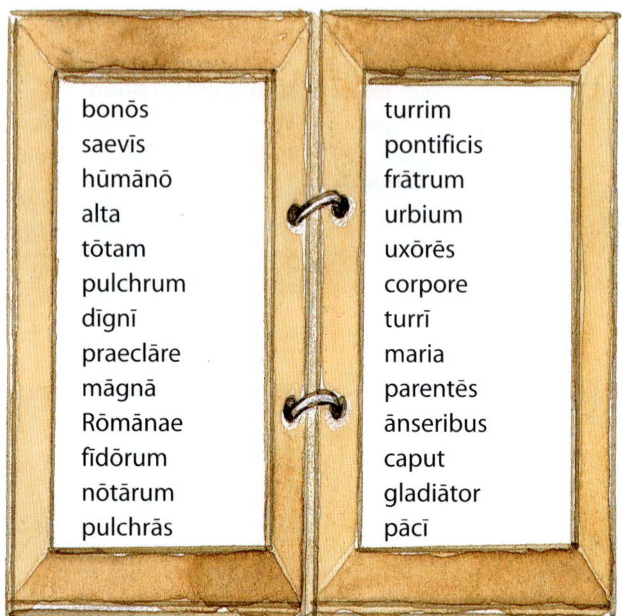

bonōs	turrim
saevīs	pontificis
hūmānō	frātrum
alta	urbium
tōtam	uxōrēs
pulchrum	corpore
dīgnī	turrī
praeclāre	maria
māgnā	parentēs
Rōmānae	ānseribus
fīdōrum	caput
nōtārum	gladiātor
pulchrās	pācī

7

Ausflug der Vokale

Heute haben die Vokale beschlossen, ohne zu fragen einen Ausflug zu machen. Hol du sie zurück und setze sie so wieder ein, dass korrekte Formen entstehen.

a) mnstrm b) rtfx c) ptst d) trr e) rspct f) btmprt g) pnns h) tmr i) nsl

8

Substantiv-Scanner

1. »Scanne«, das heißt, durchsuche den Text »Dē Daedalō et Īcarō« nach Substantiv-Formen der Mischdeklination und bestimme sie. Du musst insgesamt 19 Formen finden.

(Achtung: Die Wörter diēs und Mīnōs gehören nicht dazu!)
Beispiel: artificem: Akk. Sg. von artifex, artificis *m.*: Künstler, Schöpfer

2. Setze nun die entsprechende Form von māgnus, māgna, māgnum hinter jedes Substantiv. Achte dabei genau auf die KNG-Regel!

9

aci-Lokomotiven

1. Schreibe aus Lektionstext 13 alle Sätze mit aci heraus. Unterstreiche die Ausdrücke, die den aci auslösen (die »Lokomotiven«).
2. Zeichne eine Mindmap für aci-Lokomotiven ins Heft. Trage darin die folgenden fünf Lokomotiv-Gruppen ein: Verben des Mitteilens, der Wahrnehmung, des Wissens/Denkens, der Empfindung; unpersönliche Ausdrücke. Ordne nun die eben in Aufgabe 1 gesammelten aci-Lokomotiven jeweils einer der fünf Gruppen zu und trage sie in die Mindmap ein.

10

Satz-Salat!

1. Hier sind versehentlich Sätze auseinandergerupft worden. Füge sie wieder zusammen und übersetze sie.

a) Discipulī discipulaeque hodiē magistrum aegrum esse	A) nōtum est.
b) Mīnōs Daedalum et Īcarum domum redīre nōn posse	B) properat.
c) Pater filiās in hortō ambulāre et vestīmenta pennīs ōrnāre	C) opus est.
d) Aulus mercātōrēs hodiē leōnēs et aliās bēstiās in forō vendere	D) gaudent.
e) Senātor māne forum vacuum trānsit et in cūriam	E) dīcit.
f) Sōlem frātrem Lūnae esse	F) videt.
g) Marītum in exiliō versantem uxōrī saepe epistulās scrībere	G) audit.

versantem: sich aufhaltend

2. Übersetze die Sätze a bis g.

11 Versteckte Latein

1. Mit welchen lateinischen Vokabeln sind folgende Wörter verwandt?
2. Erkläre, eventuell mithilfe eines Lexikons oder des Internets, was die Wörter bedeuten.

a) Regierung b) Monster c) maritim d) Reliquie e) Medien

12 Europäisches Familientreffen

Einige lateinische Vokabeln haben Verwandte aus ganz Europa zu einem Familientreffen eingeladen. An den einzelnen Tischen fehlen aber noch die lateinischen Gastgeber und die Gäste aus Deutschland! Schreibe zu den folgenden englischen, französischen, italienischen und spanischen Vokabeln daher jeweils ein lateinisches und ein deutsches Wort, mit dem sie nahe verwandt sind, in dein Heft.

13 Hochmut kommt vor dem Fall!

Übersetze und achte dabei auf besonders gutes Deutsch.

Homines saepe superbia commotos agere notum est. Nunc audite fabulam de superbia:
Aliquando vir magnum bothum in mari capit. Bothus loqui potest: »Me libera, vir bone!« Vir bothum liberat. Bothus valde gaudet se denuo in mari natare posse. Rogat virum donum sibi cupere. Vir cogitat: »In parva casa vivimus. Me magnam casam uxori aedificare opus est.« Tum bothus dicit: »Abi! Iam uxor in villa nova habitat.«
Domi uxor marito dicit: »Cur villam novam habemus?« Maritus villam bothi donum esse narrat. Uxor autem contenta non est: »Redi et iube bothum nobis palatium dare!« Vir ad mare redit et bothum vocat. Bothus e mari exit et dicit: »Iam scio uxorem contentam non esse. Domum i! Iam uxor in palatio habitat.«
Domi uxor maritum salutat: »Stultus es! Botho tuo magna virtus est. Redi et dic nos in caelo vivere cupere.« Maritus valde maestus est et ad mare redit. Nunc mare saevum est. Vir bothum vocare incipit, sed bothus non exit. Subito vir caput bothi videt et magnam vocem audit: »Uxor semper superbia commota agit! Nunc superbiam nocere discere debet. Nunc domum redi! Nam uxor denuo in parva casa habitat.«

fābula, fābulae *f.*: Geschichte
bothus, bothī *m.*: Butt
loquī: sprechen
dēnuō: wieder
rogāre, rogō *mit aci:* bitten
casa, casae *f.*: Hütte
nārrāre, nārrō *mit aci:* erzählen
palātium, palātiī *n.*: Palast
vocāre, vocō: rufen
virtūs, virtūtis *f.*: überirdische Kraft
maestus, maesta, maestum: traurig
nocēre, noceō: schaden
discere, discō *mit aci:* lernen

Sagen – mehr als einfach nur spannende Geschichten

Irrgarten im Park Herrenhausen, Hannover.

Bist du schon einmal durch einen Irrgarten gelaufen? Dann kennst du vielleicht das Gefühl, das einen befällt, wenn man den Ausgang nicht findet. Auf einem Spielplatz oder in einem Freizeitpark ist das ganz lustig, weil zur Not immer jemand da ist, der einen wieder herausholt.

Das Labyrinth

Bei dem Irrgarten in unserem Lektionstext ist das ganz anders. Es ist auch kein Irrgarten im üblichen Sinne, sondern ein riesiges Gebäude mit unendlich vielen Gängen. Sein Erbauer gab ihm einst den Namen »Labyrinth«. Hier sollte niemand den Ausgang finden können. Denn in dem Labyrinth hauste Minotaurus, ein Wesen halb Mensch, halb Stier. Minotaurus war der Stiefsohn des Königs Minos. Dieser schämte sich für Minotaurus und wollte ihn den Blicken der Menschen entziehen. Aber weil Minotaurus wild und gewalttätig war, brauchte Minos einen besonders sicheren Ort, um ihn zu verstecken. Also lud er den Athener Daedalus ein, für ihn ein solches Versteck zu bauen. Daedalus war ein bedeutender Erfinder, der so hilfreiche Dinge wie Säge, Zirkel und Töpferscheibe erfunden hatte. Dieser folgte der Einladung des Königs und schuf jenes Labyrinth, aus dem es kein Entrinnen gab.

In die Mitte des Labyrinths baute er eine Hütte für Minotaurus. Aber Minotaurus verlangte nach Menschenopfern. Weil in Kreta niemand dafür sein Leben lassen sollte, entschied Minos, den Athenern dieses Opfer aufzuerlegen. Das sollte ihre Strafe sein, denn Minos machte sie und ihren König Aigeus verantwortlich für den Tod seines Sohnes Androgeos.

Minos, immerhin ein Sohn des Göttervaters Zeus, erreichte durch Gebete, dass Athen von einer Pest heimgesucht wurde. Nur wenn die Athener jedes Jahr sieben Jungfrauen und sieben junge Männer als Opfergabe für Minotaurus schickten, sollte Athen von dieser Pest erlöst werden können. Theseus, dem Sohn des Aigeus, gelang es jedoch später mit der Hilfe Ariadnes, der Tochter des Minos, den Minotaurus zu töten und Athen von seinem Fluch zu erlösen. Ariadne gab Theseus dazu ein Wollknäuel. Auf seinem Weg durch das Labyrinth ließ Theseus den Faden abrollen und konnte so mühelos den Ausgang wiederfinden. Diesen Trick hatte ihm Daedalus verraten. Darüber war Minos so erbost, dass er Daedalus mit seinem Sohn Icarus in das Labyrinth sperrte und dort so lange gefangen hielt, bis beiden dank des Ideenreichtums von Daedalus die Flucht gelang.

Sagen und die Wirklichkeit

Die Geschichte von Daedalus, König Minos und Minotaurus bezeichnen wir als Sage bzw. Legende. Wie alle Sagen (und Legenden) hat sie einen wahren Kern. Wir benutzen den Begriff »Legenden« gelegentlich bei Menschen, die z. B. in Sport oder Film Herausragendes geleistet haben. Zeitschriften, Fernsehen, Radio – die meisten Medien bringen Beiträge über solche Leute. Dabei wird das, was man bereits weiß oder gehört hat, immer weiter ausgeschmückt. Das geschieht umso eher, je mehr über eine solche »Legende« geschrieben wird. Am Ende überblickt kaum noch einer, was wahr und was erdichtet ist. Ähnliches geschah wohl auch mit der Geschichte von Daedalus, Minos und Minotaurus. Wenn man heute auf die Insel Kreta kommt, kann man in Knossos die Überreste einer gewaltigen Palastanlage aus dem 16. Jahrhundert v. Chr. bewundern. Diese Anlage ist tatsächlich verwirrend wie ein Labyrinth.

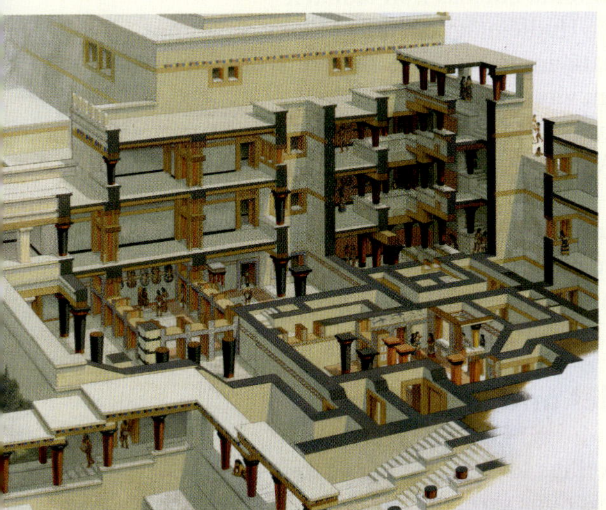

on Peter Connolly (geb. 1935) gezeichnete Rekonstruktion des lastes von Knossos.

Minotaurus – (k)ein Ungeheuer?

Bei dem »echten« Minotaurus können wir vermuten, dass er tatsächlich ein Sohn des Minos war. Vielleicht war er durch eine Krankheit so entstellt, dass sein Vater ihn vor den Augen der anderen verbarg. Schnell dichtet man einem solch bedauernswerten Menschen alles Mögliche an. Der Stier war das heilige Tier Kretas. Möglicherweise mischten sich die Schauergeschichten um den Sohn des Minos mit den religiösen Gebräuchen des Stierkultes – und fertig war das Monster.

1. Erzähle die Sage von Daedalus und dem Minotaurus mit eigenen Worten nach.
2. Erläutere die Begriffe »Sage« und »Legende«.
3. Erlaubt die Sage vom Minotaurus Rückschlüsse auf einen historischen Kern? Begründe deine Antwort.

Lektion 14

Intrā!

herī *Adv.*: gestern

Germānicus: »Herī egō in hortō labōrāvī,
tū autem post vīllam dormīvistī.«
Britannicus: »Sed posteā egō per Subūram īre debuī,
tū autem iam in lectō fuistī!«

Phrygia et Lȳdia vīllam cūrāvērunt et cēnam bonam parāvērunt,
tamen Antōnia ancillās nōn laudāvit.
Ancillae: »Hodiē māgnō studiō vīllam cūrāvimus,
cēnam parāvimus, tamen domina nōs nōn laudāvit.
Nōs etiam vituperāvit …«
Germānicus: »Cūr numquam contentae estis?
Nōnne Antōniam saepe iniūstam esse scīvistis?«

iniūstus, iniūsta, iniūstum: ungerecht

Neue Endungen

Schreibe die Verbformen des Textes in dein Heft, auch wenn dir die Endungen fremd vorkommen. Was fällt dir auf?

Hercules und die Hydra

īnfāns *Nom. Sg. m.*: als Baby

quī *Nom. Sg. m.*: dieser

Herculēs fīlius Iovis et Alcmēnae fuit.
Iam īnfāns duōs serpentēs necāvit.
Posteā Eurystheō rēgī servīvit.
Quī Herculī multōs labōrēs imperāvit.

Aliquandō rēx Herculem cum Iolāō amīcō advocāvit et dīxit:
»Certē Hydram, serpentem perīculōsam, Graeciam vexāre audīvistis.
Iūnōnem deam mōnstrum illūc mīsisse nōtum est.
Hydrae autem duodecim capita sunt.
Spīritū pestiferō bēstia hominibus māgnum terrōrem inicit.
Vestrum est hominēs timōre serpentis līberāre.«
Itaque amīcōs in Graeciam mīsit.

spīritū pestiferō *Abl. Sg. m.*: mit seinem/ihrem tödlichen Atem

Amīcī māgnā virtūte cum Hydrā pūgnāvērunt,
sed mōnstrum nōn superāvērunt.
Iolāus: »Ō Herculēs, quid faciāmus?
Cum ūnum ē capitibus serpentis amputāvistī,
nova capita crēscunt.

faciāmus: wir sollen tun

cum: immer wenn

Hercules im Kampf mit der Hydra, dargestellt auf einem griechischen Henkelkrug, 1. Hälfte 5. Jh. v. Chr.

omnia *Akk. Pl. n.*: alles
quantum potuī: so sehr ich konnte

Tū omnia temptāvistī, et egō, quantum potuī, tē adiuvāre studuī.
Nōs fortiter pūgnāvisse scīmus,
tamen mōnstrum nōn superāvimus!
Nōnne Hydram invictam esse audīvimus?«

Dēnique amīcī dolum adhibuērunt:
Herculēs Iolāum arborēs īnflammātās apportāre iussit clāmāvitque:

cum: immer wenn
exūrere, exūrō: ausbrennen
crēscent: werden nachwachsen

»Cum egō ūnum ē capitibus gladiō amputāvī,
tū vulnus exūre!
Eō modō capita nova nōn crēscent.«

cum … amputāverat: immer wenn (er) … abgehauen hatte
exūrēbat: brannte aus

Dēnuō cum serpente pūgnāvērunt.
Cum Herculēs ūnum ē capitibus gladiō amputāverat,
Iolāus vulnus exūrēbat.

quod immortāle erat: der unsterblich war

Postrēmō amīcī caput Hydrae ultimum, quod immortāle erat,
sub māgnō saxō occultāvērunt.

mortifer, mortifera, mortiferum: tödlich

Tum Herculēs sagittās suās sanguine Hydrae mortiferō tīnxit.

Hominēs ā mōnstrō līberātī deīs māgnam grātiam habuērunt et Herculem immortālitāte dīgnum esse dīxērunt.

Ein Ausspruch des Pontius Pilatus (Joh 19,22):

quod *Akk. Sg. n.*: was

Quod scrīpsī, scrīpsī.

1

Für Textspürnasen

1. Beschreibe die Abbildung S. 115. Was verrät sie über den möglichen Inhalt des Textes?
2. Notiere aus der Überschrift und dem Text Personen, die in der Erzählung vorkommen, und stelle Vermutungen über den Hergang der Handlung an.

2

Für Textexperten

Schreibe einen kurzen Zeitungsartikel für den »Argolis-Anzeiger«. Fasse darin mit eigenen Worten zusammen, welche schwierige Aufgabe Hercules bewältigen musste und wie er sie gelöst hat.

3

Perfekt-Scanner

1. Durchsuche die folgenden Verben nach Perfektformen. Bestimme sie und übersetze sie ins deutsche Präteritum und ins deutsche Perfekt.

Beispiel: adhibuī: ich wandte an/habe angewandt, 1. Pers. Sg. Perfekt von adhibēre: anwenden

a) labōrāvit b) parat c) parant d) adhibuērunt
e) adhibēmus f) scīvistī g) dormīvī h) dormītis
i) cūrāvistis j) laudō k) laudāvimus l) labōrās

2. Setze alle Präsensformen ins Perfekt. Bestimme die neu entstandenen Formen und übersetze sie.

4

Sei schlau, schau genau!

Bestimme die Formen. (Manchmal gibt es mehrere Möglichkeiten.)

Beispiele: servīvit: 3. Pers. Sg. Perf. von servīre: dienen
fīliō: Dat. oder Abl. Sg. m. von fīlius: Sohn
grātā: Abl. Sg. f. von grātus: dankbar, beliebt, willkommen

a) labōrī b) studiō c) studeō d) māgnae e) fīdīs
f) scīvī g) īre h) cēna i) dēbuit j) hominis
k) contentī l) labōrāvimus m) capita n) virtūte
o) timōrem p) fuērunt q) cūrās r) dormītis s) rēgēs
t) dīxistī u) arborī

Zauberer ans Werk!

1. Wähle aus jeder der drei folgenden Spalten je ein Versatzstück und bilde sinnvolle lateinische Sätze.
2. Übersetze die neu entstandenen Sätze.

Aliquandō Graecī	fēriīs[2] in Graeciā, nōn in Italiā[3]	labōrāvistis.
Ō discipulī discipulaeque,	sē semper fīdam fuisse	parāvimus.
Ō domina,	semper scrībere	audīvī.
Alcmēna	māgnam cēnam	dēbuī. Hodiē semper dictō.
Ō avia,[1]	hodiē bene	mīsērunt.
Egō	multōs adulēscentēs Mīnōī rēgī	dīxit.
Theophilus: Aliquandō	Herculem capita Hydrae amputāvisse	fuistī.

[1] **avia**, aviae *f.*: Großmutter [2] **fēriīs:** in den Ferien
[3] **Italia**, Italiae *f.*: Italien

3. In welchen deiner Sätze kommt ein aci vor? Welches Zeitverhältnis besteht jeweils zwischen dem Prädikat und dem Prädikatsinfinitiv des aci?

Zeitdiebe

Wie du weißt, steht das Perfekt in dieser Lektion hoch im Kurs. In den folgenden Sätzen haben daher Zeitdiebe die nagelneuen Perfektformen gestohlen. Du musst den Schaden beheben.

1. Setze die Verben aus dem Wortspeicher in der richtigen Perfektform und inhaltlich passend in die Sätze ein und benenne die jeweilige Bildungsart des Perfekts (v-, u- oder s-Perfekt).
2. Übersetze die vervollständigten Sätze.

ōrnāre pūgnāre dēbēre dīcere scrībere habēre iubēre

Augustus, Augustī *m.*: Augustus *(römischer Kaiser, der um Christi Geburt regierte)*
Vergilius, Vergilī *m.*: Vergil *(berühmter römischer Dichter aus dem 1. Jahrhundert v. Chr.)*

a) Aliquandō multī Rōmānī vīllās rūsticās ~.
b) Herculēs Iolāum sēcum Hydram superāre ~.
c) Virōs multōs in amphitheātrīs fortiter ~ nōtum est.
d) Augustus urbem Rōmam pulchrīs forīs ~.
e) Herculem Eurystheō servīre ~ scīmus.
f) Theophilus Vergilium librōs bonōs ~ ~.

3. In welchen Sätzen kommt ein aci vor? Welches Zeitverhältnis besteht jeweils zwischen dem Prädikat und dem Prädikatsinfinitiv des aci?

Versteckte Latein

1. Mit welchen lateinischen Vokabeln sind folgende Wörter verwandt?
2. Erkläre, eventuell mithilfe eines Lexikons oder des Internets, was die Wörter bedeuten.

a) Duo b) Terror c) Studium d) amputieren

Wer wird Millionär?

Mit Latein kommst du in jeder Quizrunde weiter! Logge dich bei der richtigen Antwort ein.

1. Ein **Imperator** …

(A) ist ein besonders großes Tor.	(B) liefert Strom bei Stromausfällen.
(C) befehligt ein Heer.	(D) ist eine Art kleines Krokodil.

2. Ein **Ultimatum** ist …

(A) eine letzte Frist.	(B) eine neue Tomatenzüchtung, bei der die Tomaten oval sind.
(C) ein neuartiger Kaffee-Automat der italienischen Design-Firma Ulti.	(D) der letzte Schrei.

3. Wenn man ein Auto mit **Injektions-Motor** kauft, dann …

(A) bekommt man beim Kauf einen Tintenstrahldrucker geschenkt.	(B) wird das Benzin beim Fahren direkt in den Motor eingespritzt.
(C) wurde der Motor nicht eingesetzt, sondern vorsichtig unter die Kühlerhaube eingespritzt.	(D) muss man nach jeder Fahrt eine Beruhigungsspritze bekommen.

4. Ein **Missionar** …

(A) ist jemand, der ganz schlimm Heimweh hat.	(B) wird in ein Land geschickt, um die Menschen dort zum Christentum zu bekehren.
(C) ist in den Augen der Kirche ein Missetäter.	(D) ist ein Mönch, der für den Klostermisthaufen zuständig ist.

5. Wenn sich Menschen für einen bestimmten **Modus** entscheiden, dann …

(A) wollen sie sich fortan am Arbeitsplatz alle nach derselben Mode kleiden.	(B) haben sie einen bestimmten Herrscher in einer indischen Provinz gewählt.
(C) wollen sie gemeinsam eine Fastenkur durchführen.	(D) haben sie eine bestimmte Verfahrensweise gewählt.

6. Das **Duodezimal**system ist ein Rechensystem, in dem es …

(A) 10 Ziffern gibt	(B) 2 Ziffern gibt
(C) 12 Ziffern gibt	(D) 2 x 10 Ziffern gibt

9

Alcmena schreibt einen Brief an Hercules

Übersetze und achte dabei auf besonders gutes Deutsch.

Alcmena Herculi suo salutem. In Indice Argolidis hodie legi te iterum magnum laborem perfecisse. Cur nihil scivi? Mihi nihil dixisti!

Timeo, Hercules. Iuno aegre fert te filium mariti sui esse. Primo tibi infanti duos serpentes misit, tu autem eos necavisti. Tum Iuno te Eurystheo misit. Et Eurystheus semper tibi labores periculosos dat. Cum magno leone iam pugnavisti; eum etiam necavisti. Et nunc serpentem formidolosum superavisti. Certe autem Eurystheus iam laborem novum invenit. Non iam dormire possum, Hercules! Valetudinem tuam cura diligenter. Vale!

Alcmēna Herculī suō salūtem: Alcmena grüßt ihren Hercules
in Indice Argolidis: im Argolis-Anzeiger
lēgī: ich habe gelesen
perfēcisse: vollbracht hast
aegrē fert *mit aci:* ist verärgert
īnfāns, īnfantis *m.:* als Baby
eōs *Akk. Pl. m.:* sie
eum *Akk. Sg. m.:* ihn
formīdolōsus, formīdolōsa, formīdolōsum: furchterregend
invēnit: hat gefunden
valētūdinem tuam cūrā dīligenter: pass auf dich auf

Der kleine Hercules erwürgt die Schlangen. Römische Kopie einer griechischen Skulptur aus dem 3. Jh. v. Chr.

Hercules – Die Vorgeschichte

Ein Gott sorgt für Unruhe

Die Göttin Iuno tobt. Schon wieder hat Iuppiter, ihr göttlicher Ehemann, mit einer sterblichen Frau ein Verhältnis angefangen. Leda, Europa, Danaë ... die Liste der Geliebten ist lang, so lang wie die Liste der Verwandlungen, mit denen sich Iuppiter seinen Opfern nähert. Bei Leda trat er als Schwan auf, bei Europa als Stier und bei Danaë sogar als goldener Regen. Aber das ist nichts gegen das, was er sich jetzt geleistet hat. Jetzt hat er doch tatsächlich das Aussehen des Mannes angenommen, dessen Frau er verführen wollte. Alcmena heißt die Auserwählte. Leider ist sie verheiratet und das müssen selbst Götter respektieren. Eigentlich! Iuppiter hingegen verwandelte sich kurzerhand in Alcmenas Mann Amphitruo und Alcmena verbrachte ahnungslos die Nacht mit ihm statt mit ihrem Mann.

Szenenfoto aus einer Inszenierung des »Amphitryon« von Heinrich von Kleist. Deutsches Theater in Göttingen (Premiere: 15.10.1966).

Zwei Väter

Und noch jemand schäumt vor Eifersucht, der echte Amphitruo. Er kehrt am nächsten Tag von einem Kriegszug heim, wird aber von Alcmena nicht mit der Herzlichkeit empfangen, die er eigentlich erwartet hätte. Die Geschichte, die ihm Alcmena daraufhin auftischt, kann er nicht glauben. Er ist felsenfest davon überzeugt, dass Alcmena ihn mit einem anderen Mann betrogen hat und nun die ganze Angelegenheit mit dieser atemberaubenden Ausrede vertuschen will. Erst der blinde Seher Tiresias klärt die Situation und bestätigt Alcmenas Aussage. Amphitruo versöhnt sich mit Alcmena. Sie wird schwanger und erwartet – Zwillinge. Es gibt nämlich zwei Väter, Iuppiter, den Vater des einen Zwillings Hercules, und Amphitruo, den Vater des anderen Zwillings Iphicles.

Die Rache der Iuno

Während sich Amphitruo wieder beruhigt, kann Iuno den Seitensprung ihres Mannes nicht vergessen. Sie will sich rächen. Unglücklicherweise schlägt sie dabei den Sack (= Hercules), obwohl sie doch eigentlich den Esel (= Iuppiter) meint. Vollmundig hatte nämlich Iuppiter vor den anderen Göttern angekündigt, dass ihm aus dem Geschlecht des Perseus, seines mit Danaë gezeugten Sohnes, ein männlicher Nachkomme geboren würde, größer und stärker als alle anderen Sterblichen. Ihn habe er zum Herrscher über die Argolis, das fruchtbarste Gebiet der Peloponnes, bestimmt.

Nun gibt es aber noch einen weiteren Nachkommen aus dem Geschlecht des Perseus, nämlich Sthenelus, dessen Frau Nicippa wie Alcmena kurz vor der Entbindung steht. Kurzerhand verzögert Iuno die Geburt der Zwillinge, und damit die des Hercules, und bewirkt auf diese Weise, dass das andere Kind, mit Namen Eurystheus, zuerst geboren und statt Hercules zum Herrscher der Argolis wird. Eine Demütigung für Iuppiter!

Eine Tat und ihre Folgen

Doch Iuno ist noch immer nicht versöhnt. Hercules bleibt ihr ein Dorn im Auge. Als die Zwillinge acht Monate alt sind, schickt sie zwei Schlangen in das Kinderbett, um Hercules zu töten. Iphicles schreit vor Angst, aber Hercules packt die beiden Schlangen und erwürgt sie. Für Amphitruo ist dies der endgültige Beweis, dass Alcmena die Wahrheit gesagt hat. Er nimmt die Ausbildung des jungen Hercules in die Hand, lehrt ihn das Wagenlenken und lässt ihn von anderen bedeutenden Lehrern im Reiten, Kämpfen und Musizieren unterrichten.

Hercules neigt allerdings zum Jähzorn. Während eines Wutanfalls erschlägt er seinen Musiklehrer mit einer Leier, eine Tat, die für ihn noch ohne Folgen bleibt. Später tötet er in rasender Wut und einem Anflug von Wahnsinn seine Frau Megara, seine eigenen Kinder und die Kinder seines Bruders Iphicles. Einzig sein Neffe Iolaus überlebt. Als Strafe für diese Tat muss Hercules zwölf Jahre lang seinem Widersacher Eurystheus dienen. So bestimmt es das Orakel von Delphi.

1. Zwei Väter – zwei Söhne. Nichts Besonderes! Oder vielleicht doch? Erkläre, warum.
2. Beschreibe, wie Iuno und Amphitruo mit diesem Sachverhalt umgehen.
3. Im Lektionstext ist dir Hercules als tapferer und einfallsreicher Mann begegnet. Im Informationstext lernst du eine ganz andere Seite von ihm kennen. Beschreibe sie und erläutere ihre Auswirkungen auf das Leben des Hercules.
4. Im Informationstext von Lektion 13 hast du etwas über die Entstehung von Sagen erfahren. Lässt sich Ähnliches auch für die Hercules-Sage vermuten? Diskutiert diese Frage im Unterricht.

Lektion 15

Dē Hercule et Nessō

Aliquandō Herculēs cum Dēianīrā uxōre ad fluvium rapidum vēnit, quem pedibus trānsīre nōn potuērunt. Centaurus quīdam nōmine Nessus Herculem Dēianīramque vīdit, appropinquāvit dīxitque: »Deī mē viātōrēs adiuvāre iussērunt. Itaque viātōrēs ad alteram rīpam dorsō portō. Parvā pecūniā etiam vōs trāns fluvium portābō.« Herculēs: »Grātiās tibi agō. Mihi quidem auxiliō tuō opus nōn est. Satis est tē Dēianīram ad alteram rīpam portāre posse.« Tum Nessō nōnnūllōs nummōs dedit et in fluvium dēscendit.

quem *Akk. Sg. m.*: den
quīdam *Nom. Sg. m.*: ein gewisser
viātor, viātōris *m.*: Wanderer, Reisender
portābō: ich werde tragen

Paulō post Herculēs uxōrem clāmāre audīvit statimque respexit. Nessus fēminae vim īnferre temptat! Māgnā īrā commōtus Herculēs sagittam mīsit, Nessum vulnerāvit. Statim venēnō Hydrae sanguinem corpusque Centaurī īnfēcit. Ante mortem Nessus Dēianīram monuit: »Tunicam sanguine meō imbūtam tolle servāque! Philtrum est, quō marītum tuum, sī aliam fēminam amat, ad amōrem tuī redūcere potes.«

vim īnferre: Gewalt antun
imbūtus, imbūta, imbūtum: durchtränkt
philtrum, philtrī *n.*: Liebeszauber
quō *Abl. Sg. m.*: mit dem
tuī: zu dir

Multīs annīs post Herculem rē vērā aliam fēminam amāvisse nōtum est. Itaque Dēianīra, timōre aemulae commōta, marītō tunicam Nessī mīsit. Herculēs vestīmentum induit. Statim venēnum corpus eius invāsit …

eius: seinen

Post mortem Iuppiter fīlium in Olympum sustulit: Ex eō tempore Herculēs deus in familiā deōrum est.

deus: als Gott

Giambologna, Nessus und Deianira. Die Bronzeskulptur wurde vor 1587 geschaffen und befindet sich heute in der Dresdner Skulpturensammlung.

Alter egō

libellus, libellī *m.*: Büchlein

Habent sua fāta libellī.

Ein berühmter Ausspruch Caesars:
Vēnī, vīdī, vīcī.

1 **Für Textspürnasen**

1. Nenne die Personen und Wesen, die in der Geschichte vorkommen.
2. Betrachte den Text, die Wortangaben und das Bild. Welche Schlüsse auf den Inhalt der Geschichte ziehst du?

2 **Für Textexperten**

1. Fasse mit eigenen Worten zusammen, wie sich Nessus verhält.
2. Sammle Informationen über Kentauren (oft wirst du auch die Schreibweise »Zentauren« finden). Was ist typisch für sie?
3. Welche unterschiedlichen Gefühle entwickelt Deianira gegenüber Hercules? Belege deine Antwort mit Zitaten aus dem Text.
4. Stell dir vor, Deianira hätte ein Tagebuch geschrieben und nach den Zeilen 27, 31 und 33 unserer Geschichte etwas in ihr Buch eingetragen. Verfasse diese Tagebucheinträge.
5. »Post mortem Iuppiter fīlium in Olympum sustulit« (Z. 34): Warum wohl? Denke an den Lebenslauf des Hercules und begründe.

3 **Der Gangster-Boss am Telefon**

1. Lass die beiden Ganoven ihr Gespräch mit den folgenden Verben fortführen.
2. Übersetze alle Formen, die du gebildet hast.
3. Konjugiere die Verben im Präsens und im Perfekt.

a) venīre b) dēscendere c) dare d) studēre
e) scrībere f) amputāre

4 **Ein Schauspiel für die Götter?**

1. Schreibe die Sätze a bis e ab und setze jeweils das passende Possessivpronomen ein.
2. Übersetze.

a) Herculēs clāmat: »Dēianīra uxor ~ est, nōn ~, ō Centaure!«

b) Nessus rīdet et »Līberā uxōrem ~, ō fīlī Iovis!« clāmat.
c) Uxor autem Iovis Herculem Nessum Dēianīramque spectat et marītō dīcit: »Fīlium ~ uxōrem ~ līberāre nōn posse appāret.«
d) Iuppiter: »Fīlius ~ est. Fīliōs ~ semper vincere nōtum est.«
e) Iūnō autem gemit: »Nōtum est patrēs fīliīs ~ favēre.«

5 Viele Fragen, noch mehr Antworten

Ordne den Fragen aus der linken Spalte passende Antworten aus der rechten Spalte zu und nenne jeweils den Namen des Ablativs in der Fachsprache.

Fragen	Antworten
Mit wem?	venēnō
Woher?	ē fluviō
Wo?	in mundō
Womit?	cum virtūte
Wie? / Auf welche Art und Weise?	cum uxōre
Wann?	nōnnūllīs hōrīs post
Weshalb?	aeger pedibus
(Um) wie viel?	ultimō tempore
	sagittīs
	māgnō cum gaudiō
	ex urbe
	īrā commōta
	in rīpā
	nōbīscum

6 Griechischstunde

Hier siehst du griechische Namen und ihre lateinische »Übersetzung«.

1. Ordne die Buchstaben a bis e den Zahlen 1 bis 5 zu.
2. Versuche mithilfe eines griechischen Alphabets die griechischen Namen in lateinischer Schrift zu schreiben. Was fällt dir auf?

1 ΗΡΑΚΛΗΣ	a) Nessus
2 ΟΛΥΜΠΟΣ	b) Herculēs
3 ΝΕΣΣΟΣ	c) Alcmēna
4 ΑΛΚΜΗΝΗ	d) Hydra
5 ΥΔΡΑ	e) Olympus

Offensichtlich Latein!

1. Übersetze die folgenden lateinischen Redeweisen.
2. Erkläre, eventuell mithilfe eines Lexikons oder des Internets, was diese Redeweisen bedeuten.
3. Erfinde auf Deutsch eine kleine Geschichte, in der du alle lateinischen Redeweisen sinnvoll anwendest. Schreibe sie auf und lies sie deiner Klasse vor.

ōmen, ōminis *n.*: Vorzeichen

a) per pedes b) Alter Ego c) Nomen est omen!
d) Anno Domini

Vokabelkarten

In der Pause hat ein Windstoß mal wieder die Vokabel-Lernkarten der Schüler für den Englisch-, Französisch- und Spanischunterricht sowie für die Italienisch-AG im Klassenraum durcheinandergewirbelt. Nur die lateinischen Karten sind noch in ihren Lernboxen!

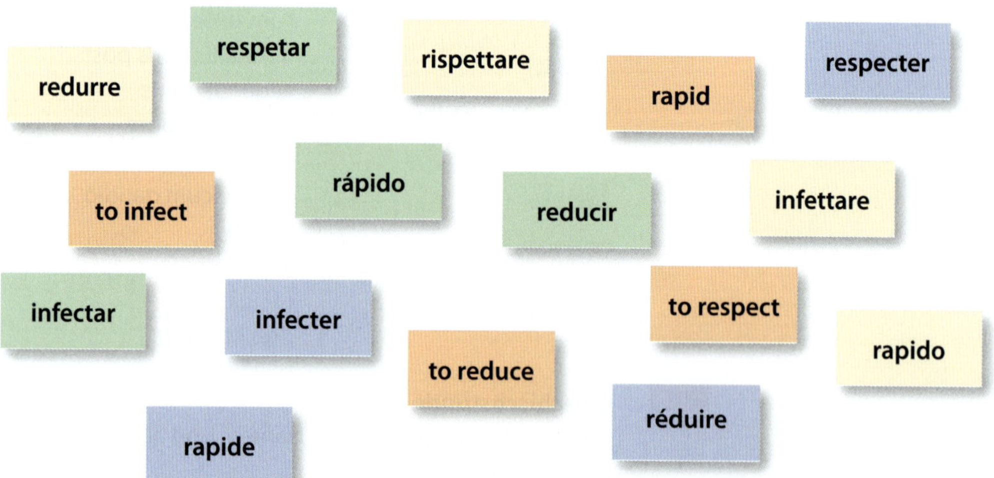

1. Übertrage die folgende Tabelle in dein Heft. Sortiere nun die Karten in die jeweils richtige Sprachspalte, sodass miteinander verwandte Wörter immer in einer Zeile stehen!

Lateinisch	Französisch	Italienisch	Spanisch	Englisch
~	~	~	~	~
~	~	~	~	~
~	~	~	~	~
~	~	~	~	~

2. Trage nun in die linke Spalte ein, was wohl auf den lateinischen Karten in der Lernbox steht. Was fällt dir an den Endungen auf, wenn du die Wörter in jeweils einer Zeile miteinander vergleichst?

9 Streit im Unterricht über Hercules

Übersetze und achte dabei auf besonders gutes Deutsch.

Theophilus interrogat: »Quid scitis de Hercule, Luci et Marcia?« Lucius dicit: »Herculem, filium Iovis Iunonisque, multas bestias necavisse scio. Hydram necavit, necavit Nessum. Sanguine Nessi autem paulo post sagittas suas tinxit …« Sed Marcia clamat: »O Luci, quid dixisti? Quis non audivit Herculem filium non Iunonis, sed Alcmenae fuisse? Iuno magna ira commota parvo Herculi duos serpentes misit. Sed Hercules serpentes statim necavit. Praeterea Nessum non bestiam, sed Centaurum fuisse magister dixit. Num Centauros bestias esse audivisti? Si tam stultus es, tace!« Theophilus: »Tace etiam tu, Marcia! Centauri neque homines neque bestiae sunt.« Lucius: »Ego autem Centauros et homines et bestias esse audivi. Multas bestias etiam homines necavisse notum est.« Marcia clamorem tollit: »Quid Lucius de sagittis Herculis dixit? Primo sanguis Centauri venenum non fuit. Veneno autem Hydrae Hercules sanguinem Nessi miseri infecit.« Magister gemit: »O Marcia, venisti, vidisti, vicisti …«

Hercules greift Nessus mit dem Schwert an. Griechische Amphora, um 550/40 v. Chr.

Ein hartes Stück Arbeit – die Herkulesaufgabe

Römisches Sarkophagrelief mit neun der zwölf Arbeiten des Herkules. 1.–3. Jh. n. Chr. Thermenmuseum Rom

Manchmal türmt sich vor uns ein Berg von Aufgaben auf und wir wissen nicht so recht, wo wir anfangen sollen. Wir stehen dann, so sagen wir sprichwörtlich, vor einer »Herkulesaufgabe«. Es heißt zwar, dass man *mit* den Aufgaben wachse. Aber man wächst ebenso *an* ihnen, wenn man nach ihrer Bewältigung mit dem Gefühl belohnt wird, die eigenen Grenzen im guten Sinne überschritten zu haben.

Diese Erkenntnis gewann auch Hercules, als er auf Weisung des delphischen Orakels ausgerechnet für seinen Erzfeind Eurystheus, der statt seiner König in Tiryns, der Hauptstadt der Argolis, war, gleich zwölf solcher Aufgaben erfüllen musste. Eurystheus erwies sich beim Stellen dieser Aufgaben übrigens als ausgesprochen hinterlistig und feige.

Die zwölf Arbeiten des Hercules

1. *Der Nemeische Löwe:* Hercules tötete diesen eigentlich unverletzlichen Löwen, gegen den selbst die Pfeile des Apollo machtlos waren, indem er ihn erwürgte und mit seiner Keule erschlug. Als er in Tiryns Eurystheus das Fell vor die Füße warf, erschrak dieser so sehr, dass er sich in einem großen Vorratstopf versteckte. Das Löwenfell wurde zusammen mit der Keule zum Erkennungsmerkmal des Hercules.
2. *Die Lernäische Hydra:* Diese vielköpfige Wasserschlange mit dem Körper eines Hundes hast du im Lesestück von Lektion 14 bereits kennengelernt.
3. *Die Kerynitische Hirschkuh (Keryneische Hindin):* Die der Göttin Diana heilige Hirschkuh mit bronzenen Hufen und goldenem Geweih verwüstete die Felder der Bauern. Hercules brachte sie nach Tiryns und ließ sie anschließend frei. Das hatte er Diana versprochen.
4. *Der Erymanthische Eber:* Hercules fing ihn mithilfe eines Netzes im Schnee. Bei seinem Anblick kroch Eurystheus wieder in seinen Vorrats-

topf. Während der Jagd war es zu einem Streit zwischen Hercules und einigen betrunkenen Kentauren gekommen. Hercules tötete etliche von ihnen. Der Kentaur Nessus überlebte und übte, wie ihr bereits wisst, schreckliche Rache.

5. *Die Reinigung der Augiasställe:* Das Ausmisten dieser Ställe bedeutete für Hercules eine besondere Demütigung. Er reinigte sie an einem einzigen Tag, indem er den Fluss Alpheios durch den Stall umleitete, sodass dieser allen Unrat fortspülte.

6. *Die Stymphalischen Vögel:* Sie hatten messerscharfe Federn aus Eisen, mit denen sie die Menschen beschossen. Hercules vertrieb sie mit einer bronzenen Klapper und tötete einige von ihnen mit seinen vergifteten Pfeilen.

7. *Der Kretische Stier:* Eigentlich hätte König Minos diesen Stier Neptun opfern sollen. Nun trieb der Stier in Kreta sein Unwesen. Hercules führte ihn nach Tiryns, wo er ihn laufen ließ. Später wurde der Stier von Theseus erlegt.

8. *Die Stuten des Diomedes:* Diese Stuten waren Menschen fressende Ungeheuer. Hercules fing sie ein, zeigte sie Eurystheus und gab ihnen wieder die Freiheit. Sie liefen zum Götterberg Olymp, wo sie von wilden Tieren gerissen wurden.

9. *Der Amazonengürtel:* Hercules bekam ihn von der Amazonenkönigin Hippolyte geschenkt. Aber Iuno stiftete die anderen Amazonen an, Hercules zu überfallen. Daraufhin bezichtigte Hercules Hippolyte des Wortbruchs und tötete sie.

10. *Das Vieh des Geryon:* Mithilfe des Sonnengottes Sol segelte Hercules bis ans Ende der Welt. Von dort trieb er das Vieh unter zahlreichen Abenteuern nach Tiryns, wo es Iuno geopfert wurde.

11. *Die goldenen Äpfel der Hesperiden:* Diese Äpfel wurden von einem Drachen bewacht. Der Gott Atlas pflückte sie für Hercules. Währenddessen trug Hercules die Erdkugel auf seiner Schulter.

12. *Der Abstieg in die Unterwelt:* Mithilfe Proserpinas, der Göttin der Unterwelt, fing Hercules Cerberus, den dreiköpfigen Hund und Bewacher der Unterwelt. Als Hercules ihn Eurystheus zeigte, floh dieser wieder in seinen Vorratstopf. Hercules aber brachte Cerberus in die Unterwelt zurück.

1. Erläutere, was man unter einer Herkulesaufgabe versteht.
2. Nenne ein aktuelles Beispiel für eine Herkulesaufgabe.
3. Wähle aus den zwölf Arbeiten des Hercules eine aus und zeichne sie.
4. Begründe aus dem Informationstext das Verhalten des Nessus gegenüber Deianira und Hercules.
5. Noch heute spricht man vom »Entmisten des Augiasstalles«, meint aber nicht mehr die ursprüngliche Herkulesaufgabe. Versuche herauszufinden, welchen Bedeutungswandel diese Redeweise erfahren hat.

Lektion 16

Intrā!

ōlim *Adv.*: einst

Lūcius: »Ōlim in vīllā et in hortō lūdēbam,
hodiē in Campō Mārtiō mē exerceō.«

Pūblius: »Ōlim timōrem gladiātōrum habēbam,
hodiē mūnera gladiātōria mē dēlectant.«

Ōlim Herculēs Eurystheō rēgī serviēbat,
nunc in familiā deōrum est.

canticum, canticī *n.*: Lied
dēclāmāre, dēclāmō: vortragen
īnstrūmentum computātōrium, īnstrūmentī computātōriī *n.*: Computer

Ōlim cantica cantābāmus, hodiē »raps« dēclāmāmus.
Ōlim puerī et puellae cum amīcīs lūdēbant,
hodiē īnstrūmentō computātōriō lūdunt.

Lūcius: »Ōlim Rōma oppidum parvum erat,
hodiē caput est orbis terrārum.«

rēs *Nom. Sg. f.*: Sache
pūblicus, pūblica, pūblicum: öffentlich, staatlich
rēs pūblica: Staat

Magister: »Rēs nōta est:
Ōlim rēgēs rēs pūblicās gerēbant,
hodiē senātōrēs dē rēbus Rōmānīs disputant
et rem pūblicam cūrant.
Nunc senātōrēs dominī reī pūblicae sunt.«

Dē Niobā

eā *Abl. Sg. f.*: diese

Nioba, uxor rēgis Thēbānōrum,
septem fīliōs septemque fīliās habēbat.
Eā rē valdē superba erat saepeque dīcēbat
sē fēlīcissimam inter mātrēs esse.

Aliquandō per viās urbis ībat
et cum gaudiō turbam spectābat,
cum subitō Thēbānās Lātōnae deae, mātrī Apollinis et Diānae, immolāre vīdit.
Nioba, quod cēnsēbat
etiam sē rē dīvīnā dīgnam esse,
appropinquāvit et māgnā vōce clāmāvit:
»Thēbānae, cūr Lātōnae rēs dīvīnās facitis?
Nōnne vidētis
mē Lātōnam numerō fīliōrum fīliārumque longē superāre?«

Verba Niobae deam valdē laedēbant,
itaque Apollinem adiit et auxilium ā fīliō petīvit.

Paucīs diēbus post fīliī Niobae per campōs equitābant,
lūdēbant, rīdēbant.
Subitō Apollō appāruit et sagittās in puerōs mīsit.
Puerī fugiēbant, sed deus cūnctōs necāvit.

Quamquam Nioba multīs cum lacrimīs
mortem fīliōrum lūgēbat,
tamen etiam adversīs in rēbus
superbia rēgīnae nōndum victa erat.
»Fīliī meī mortuī sunt,
sed mihi adhūc septem fīliae mānsērunt.
Lātōnae quidem sōlum ūna fīlia est.
Numerō igitur fīliārum deam longē superō!«
Tum Diāna iussū Lātōnae mātris etiam puellīs,
dum frātrēs mortuōs dēflent, perniciem parāvit
et fīliās Niobae sagittīs interfēcit.

dum … dēflent: als … beweinten

Apollo und Artemis töten die Kinder der Niobe. Ausschnitt aus einem Sarkophagrelief. Glyptothek München.

āter, ātra, ātrum: schwarz

Diēs āter

Diēs diem docet.

nervus, nervī *m.*: Nerv

Pecūnia nervus rērum

Wie der römische Schriftsteller Cicero den Staat definiert:
Rēs pūblica rēs populī

1 **Für Textspürnasen**

Lies den lateinischen Text und schreibe die bekannten Zeitangaben heraus. Ziehe Rückschlüsse auf den Aufbau des Textes.

2 **Für Textexperten**

1. Schreibe ein Streitgespräch zwischen Nioba und Latona. Füge auch »Regieanweisungen« hinzu.
2. Beurteile das Verhalten der Götter.
3. Stell dir vor, du wärst eine Freundin der Nioba und hättest alles miterlebt. Schreibe einen Brief an Nioba.

3 **Tempus-Wippe**

Verwandle die Perfektformen ins Imperfekt und die Imperfektformen ins Perfekt.

Beispiele: redūxī → redūcēbam; conveniēbās → convēnistī

a) ībam b) monēbant c) petīvistī d) subiimus
e) fēcit f) natābātis g) immolāvērunt h) dēscendēbās
i) laesī j) trānsībat k) cēnsēbāmus

4 **Germanicus kommt in die Gänge**

1. Übertrage die Zeichnung in dein Heft und ordne die folgenden Komposita von īre den Pfeilen zu: adīre, exīre, trānsīre, redīre, abīre.
2. Betrachte die Zeichnung und setze die Reihen lateinisch fort:

a) Germānicus adit, exit, …
b) Germānicus adībat, …
c) Germānicus adiit, …

3. Und nun sind Germanicus und Britannicus gemeinsam unterwegs. Setze fort:
   a) Germānicus et Britannicus adeunt, …
   b) Germānicus et Britannicus adībant, …
   c) Germānicus et Britannicus adiērunt, …

5 Von Stein zu Stein

1. Unser treuer Freund springt mal wieder mit euch über den Bach …
   Also: amīcus fīdus – amīcī fīdī *(Gen. Sg.)* – amīcōrum fīdōrum – amīcīs fīdīs *(Dat. Pl.)* – amīcō fīdō *(Dat. Sg.)* – amīcum fīdum – amīcōs fīdōs – amīcīs fīdīs *(Abl. Pl.)* – amīcō fīdō *(Abl. Sg.)* – amīcī fīdī *(Nom. Pl.)*

Verfahre ebenso mit:
a) homō superbus b) rēs nōta c) diēs longus
d) ānser mortuus e) māgna perniciēs

6 Streik der Ablative!

Die Ablative haben wieder einmal gestreikt ... Nach Beendigung ihres Streiks kehren sie an ihre jeweiligen Arbeitsplätze zurück.

1. Schreibe die Sätze in dein Heft und setze die Ablative an die richtigen Stellen.
2. Übersetze die Sätze.
3. Schreibe hinter jeden Satz die semantische Funktion des Ablativs.

a) ~ post Apollō fīliōs rēgīnae necāvit.
b) Fīliae ~ aegrae erant.
c) Senātor Aulum ~ servōrum longē superat.
d) ~ puerī ~ exiērunt.
e) Britannicus ~ forum trānsiit.
f) Aulus mercātor saepe ~ cēnābat.
g) Quis Rōmānōs ~ superat?

7 Gewichtige Hanteln

Trainiere deine Muskeln gleichmäßig, indem du für jede »Englisch-Hantel« eine passende »Latein-»Hantel«, also ein verwandtes lateinisches Wort, findest.

maternal

pernicious

fugitive

numerous

divine

public

8 Freundinnen halten zusammen

Übersetze und achte dabei auf besonders gutes Deutsch.

Ad vesperum Phrygia ancilla flet:

»Semper ancilla sedula eram, diem noctemque in villa laborabam, cenas bonas parabam, mensam ornabam, etiam fibulas dominae quaerebam. Domina autem numquam contenta erat, semper me vituperabat. Hodie aegra sum, fessa sum, laborare non potui. Mane laborabam, sed pergere non potui. Me miseram! Iram Antoniae dominae timeo.«

Tum Antonia intrat et dicit: »Phrygia, hodie cenam bonam paravisti. Mensa ornata cibique boni cunctis valde placuerunt. Itaque te laudo.«

Ancilla stupet, nihil dicit.

amīcus: Freund; **amīca:** ?

Lydia amicam monet: »Quid est, Phrygia? Dominae gratias age!« Phrygia iterum stupet, tum ridere incipit et dicit: »Magnas gratias tibi ago, domina.« Domina exit. Tum Phrygia Lydiae magnas gratias agit: »Amica vere fida es. Tu cenam paravisti, tu mensam ornavisti, tu labores subisti.« Sed Lydia ridet: »Satis est! Nunc quietem capere debes.«

Der Himmel – Wohnort der Götter

Schon immer hat der nächtliche Sternenhimmel die Menschen fasziniert. Kommt daher die Vorstellung vom Himmel als Wohnort der Götter?

Diese Kunstwerke zum Thema Planeten sind ins Straßenpflaster am Elbufer in Dresden eingelassen.

Planeten – sichtbare Götter am nächtlichen Himmel

Zu allen Zeiten glaubten die Menschen, dass den Sternen eine besondere Kraft innewohne. Meist waren es Priester, die den Lauf der Sterne beobachteten. Schon früh unterschied man zwischen den Fixsternen, die ihre Position am Himmel nicht verändern, und den Planeten, deren Lauf man am Himmel verfolgen kann. Mit bloßem Auge erkennt man fünf Planeten. Die Griechen und Römer hielten sie für sichtbare Götter. Wegen seiner schnellen Umlaufbahn sahen sie in dem ersten Planeten Hermes – Mercurius, im zweiten wegen seiner strahlenden Schönheit Aphrodite – Venus, im dritten wegen seiner rötlichen und schrecklichen Färbung Ares – Mars, im vierten wegen seines Segen spendenden Glanzes Zeus – Iuppiter und im fünften den auf der äußersten Planetenbahn ziehenden Kronos – Saturnus. Die lateinische Namensgebung hat sich bis heute erhalten und wurde auch auf die später entdeckten Planeten Neptun und Uranus übertragen.

Der Olymp – Schauplatz eines gewaltigen Kampfes

Der Olymp im Norden Griechenlands ist ein Gebirge, das mit seiner Höhe von 2917 m bis in den Himmel zu reichen scheint und daher als Palast der Götter bezeichnet wurde. Vor Urzeiten sollen sich hier sechs Götter verschanzt haben, die gegen ihren Vater Kronos kämpften. Kronos herrschte über das Weltall und hatte aus Angst vor Machtverlust fünf seiner sechs Kinder verschlungen. Nur Zeus, sein jüngster Sohn, war von der Titanin Gaia (Erde) gerettet worden. Zeus befreite seine Geschwister und stieß nach einem gewaltigen Kampf Kronos in die Tiefen der Unterwelt. Damit übernahmen fünf Kinder des Kronos als olympische Götter die Herrschaft über Himmel und Erde, Hades – Pluto, das sechste Kind, wurde durch Losentscheid Gott der Unterwelt.

Die olympischen Götter

Später kamen sieben weitere Götter dazu, sodass der olympische Götterhimmel zwölf Götter umfasste. Über allen stand Zeus – Iuppiter. Er war verheiratet mit seiner Schwester Hera – Iuno. Ferner gehörten sein Bruder Poseidon – Neptun, seine Schwester Demeter – Ceres, Hestia – Vesta, Hermes – Mercurius und Athene – Minerva, die Schutzherrin der Stadt Athen, dazu. Iuppiter, Iuno und Minerva wurden von den Römern als höchste Götter verehrt. Wegen ihres Tempels auf dem Kapitol nannte man sie Kapitolinische Trias. Es folgten Hephaistos – Vulcanus, Ares – Mars, Aphrodite – Venus, Apollon – Apollo, der Gott der Musik, und schließlich Artemis – Diana. Apollon besaß ein berühmtes Orakel in der griechischen Stadt Delphi. Artemis begegnet als einzige Göttin im kurzen Jagdgewand. Normalerweise zeigen Göttinnen nämlich kein Bein … Nur Venus ist noch freizügiger; sie wird meistens sogar nackt dargestellt.

Kritik am olympischen Götterglauben

Die olympischen Götter verhalten sich bei den griechischen Dichtern Homer und Hesiod ausgesprochen menschlich. Sie ergreifen Partei, begehen Ehebruch und bekriegen sich sogar. Das veranlasste im 6. Jahrhundert v. Chr. den griechischen Philosophen Xenophanes zu folgender Aussage: »Alles haben Homer und Hesiod den Göttern angedichtet, was nur immer bei den Menschen Schimpf und Schande ist: Stehlen, Ehebrechen und Sich-gegenseitig-Betrügen. Wenn Kühe, Pferde oder Löwen Hände hätten und damit malen und Werke wie die Menschen schaffen könnten, dann würden die Pferde pferde-, die Kühe kuhähnliche Götterbilder malen und solche Gestalten schaffen, wie sie selber haben.«

1. Erkläre den Zusammenhang zwischen Planeten und olympischem Götterhimmel.
2. Erläutere die Kritik, die Xenophanes an dem olympischen Götterhimmel übt.
3. Wähle eine olympische Gottheit aus und entwirf mithilfe von Lexikon, Bildband und Internet einen Steckbrief von ihr. Der Steckbrief darf auch gern Bilder enthalten!

Lektion 17

is, ea, id: dieser, diese, dies(es); er, sie, es
factum, factī *n.*: Tat
eius: *Genitiv* von **is, ea, id**
exussit: brannte aus
īrātus, īrāta, īrātum: zornig
mortem obīre, obeō: den Tod finden
Maecēnās, Maecēnātis *m.*: *Eigenname*

Intrā!

Herculēs māgnus vir erat. Is multōs labōrēs subiit. Facta eius etiam nōbīs nōta sunt. Eum cum Hydrā pūgnāvisse audīvimus. Ei bēstiae duodecim capita erant. Herculēs capita mōnstrī gladiō amputāvit, tum Iolāus arbore īnflammātā vulnera eius exussit. Eō modō Hydram vīcērunt. Tamen Eurystheus rēx grātiam iīs nōn habuit. Eā rē Herculēs valdē īrātus erat.

Herculēs mortem miseram obiit. Sed nunc deus in familiā deōrum est.

Vīlla nova Horātiō māgnō gaudiō est. Maecēnās amīcus eam vīllam poētae dōnō dedit.

Dē Narcissō

mūtāta est: (sie) ist verwandelt worden
quīdam *Nom. Sg. m.*: ein (gewisser)
adamāre, adamō: sich verlieben
ipse *Nom. Sg. m.*: selbst
amābit: (er) wird lieben
nē exaudiātur: soll nicht erhört werden

Narcissus adulēscēns valdē fōrmōsus erat. Itaque multae virginēs amōrem eius sibi conciliāre cupiēbant.

Inter eās etiam nympha nōmine Ēchō erat. Cum adulēscentem fōrmōsum per campōs ambulāre vidēbat, saepe ei appropinquāre studēbat. Is autem, cum nympha eum tangere cupiēbat, in fugam sē dabat. Ea rēs nymphae māgnō dolōrī erat. Postrēmō in montēs recessit, ubī in saxum mūtāta est. Sōla rēs vōx eius manēbat.

Aliquandō iuvenis quīdam Narcissum adamāvit, sed Narcissus amōrem eius iterum atque iterum spernēbat. Itaque iuvenis māgnā cum īrā deōs vindicēs invocāvit eōsque ōrāvit: Narcissus, sī ipse amābit, nē exaudiātur.

Paucīs diēbus post Narcissus ad fontem vēnit et imāginem suam in aquā vīdit.

Ea imāgō ei māgnae admīrātiōnī fuit.
Nesciēbat autem eam imāginem sē ipsum esse.
Subitō māgnō dēsīderiō commōtus
adulēscentem adīre et ei ōscula dare temptāvit,
sed frūstrā: Imāgō in aquā sē turbāvit.
Narcissus iterum atque iterum imāginem adīre studēbat,
sed eam tangere nōn poterat.
Adulēscēns flēbat, ōrābat, spērābat.

ipsum *Akk. Sg. m.*: selbst

Maestus domum redībat, maestus ad fontem reveniēbat,
quod oculōs ab imāgine nōn iam flectere poterat.
Postrēmō nimiō amōre ē vītā cessit.
Hominēs autem prō eō flōrem – narcissum – invēnērunt.

narcissus, narcissī *m.*: Narzisse

Simon Vonet (1590–1649), »Echo und Narziss«. Die Rötelzeichnung befindet sich im Staatlichen Kupferstichkabinett in Dresden.

Ad fontēs! 

1 **Für Textspürnasen**

1. Beschreibe das Bild S. 139. Achte besonders auf den Gesichtsausdruck der Dargestellten. Was fühlen sie wohl gerade?
2. Ordne die einzelnen Textabschnitte folgenden Teilen der Erzählung zu: »Einleitung«, »Schluss«, »Das Schicksal des Narziss«, »Das Schicksal der Echo«.

2 **Für Textexperten**

1. Dr. Amor gibt in einer römischen Jugendzeitschrift seinen Lesern Rat bei Liebeskummer. Stell dir vor, du bist Echo, nachdem sie sich versteinert hat. Verfasse einen Kummerbrief Echos an Dr. Amor.
2. Stell dir vor, Echo beobachtet die Verwandlung des Narcissus. Welche Gedanken gehen ihr wohl durch den Kopf? Schreibe ein kurzes inneres Selbstgespräch der Nymphe, das ihre Gefühle widerspiegelt.
3. Was ist ein Narziss? Wenn du das Wort noch nie gehört hast, schlage in einem Lexikon nach oder erkundige dich bei einem Erwachsenen.
4. Nenne einen Menschen aus einem Film, einem Buch oder aus der Wirklichkeit, den du als Narziss bezeichnen würdest, und begründe deine Wahl.
5. Was kann man aus dem Narcissus-Mythos lernen?
6. Spielt den Text auf Lateinisch vor. Bildet dazu Gruppen mit je sechs Schauspielern: Narcissus, zwei virginēs, Echo, ein adulēscēns und ein Erzähler. Übt in jeder Gruppe, den Text auf Lateinisch vorzulesen und passend zum Text die Handlungen nachzustellen. Spielt dann den Mythos der Klasse vor. Tipps zur Aufführung findet ihr auf S. 96 in den Übungen 2 zu Lektion 12.
Außerdem könnt ihr euch einen Felsen und eine große Blume basteln. Und mit etwas Fantasie lässt sich auch Wasser darstellen, ohne dass ihr euer Klassenzimmer in einen See verwandeln müsst! Achtet beim Proben besonders auf euren Gesichts- und Körperausdruck (Mimik und Gestik)!

3

Wer geht mit wem?
Bilde die passenden Formen des Demonstrativpronomens is, ea, id zu den folgenden Substantiven. Achtung: Manchmal gibt es mehrere Möglichkeiten!

a) hōrā b) noctis c) corporibus d) gladiātōrī e) sōle f) fluviī g) mōnstrōrum h) taurōs i) dieī j) urbem k) forō l) linguārum m) agricola n) saxum o) vulnera p) fēminās q) collēgās r) rēs s) numerum t) turbae u) terrīs

4

Sich, sie, ihn – schau genau hin!
Schreibe die folgenden Beispielsätze in dein Heft und trage mit Pfeilen ein, auf wen sich das fett gedruckte Pronomen jeweils bezieht. Übersetze anschließend.

Beispiel:

Ēchō Narcissum amāvit. Narcissus autem **eam** nōn amāvit. **Sē** sōlum amāvit.

Echo liebte Narcissus. Narcissus aber liebte sie nicht. Er liebte nur sich.

a) Multae virginēs Narcissum amābant. Inter **eās** nympha erat.
b) Gāius **sē** discipulum bonum esse scit. Itaque semper **sē** laudat.
c) Mārcia **sē** discipulam bonam esse nescit. Itaque Theophilus **eam** laudat.
d) Multī Rōmānī vītam rūsticam praedicāvērunt. **Eius** quiētem petīvērunt urbemque **suam** relinquere valdē cupīvērunt.

praedicāre, praedicō: preisen

System durchschaut!
Ergänze die Wörter aus dem Wortspeicher in der richtigen Form als Prädikativa und übersetze.

tertius maestus uxor victus (2x) puella

a) Drūsilla ~ vīllam intrāvit.
b) Rōmānī ~ ē Germāniā rediērunt.
c) Gladiātor ~ ex arēnā abiit. ~ domum rediit.
d) Līvia ~ saepe lūsit, sed ~ nōn iam lūdit, quod familiam cūrāre dēbet.

Germānia, Germāniae *f.*: Germanien

lūsit: *Perfekt zu* lūdit

6 Das große Finale

Heute wird im Circus Maximus ein Rennen zu Ehren des Kaisers abgehalten …

1. Übersetze die Sätze.
2. Schreibe aus den lateinischen Sätzen alle Dative in dein Heft und benenne jeweils ihre semantische Funktion.

curriculum, curriculī *n.*: Wagenrennen
dicātus, dicāta, dicātum: geweiht
Circus Maximus, Circī Maximī *m.: größte Rennbahn im antiken Rom*
aurīga, aurīgae *m.*: Wagenlenker
spatium, spatiī *n.*: Bahn
currū excutitur: stürzt vom Wagen
mōrēs lēnēs, mōrum lēnium *m. Pl.*: sanfter Charakter
victor, victōris *m.*: Sieger

a) Diēs curriculī adest. Curriculum imperātōrī dicātum est. Multī hominēs iam Circum Maximum intrāvērunt et imperātōrem et uxōrem salūtant.
b) Curricula populō semper māgnō gaudiō sunt.
c) Cūnctī aurīgās exspectant. Ecce aurīgae in Circum Maximum veniunt et per spatia properāre incipiunt. Timor iīs nōn est.
d) Subitō ūnus ex iīs in tertiō spatiō currū excutitur. Itaque uxor imperātōris virōs ei auxiliō mittit.
e) Imperātōrī aliī aurīgae admīrātiōnī sunt.
f) Dēnique victōrī corōnam pretiō dat.
g) Aurīgīs autem victīs parva dōna dat.

Wagenrennen im Circus Maximus in Rom. Holzschnitt, um 1890. Später koloriert.

7 Britannicus kann Latein?!

1. Mit welchen lateinischen Vokabeln sind folgende englische Wörter verwandt?
2. Erkläre, eventuell mithilfe deines englischen Wörterbuchs, was die Wörter bedeuten.

a) mountain b) juvenile c) admiration d) vindictive e) oculist f) floral

8 Noch mehr Verwandlungen

Die antike Mythologie ist voller Erzählungen über Menschen, die sich in Tiere oder Pflanzen verwandeln. Der berühmte Dichter Ovid (43 v. Chr. bis 8 n. Chr.) hat viele dieser Geschichten in seinen »Metamorphosen« auf seine Weise erzählt – z. B. die von dem Mädchen Clytië (sprich: Cly-ti-e) und dem Sonnengott Phoebus.

Übersetze und achte dabei auf besonders gutes Deutsch.

Phoebus, Phoebī *m.*: Phoebus
soror, sorōris *f.*: Schwester
convenīre, conveniō *mit Akk.*: sich treffen *mit*
clam *Adv.*: heimlich
invidia, invidiae *f.*: Neid
divulgāre, divulgō: verbreiten
pūnīre, pūniō: bestrafen
vīvus, vīva, vīvum: lebendig
sepelīre, sepeliō: begraben
amīcus: Freund; **amīca:** ?
tūs, tūris *n.*: Weihrauchpflanze
mūtāre, mūtō *mit Akk.*: verwandeln
perīre, pereō, periī: vergehen
edere, edō: essen
dēsistere, dēsistō, dēstitī: aufhören
movēbātur: sie bewegte sich
novem: neun
humō coalēscere, coalēscō, coāluī: am Boden festwachsen
pallida herba, pallidae herbae *f.*: blasses Kraut

Aliquando Clytië Phoebum, deum solis, amabat. Is autem sororem eius amavit et eam convenit. Clytië scivit Phoebum sororem suam clam convenisse. Itaque magna invidia commota divulgavit Phoebum sororem suam visitavisse. Tum pater saevus filiam suam punivit: vivam sepelivit. Phoebus valde maestus amicam in tus mutavit.

Clytië autem amore Phoebi periit. Phoebus enim morte amicae eam sprevit. Itaque Clytië edere, bibere, dormire destitit. Denique non iam movebatur. Post novem dies humo coaluit. Corpus in pallidam herbam, caput autem in florem mutavit.

Echo und Narcissus – ein »wahres« Märchen

Im Südosten Bayerns gibt es einen wunderschönen Bergsee, den Königssee. Wenn man mit einem der Ausflugsboote über diesen See fährt, erlebt man etwas Erstaunliches. Irgendwann stoppt das Boot, einer der Schiffer nimmt eine Trompete und spielt eine kurze Melodie. Dann scheint ein anderer Trompeter vom Ufer aus zu antworten, denn man hört die gleiche Melodie ein zweites Mal. Tatsächlich aber handelt es sich um ein Echo. Dieses Echo ist wegen seiner ungewöhnlichen Klarheit als »Echo vom Königssee« weltberühmt geworden.

Märchen und Mythos

Bei der Geschichte von Echo und Narcissus handelt es sich um einen Mythos. Vielleicht ist er an einem See wie dem Königssee entstanden. Mythen erzählen von Naturerscheinungen, Gefühlen, Kulturleistungen und Erfindungen wie dem Labyrinth von Knossos. Wie Sagen trennen sie nicht deutlich zwischen Gut und Böse und haben einen wahren Kern. Das unterscheidet sie von Märchen, bei denen der Bezug zur Wirklichkeit fehlt, und deutlich zwischen Gut und Böse unterschieden wird. Nicht selten begegnen im Märchen zudem Fantasiegestalten wie Hexen, Zwerge oder Feen. Allerdings ist der Übergang vom Mythos zum Märchen fließend. Man könnte Mythen daher vielleicht als »wahre« Märchen bezeichnen.

Eine traurige (?) Geschichte

An der Geschichte von Narcissus und Echo, die uns von dem Dichter Ovid in seinen *Metamorphosen* (= Verwandlungen) überliefert wird, lässt sich das Wesen des Mythos gut aufzeigen. Vordergründig geht es um die Entstehung des Echos und der Narzisse, doch der eigentliche Schwerpunkt liegt auf der tragischen Verknüpfung der Schicksale der beiden Figuren. Die Nymphe Echo besaß nämlich einst die Gabe, andere durch Gespräche so zu fesseln, dass sie alles um sich vergaßen. Da sie dieses Talent missbrauchte, wurde sie von der Göttin Iuno damit bestraft, dass sie nur noch den letzten Rest dessen nachsprechen konnte, was ein anderer vorher gesagt hatte. Als sie sich in den abweisenden Narcissus verliebte, konnte sie ihre verloren gegangene Fähigkeit nicht nutzen, um bei ihm Gefühle zu wecken. So verfolgte sie ihn heimlich bei seinen Streifzügen. Eines Tages verirrte sich Narcissus und rief nach seinen Begleitern. Echo wiederholte immer wieder seine letzten Worte. Narcissus, der sie nicht sehen konnte, wollte wissen, wessen Stimme er hörte, und lockte sie. Echo bildete sich ein, dass Narcissus sie liebe, und versuchte ihn zu umarmen, doch Narcissus stieß sie zurück. Voll Scham verwandelte sie sich daraufhin in einen Felsen. Nur ihre Stimme blieb.

Die Unfähigkeit, Gefühle zu erwidern, wurde für Narcissus zum Fluch. Er verliebte sich in sein eigenes Spiegelbild. Allmählich begriff er, dass er nur sich selbst im Spiegel erblickte und seine Liebe niemals eine Erfüllung finden würde. Ihn überkam tiefe Verzweiflung, die ihn nur noch den Tod erwarten ließ. Echo sah seine Hoffnungslosigkeit und begann voller Mitleid, seine Worte und Handlungen zu wiederholen. In ihrer Liebe ließ sie außer Acht, was Narcissus ihr angetan hatte, und gab ihm wenigstens im Augenblick des Todes das Gefühl, von seinem Spiegelbild wiedergeliebt zu werden.

Der tiefere Sinn der Geschichte

Im Mythos von Echo und Narcissus geht es um eine menschliche Grunderfahrung. Niemals kann ein Spiegel ein liebendes Gegenüber ersetzen. Der Mitmensch ist der wahre Spiegel des Ichs. Für die Entwicklung eines kleinen Kindes ist es ein wichtiger Schritt, wenn es sich im Spiegel erkennt. Aber das Spiegelbild wird bald langweilig, da eine echte Verständigung mit ihm nicht möglich ist.

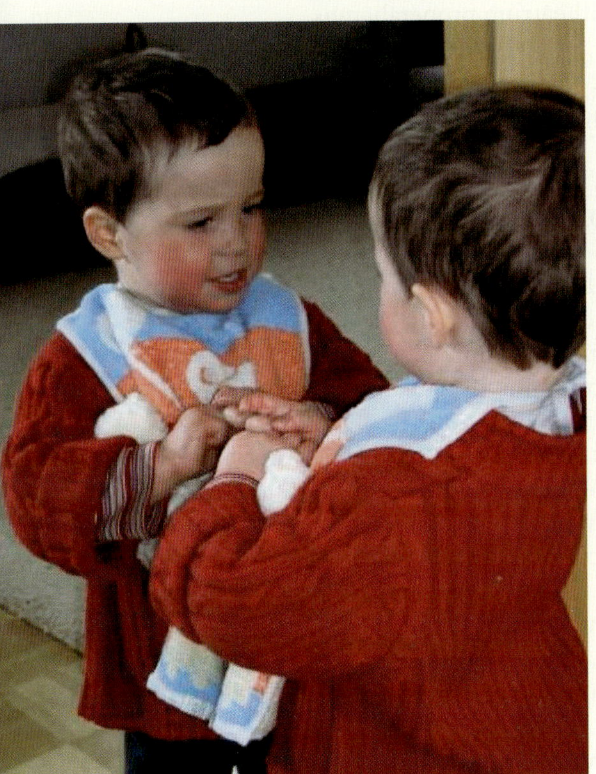

An dieser Erkenntnis drohte der selbstverliebte Narcissus zu zerbrechen. Wenn Echo auch nur seine Stimme spiegeln konnte, so schenkte sie ihm doch neue Hoffnung. Er verwandelte sich in die Blume Narzisse, die den Frühling und damit das Leben verheißt.

1. Erläutere anhand der Geschichte von Echo und Narcissus den Unterschied zwischen einem Mythos und einem Märchen.
2. Erkläre, warum der Mythos gerade Echo und Spiegelbild zusammenbringt.
3. Erkläre den tieferen Sinn der Verwandlung des Narcissus in eine Frühjahrsblume.

Lektion 18

Intrā!

Mārcia: »Quamquam nōn peccāveram, magister mē nōn laudāvit.«

nihil malī: nichts Böses

Lūcius: »Mē autem, quamquam nihil malī fēceram, vituperāvit.«

īrātus, īrāta, īrātum: zornig

Quod Daedalus et Īcarus īnsulam relīquerant,
Mīnōs valdē īrātus erat.
Quamquam Daedalus Īcarum monuerat,
fīlius tamen sōlī appropinquāvit.

aedīlis, aedīlis *m.*: Ädil *(römischer Beamter)*

Cum aedīlēs mūnus gladiātōrium dare audīverāmus,
in amphitheātrum properābāmus.

doleō: es tut mir leid

Tiberius: »Salvē, Valeria. Doleō:
Quamquam mē invītāverās, venīre nōn potuī.«

Dē Promētheō

Caucasus, Caucasī *m.*: Kaukasus *(Gebirge zwischen dem Schwarzen und dem Kaspischen Meer)*

quī … dēligātus erat: der … geschmiedet war

Aliquandō Herculēs in Caucasum montem vēnit virumque vīdit,
qui catēnīs ad saxum dēligātus erat.
Dum appropinquat, aquilam āvolāre vīdit.

haec ferē: etwa das Folgende

quae *Akk. Pl. n.*: die

Herculēs virum adiit et haec ferē comperit:
Promētheus ē terrā aquāque prīmōs hominēs fōrmāverat
et eōs secundum imāginem deōrum creāverat.
Iīs etiam multās virtūtēs et vitia,
quae ab aliīs creātūrīs sumpserat, dederat.
Minerva, dea sapientiae artiumque,
etiam animum deōrum hominibus addiderat.

quae *Nom. Pl. f.*: die

Tamen initiō vīta eōrum misera erat,
quia Iuppiter animālibus novīs īgnem negāverat.
Eō modō multīs rēbus,
quae vītae bonae hūmānaeque ūtilitātī sunt, carēbant.
Itaque Promētheus īgnem ē caelō rapuit
et clam hominibus dōnō dedit.
Ob eam rem Promētheus deīs māgnō odiō erat.

Hercules befreit Prometheus. Die Szene findet sich auf einem bronzenen Deckelgefäß zur Aufbewahrung von Toilettenartikeln, das in Palestrina (Italien) gefunden wurde. 5. Jh. v. Chr. Louvre, Paris.

dēligāre, dēligō: schmieden
iecur, iecoris *n.*: Leber
comedere, comedō, comēdī: fressen
quantum … tantum: wie viel … so viel

Tum Vulcānus iussū Iovis Promētheum in Caucasum trāxit
et catēnīs ad saxum dēligāvit.
Iuppiter praetereā iusserat
aquilam partem iecoris Promētheī comedere.
Quantum diē comēderat, tantum nocte crēscēbat.
Promētheus autem dolōrēs māgnā cum virtūte sustinēbat,
quod sē hominibus māgna beneficia tribuisse putābat.

Herculēs, postquam aquilam interfēcit,
Promētheum catēnīs līberāvit et cum eō Caucasum montem relīquit.

musca, muscae *f.*: Fliege

Aquila nōn capit muscās.

1 **Für Textspürnasen**

Lest zunächst alle Sätze, in denen der Name Prometheus vorkommt. Tragt eure Beobachtungen zusammen: Was könnt ihr nun schon über Prometheus sagen?

2 **Für Textexperten**

1. Gib jedem Textabschnitt eine Überschrift. Erläutere den Aufbau des Textes.
2. Schreibe einen kurzen »Zeitungstext«: »Die Taten des Prometheus«.

3. Erfindet eine Gerichtsszene und spielt sie. Als Personen spielen mit: Ein »Staatsanwalt«, der die Interessen der Götter vertritt; der »Rechtsanwalt« des Prometheus; ein »Richter«, der ein Urteil spricht und begründet.
4. Nach 100 Jahren am Felsen darf Prometheus dem Adler einen kurzen Brief an Iuppiter mitgeben …

3 Zeitreise

Beispiel: Agricola labōrāvit; nunc dormit. –
Agricola labōrāverat; tum dormiēbat.
Der Bauer hatte gearbeitet; dann schlief er.
Wandle die Sätze entsprechend dem Beispiel um und übersetze die neu entstandenen Sätze.

a) Eurystheus Herculem abīre iussit; Herculēs obtemperat.
b) Fīliī ē vītā cessērunt; Nioba lūget.
c) Mē sprēvistī; itaque semper fleō.
d) Tū nōbīs beneficia tribuistī; itaque tibi grātiam habēmus.
e) Promētheus īgnem rapuit; ob eam rem deīs odiō est.
f) Aquila āvolāvit; Promētheus dolōrem sustinet.
g) Frāter noster sē occultāvit; eum invenīre nōn possumus.

4 Erkennst du die »schwarzen Schafe«?

Welches Wort passt nicht in die Reihe? Begründe.

a) rārō statim clam saepe initiō
b) sūmpseram relīqueram addideram eram
c) secundum ob trāns ad dē
d) sapientia animālia catēna fenestra patria

5 Verstecktes Latein

1. Mit welchen lateinischen Vokabeln sind folgende Wörter verwandt?
2. Erkläre, was die Wörter bedeuten.

a) kreativ b) Tribut c) prima d) addieren e) Traktor

6 Wirst du Millionär?

Mit Latein kommst du in jeder Quizrunde weiter! Logge dich bei der richtigen Antwort ein.

1. Ein **Animateur** ist jemand, der …

(A) einem Mut zuspricht, wenn man traurig ist.	(B) im Ferienclub die Gäste zu Fitness-Aktivitäten ermuntert.
(C) immer mit Geist und Herz handelt.	(D) als Fachmann für Herzmassagen und Wiederbelebungsmaßnahmen arbeitet.

2. Eine **Karenzzeit** ist

(A) ein schwedisches Fest, an dem alle Mädchen, die Karen heißen, Süßigkeiten geschenkt bekommen.	(B) eine Zeitspanne, während der man aus gesundheitlichen Gründen auf Karotten verzichten muss.
(C) ein bestimmter Zeitraum, während dessen man auf Geldleistungen der Krankenversicherung verzichten muss.	(D) die Hochsaison für Geländewagen-Treffs im österreichischen Ort Karenz.

3. Wenn sich jemand **animalisch** benimmt, dann …

(A) handelt er mit viel Mut.	(B) ist er tierisch gut drauf.
(C) verhält er sich wie ein wildes Tier.	(D) setzt er sich für den Tierschutz ein.

***7** Übersetze und achte dabei auf besonders gutes Deutsch.

De Epimetheo

Epimētheus, Epimētheī *m.: Eigenname (Bruder des Prometheus)*

Pandōra, Pandōrae *f.: Eigenname*

dūcere, dūcō, dūxī

pyxis, pyxidis *f.*: Büchse

Quis nescit Prometheo fratrem nomine Epimetheum fuisse? Quia ignem rapuerat, et Prometheus et familia Iovi odio erant. Itaque Prometheus fratrem monuit: »Furorem Iovis semper time! Etiam dona eius periculosa sunt.« Iuppiter autem dolum adhibuit. Iussu eius Vulcanus virginem pulchram formosamque e terra aquaque formavit. Ei nomen Pandora erat. Iuppiter Pandoram Epimetheo misit. Epimetheus Pandoram pulchram in matrimonium duxit. Ex eo tempore se virum felicissimum esse putabat. Sed paulo post Epimetheus se peccavisse vidit. Iuppiter enim Pandorae parvam pyxidem dederat.

(Fortsetzung folgt.)

Der Tartarus – ein Ort ewiger Strafe

Keine Frage: Wer Unrecht getan hat, muss die Folgen tragen. Es widerspräche unserem Gerechtigkeitsempfinden, wenn es anders wäre. Allerdings lehrt die Erfahrung, dass vieles auf Erden ungesühnt bleibt und dass es Vergehen gibt, die alle menschliche Vorstellungskraft übersteigen. Deshalb waren die Menschen zu allen Zeiten davon überzeugt, dass im Jenseits ein Ort existiert, an dem Menschen, die auf Erden an Göttern und Mitmenschen schuldig geworden sind, ohne dafür belangt zu werden, nach ihrem Tod zur Verantwortung gezogen und mit einer ewigen Strafe belegt werden. Viele von uns nennen diesen Ort Hölle, Griechen und Römer nannten ihn Τάρταρος *Tartarus.*

Sisyphus

Arbeit und Freizeit gehören zusammen. Bei allem, was wir tun, brauchen wir ein klares Ziel vor Augen. Haben wir dieses Ziel erreicht, dürfen wir uns ruhigen Gewissens ausruhen. Wir brauchen freilich bald eine neue Aufgabe, denn auch Nichtstun macht unzufrieden. Menschen verzweifeln, wenn kein Ende der Arbeit oder der Untätigkeit absehbar ist, wenn all ihre Handlungen sinnlos erscheinen oder sie ständig von vorn beginnen müssen, ihre Bemühungen buchstäblich zur »Sisyphusarbeit« werden.

Der Name Sisyphusarbeit rührt von Sisyphus her, dem legendären Gründer und König der griechischen Stadt Korinth. Voll Anmaßung hatte er Thanatos, den Gott des Todes, gefesselt, sodass nun niemand mehr sterben konnte. Das Leben wurde zum Fluch. Alles Handeln verlor angesichts der nie endenden Lebenszeit seinen Sinn. Tiefe Verzweiflung erfasste die Menschen. Mars befreite Thanatos. Sisyphus aber wurde im *Tartarus* mit einer ewigen, völlig sinnlosen Arbeit bestraft. Er musste immer wieder einen Felsen zum Gipfel eines Berges hinaufrollen und anschließend erleben, wie dieser Felsen unmittelbar vor Erreichen des Ziels wieder hinabrollte.

Die Arbeit des Sisyphus. Griechische Vasenmalerei, apulisch, 330 v. Chr. Staatliche Antikensammlung und Glyptothek München.

Tantalus

In der Antike galt das Gastrecht als göttliches Gesetz. Es gründete auf dem Vertrauensverhältnis zwischen Gast und Gastfreund. Wurde es missbraucht, machte man sich vor den Göttern schuldig wie Tantalus, der als Freund der Götter deren besonderes Vertrauen genoss. Eines Tages lud er sie zu einem Festessen ein. Aber die Götter spürten, dass mit dem Essen etwas nicht stimmte. Und tatsächlich hatte Tantalus ihnen seinen eigenen Sohn als Braten vorgesetzt. Damit wurde er dreifach schuldig: wegen der Ermordung seines Sohnes, wegen des gebrochenen Gastrechts und wegen des Missbrauchs von Nahrung, um andere ohne ihr Wissen zu einem Frevel zu verführen. Dafür wurde Tantalus im *Tartarus* mit ewigem Hunger und Durst und ewiger Todesangst bestraft. Er stand in einem See, über seinem Kopf drohte ein Felsbrocken jeden Augenblick herabzustürzen, und vor seinen Augen wuchsen die prächtigsten Früchte. Wollte er essen oder trinken, wehte ein Sturm die Äste mit den Früchten weg und das Wasser zog sich zurück.

ie Qualen des Tantalus, dargestellt auf einem griechischen rug, um 330 v. Chr.

1. Male ein Bild oder gestalte ein Poster bzw. eine Collage zu Sisyphus oder Tantalus.
2. Die Richter der Unterwelt verkünden Sisyphus und Tantalus ihre Strafen: Verfasse die Strafpredigt.
3. Diskutiert im Unterricht die Frage, ob man die Strafen, die sie über Sisyphus und Tantalus verhängten, als weise bezeichnen kann.

Lektion 19

Intrā!

sē cōnferre, mē cōnferō: sich begeben

Sextus et Pūblius in amphitheātrum sē cōnferunt et mūnera gladiātōria spectant.
Subitō Sextus gemit. Itaque Pūblius amīcum interrogat:
»Cūr gemis, Sexte?«

ferre, ferō: ertragen

Sextus: »Gladiātōrēs nōn ferō.«
Pūblius: »Cūr gladiātōrēs nōn fers?«

caedēs, caedis *f.*: Blutbad, Gemetzel

Sextus: »Caedēs mihi odiō est.«

Caucasus, Caucasī *m.*: Kaukasus *(Gebirge zwischen dem Schwarzen und dem Kaspischen Meer)*

Vulcānus deus Promētheum in Caucasum montem trāxerat.
Illīc Promētheum māgnōs dolōrēs tulisse audīvimus.

fāma, fāmae *f.*: Sage

Fāma fert Herculem Promētheum catēnīs līberāvisse.

Text 1

Die Hochzeit von Peleus und Thetis

Pēlius, Pēliī *m.*: Pelion *(Gebirge in Thessalien)*

gemmātus, gemmāta, gemmātum: mit Juwelen geschmückt

immortālēs *Akk. Pl. m.*: unsterbliche

Pēleus cum Thetide deā nūptiās faciēbat.
Itaque cūnctī ferē deī deaeque in Pēlium montem sē cōnferēbant.
Deī dōna deīs dīgna sēcum ferēbant:
Thetidī corōnam gemmātam, Pēleō equōs immortālēs.
Iuppiter Discordiam deam,
quod semper concordiam pācemque turbābat,
sōlam nōn invītāverat.

hanc *Akk. Sg. f.*: diese

Discordia autem hanc īgnōminiam molestē ferēbat.

Deī cēnābant, vīnum bibēbant, māgnō cum gaudiō cantābant,
cum subitō Discordia appāruit,
pōmum aureum mediōs inter deōs iēcit,
statim pedem rettulit et effūgit.

quod *Akk. Sg. n.*: den

in quō īnscrīptum erat: auf ihm war eingraviert

Deī et deae pōmum, quod Discordia attulerat, spectāvērunt;
in quō īnscrīptum erat:
PULCHERRIMAE.
Statim Iūnō, Minerva Venusque exclāmāvērunt:
»Egō pulcherrima sum!«
Quamquam Iuppiter contrōversiam deārum disceptābat,
deae nōn audiēbant, iterum atque iterum clāmābant:

Iuno, Iuppiter und Minerva. Die drei Bronzestatuen aus dem 3 Jh. n. Chr. entstammen dem Schatzfund von Weißenburg in Bayern.

»Egō pulcherrima sum!«

ēnervātus, ēnervāta, ēnervātum: entnervt

Dēnique Iuppiter ēnervātus: »Contrōversiam vestram nōn iam ferō!
Cūnctae deae pulcherrimae sunt!«
Tum Mercurium, nūntium deōrum, advocāvit:
»Ut fāma fert, Paris vir pulcherrimus est orbis terrārum.

estō: soll sein

Itaque in eā contrōversiā arbiter estō.
Abī igitur et Paridī pōmum fer!«

Text 2

Paris erzählt

Sub arbore sedēbam, spectābam campōs, nihil cōgitābam, cum Mercurius, nūntius deōrum, cum tribus deīs pulchrīs appropinquāvit. Ubī prīmum mē vīdit, dīxit: »Salvē, Paris! Iuppiter mē mīsit, quia contrōversiam inter deās disceptāre nōn potuerat. Et Iūnō et Minerva et Venus sē pulcherrimam esse dīcunt. Nunc tū arbiter estō!« Et pōmum aureum mihi attulit, quod pulcherrimae darem.

estō: sollst sein

quod … darem: den ich … geben sollte

Tacēbam, deās diū spectābam, gemēbam. Cūnctae tam fōrmōsae erant!

Subitō Iūnō, uxor Iovis, dīxit: »Nōnne potestātem amās? Nōnne tū, pāstor, rēx esse cupis? Sī pōmum dās mihi, tibi rēgnum orbis terrārum et māgnae dīvitiae erunt.«

erunt: werden sein

Tum Minerva, dea bellī: »Rēgnāre«, inquit, »molestum est. Rēx semper hostēs timēre debēs. Sī pōmum mihi dās, tē fortissimum inter hominēs futūrum esse prōmittō.«

tē … futūrum esse: dass du … sein wirst

Venus autem: »Ō, Paris! Neque rēgnum neque virtūs tē beātum reddere possunt. Itaque audī, Paris cārissime! Pōmum mihi dā! Egō dea amōris sum. Egō, dea pulcherrima, virō pulcherrimō orbis terrārum prōmittō mulierem orbis terrārum pulcherrimam.«

Statim Venerī pōmum dedī.

aurum, aurī *n.*: Gold
mediocritās, mediocritātis *f.*: Mitte

Montēs aurī prōmittere
Aurea mediocritās

1 Für Textspürnasen

1. Achte auf die Tempora im ersten und zweiten Abschnitt des Textes 1 und ziehe daraus Schlüsse auf den Ablauf der Geschichte.
2. Gib für die Abschnitte 2 bis 6 des Textes 2 jeweils eine Person an, die hauptsächlich spricht oder handelt.

2 Für Textexperten

Zu Text 1

1. Warum setzt Iuppiter Paris als *arbiter* ein? Belege deine Antwort mit lateinischen Textzitaten.

Zu Text 2

2. Wie wird im zweiten Abschnitt einerseits inhaltlich und andererseits sprachlich deutlich, dass Paris die Entscheidung schwerfällt? Warum ist sie so schwierig?
3. Fasse die Angebote, die die drei Göttinnen Paris machen, mit eigenen Worten zusammen. Belege deine Zusammenfassung mit Zitaten aus dem lateinischen Text.
4. Erkläre, inwiefern das jeweilige Angebot gut zu der Göttin, die es unterbreitet, passt.
5. Venus formuliert ihr Angebot anders als ihre beiden Konkurrentinnen. Beschreibe den Unterschied und belege deine Ausführungen mit Zitaten aus dem Text.
6. Begründe, warum Paris das Angebot der Venus annimmt. Belege deine Antwort, indem du aus dem Text zitierst.
7. Versetze dich in die Situation des Paris. Wie hättest du entschieden?

3 Tragen und tragen

Bilde zu den folgenden Formen von portāre die entsprechenden Formen von ferre.

a) portābam b) portāvimus c) portāte d) portāvisse
e) portāverant f) portō g) portāvērunt h) portāvistī
i) portāverātis

4 Bau fix mit Präfix!

Baue aus den angebotenen Bausteinen mindestens 20 Formen und übersetze sie. Achtung: Es geht auch ohne Präfix und sogar ohne Endung. Auf den Bausteinen stehen keine Längenzeichen!
(Habt ihr Lust auf einen Wettbewerb? Wer kann innerhalb einer Minute die meisten Formen bilden?)

a)	af	at	fer	i	u	o	m	s	t
	mus	tis	nt	re	te	con	tul	eba	i
	isti	it	imus	istis	erunt	isse	re	ret	eram
	eras	erat	eramus	eratis	erant				
b)	ad	voca	ba	o	m	s	t	mus	tis
	nt	re	te	in	vocav	i	isti	it	imus
	istis	erunt	isse	eram	eras	erat	eramus	eratis	erant

5 »Quamquam tam pulchra es, tē amō!« – ????

Auch Süßholzraspeln will gelernt sein! Dieser junge Mann hat anscheinend seine lateinischen Subjunktionen nicht gelernt und hat bei seiner Angebeteten daher leider wenig Erfolg!
Schreibe die folgenden Sätze in dein Heft und ergänze dabei passende Subjunktionen aus dem Wortspeicher. Übersetze deine Sätze.

a) Narcissus, ~ nympham appropinquāre vīdit, fūgit.
b) Ēchō, ~ amōrem iuvenis fōrmōsī sibi conciliāre nōn potuerat, ē vītā cessit.
c) Narcissus, ~ frūstrā imāginem tangere temptāverat, maestus domum redībat.
d) Iūnō, ~ Herculem fīlium Iovis esse comperit, puerum interficere temptābat.
e) Herculēs, ~ leōnem interfēcit, Hydram necāvit.
f) Lātōna, ~ fīliīs aemulae perniciem parāverat, nōndum contenta erat.
g) Promētheus, ~ hominēs fōrmāvit, eīs nōn modo virtūtem, sed etiam vitia dedit.
h) Promētheus, ~ hominibus īgnem dederat, Iovī odiō erat.
i) Deī ~ cēnant, Discordiam appārēre vīdērunt.
j) Venus, ~ pōmum aureum vīdit, exclāmāvit: »Egō pulcherrima sum!«
k) Iuppiter, ~ rēx deōrum erat, contrōversiam deārum disceptāre nōn poterat.
l) Paris, ~ sub arbore sedet, nūntium Iovis cum tribus deīs appropinquāre vīdit.

cum postquam ubī prīmum quamquam quod dum quia

6 Entscheidungsbaum

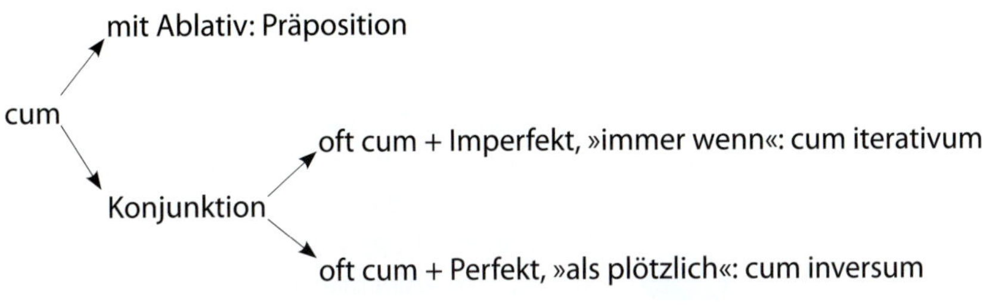

1. In den Lektionstexten kommt das Wort cum an sechs Stellen vor. Entscheide jeweils mithilfe des Entscheidungsbaumes, welche Bedeutung von cum vorliegt.
2. Eine der Bedeutungen von cum kommt in den Texten dieser Lektion nicht vor, findet sich dafür aber gleich zweimal im Text der Lektion 17. Nenne diese beiden Stellen und erkläre, warum diese Bedeutung von cum für den Lektionstext 17 inhaltlich wichtig ist.

7 Griechischstunde

1. Germanicus hat große Schwierigkeiten mit den griechischen Namen auf den Götterstatuen. Er will ihnen Namensschilder mit den lateinischen Entsprechungen um den Hals hängen – was dazu wohl Antonia sagen wird …? Hilf ihm trotzdem, die richtigen Entsprechungen zu finden.
2. Versuche die griechischen Namen laut vorzulesen.

8 The Rich and The Famous

Du hast gelernt, dass Adjektive manchmal ohne Beziehungswort in einem lateinischen Satz stehen. Auch im Englischen gibt es solche substantivierten Adjektive. Substantivierte Adjektive stehen im Englischen immer mit Artikel (siehe Beispiele a-k). Nur wenn ein Adjektiv sich in ein neues Substantiv verwandelt hat, muss der Artikel nicht stehen (siehe Beispiele l-q). Übersetze die Beispiele.

a) the young b) the elderly c) the blind d) the good e) the bad f) the homeless g) the unemployed h) the poor i) the rich and the famous j) the evils of this world k) the highs and lows of life l) sweets m) goods n) news o) blacks p) whites q) natives

Vokabelhappen

Suche in den folgenden fremdsprachlichen Vokabelhappen die jeweils enthaltene lateinische »Zutat«. Welche modernen Vokabeln ähneln sich untereinander?

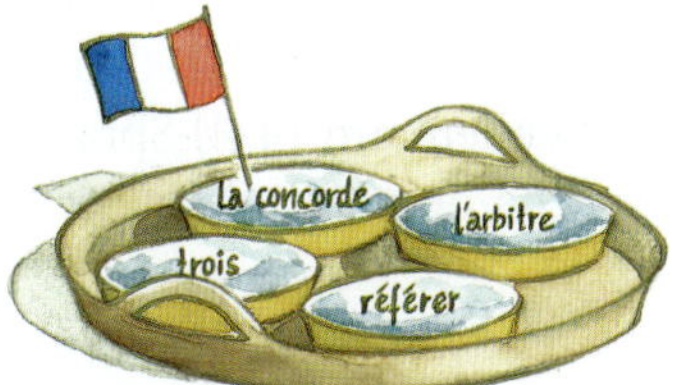

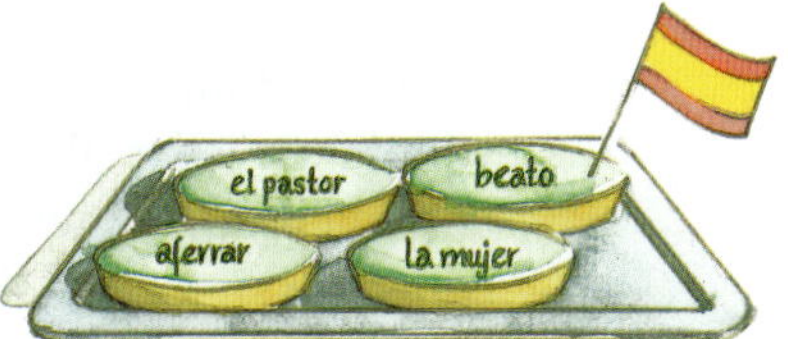

10 Die Büchse der Pandora

(Fortsetzung der Geschichte von Lektion 18, Aufg. 7)

Übersetze und achte dabei auf besonders gutes Deutsch.

pyxis, pyxidis *f.*: Büchse
malum, malī *n.*: das Übel
Pandōra, Pandōrae *f.*: *Eigenname*
Epimētheus, Epimētheī *m.*: *Eigenname*
aperīre, aperiō, aperuī: öffnen
dūcere, dūcō, dūxī

In ea pyxide cuncta mala laboresque cuncti erant. Pandora donum periculosum secum tulerat.

Epimetheus autem, quia uxorem formosam valde amabat, saepe dicebat: »Tu pulcherrima es.« Uxorem pulchram spectabat, gaudebat, nihil cogitabat, cum subito Pandora pyxidem aperuit et cuncta mala laboresque cunctos liberavit. Et mala et labores statim avolaverunt. Ex eo tempore mala homines vexant. Homines autem, cum labores non iam ferunt, dicunt: »O frater Promethei, quid fecisti? Perniciem nobis paravisti, quia Pandoram in matrimonium duxisti. Labores non ferimus!«

Troja – Dichtung oder Wahrheit?

MÄNIN AEIDE THEA PÄLÄÏADEO ACHILÄOS. – Lies diesen Satz mehrmals laut hintereinander. Wird er dir zunehmend vertrauter? Kommen dir einzelne Wörter bekannt vor?

Zugegeben, ein etwas ungewöhnliches Experiment. Aber genau so, durch lautes Lesen der Fremdsprache, brachte sich vor über 150 Jahren ein junger Kaufmann mit Namen Heinrich Schliemann 14 (!) Sprachen selber bei, darunter Altgriechisch, die Sprache der *Ilias*, deren ersten Vers du gerade gelesen hast.

Homers Epen

Die *Ilias* und ihre Fortsetzung, die *Odyssee*, wurden im 8. Jh. v. Chr. schriftlich niedergelegt. Beide Werke, die einem griechischen Dichter namens Homer zugeschrieben werden, bestehen aus je 24 Gesängen, von denen jeder für sich viele hundert Verse umfasst. Solche erzählenden Dichtungen nennt man Epen (Singular: das Epos). In der Antike trug man sie zu den Klängen einer Leier vor.

Die Ilias und die Odyssee

Die *Ilias* beschreibt die letzten Tage einer zehnjährigen Belagerung der Stadt Troja, deren Zerstörung durch das Schicksal von Anfang an beschlossen war. Die *Odyssee* erzählt von der Zerstörung Trojas und der schicksalhaften, zehnjährigen Irrfahrt des griechischen Helden Odysseus und seiner Gefährten.

Ein Mythos wird Wirklichkeit

Kehren wir zu Heinrich Schliemann zurück. Er wurde am 6.1.1822 als fünftes von neun Kindern geboren und starb am 26.12.1890. So ungewöhnlich wie seine Art, Fremdsprachen zu lernen, verlief sein Leben. Da ihm ein Besuch des Gymnasiums aus Geldmangel versagt blieb, begann er neben seinem Beruf mit dem Studium seiner zahlreichen Fremdsprachen. Trotz eines nicht gerade üppigen Gehaltes leistete er sich private Sprachlehrer.

Schliemanns Einsatz zahlte sich aus. Seine Sprachkenntnisse öffneten ihm die Türen zu internationalen Geschäftskreisen. Im Alter von 46 Jahren war er mehrfacher Millionär und konnte sich einen Jugendtraum erfüllen. Im Westen Anatoliens begann er 1871 die Stadt auszugraben, von der die meisten geglaubt hatten, sie sei Homers Erfindung: Troja. Die entscheidende Anregung dazu kam von dem Briten Calvert, den er am 15.8.1868 kennengelernt hatte, nachdem ihm der Dampfer nach Istanbul vor der Nase weggefahren war.

Anfangs waren die Ausgrabungen Schliemanns wenig erfolgreich, aber im Mai 1873 änderte sich schlagartig alles mit dem Fund eines kost-

Sänger mit Lyra. Griechische Bronze, 8. Jh. v. Chr.

baren Goldschatzes, den Schliemann für den Schatz des trojanischen König Priamus hielt. Der Beweis war erbracht: Troja existierte nicht nur, es war auch eine reiche Stadt, die durchaus bei anderen Begehrlichkeiten wecken konnte. Heimlich brachte Schliemann den Schatz nach Berlin. Was er nicht ahnen konnte: Es gab nicht nur *eine,* sondern *neun* Besiedlungsphasen Trojas. Bei dem Troja Homers handelte es sich um Troja VI, das zwischen 1200 und 1300 v. Chr. zerstört worden war. Der Goldschatz aber war gut 1250 Jahre älter.

1. Bereite ein Kurzreferat über Heinrich Schliemann vor; berichte darin auch über die Missverständnisse, die ihm unterlaufen sind.

Lektion 20

quī, quae, quod: welcher, welche, welches; der, die, das
adōrāre, adōrō: anbeten

Intrā!

Iuppiter deus est,
quem et Graecī et Rōmānī adōrant
et cui immolant;
deus est,
quī fēminās amat,
cuius amōrēs Iūnōnī uxōrī nōtī sunt,
sine quō Herculēs nātus nōn fuisset.

sine *mit Abl.*: ohne
nātus, nāta, nātum **fuisset:** wäre geboren worden

In Italiā multa amphitheātra erant,
in quibus gladiātōrēs pūgnābant,
quae imperātōrēs māgnā pecūniā aedificāverant,
quōrum reliquiae etiam hodiē nōbīs admīrātiōnī sunt.

aedificāre, aedificō: bauen
reliquiae, reliquiārum *f. Pl.*: Überreste

Das Trojanische Pferd, modern. Aufgestellt beim Ausgrabungsgelände von Troja.

līgneus, līgnea, līgneum: hölzern, aus Holz

Dē equō līgneō

Teil 1

»Venīte ad lītus! Venīte ad lītus!«
Undique Trōiānī, quī clāmōrēs audīvērunt,
ad portās Trōiae urbis concurrunt.
Sed ubī sunt Graecī, quibuscum decem annōs pūgnāvērunt?

Tum in lītore equum permāgnum, quī ē līgnō factus est, cōnspiciunt.
Quis istum equum ibī posuit?

factus est: ist hergestellt (worden)
istum *Akk. Sg. m.* von **iste:** dieser

Aliī īnsidiās Graecōrum timent
et equum aut incendere aut in mare conicere cupiunt.
Aliī autem, quibus equus māgnae admīrātiōnī est,
dōnum Graecōrum esse putant
et in urbem trahere volunt.

volunt: sie wollen

Nunc Lāocoōn sacerdōs cum duōbus fīliīs accurrit
iamque procul clāmat: »Quae imprūdentia vōbīs est, ō cīvēs?
Quae īnsānia atque temeritās?
Quā dē causā hostēs abīsse cēnsētis?
Nōnne dolī eōrum vōbīs nōtī sunt?
Certē īnsidiās nōbīs parāvērunt.
Timeō Graecōs, etsī dōna ferunt!«

etsī: auch wenn

Teil 2

Ecce pāstōrēs Trōiānī Graecum quendam addūcunt.
Quī sē hominem in lītore invēnisse dīcunt.
Tum Graecus nōmine Sinōn narrat:
»Graecī Trōiam relīquērunt et in patriam rediērunt.
Equum autem, quem vidētis, Minervae deae dōnō dedērunt.
Quō dōnō Graecī deam propitiam reddere cupiunt.
Sed rēs quāsdam nōn cēlābō:
Equus, sī in urbem vestram trāxeritis, etiam vōbīs praesidiō erit.
Sīn autem dēlētis: Timēte īram deae!«

Sinōn, Sinōnis *m.: Eigenname*
propitius, propitia, propitium: gnädig
cēlābō: ich werde/will verheimlichen
trāxeritis: ihr zieht
erit: wird sein

Subitō turba, quae nescit, quid faciat,
duōs māgnōs serpentēs ē marī appārēre videt.
Quī summā celeritāte Lāocoontem fīliōsque eius adeunt interficiuntque.

faciat: (sie) soll tun

Trōiānī autem dōnum Graecōrum in urbe suā recipiunt.

Quī tacet, cōnsentīre vidētur.

vidētur: scheint

Ob man im Deutschland des 16. Jahrhunderts katholisch oder evangelisch war, richtete sich seit 1555 nach folgendem Grundsatz:

regiō, regiōnis *f.*: Land, Gebiet

Cuius regiō, eius religiō.

1

Für Textspürnasen

1. Übersetze die Überschrift des Lektionstexts. Sammle dann aus dem Text Personen und Personengruppen, die in der Erzählung vorkommen, und lies die Lernvokabeln sehr aufmerksam. Stelle nun Vermutungen über den Hergang der Handlung an.

2

Für Textexperten

1. Die Machthaber von Troja sind zusammengekommen, um die überraschende neue Lage zu besprechen. Welche Antworten haben sie auf die Frage in Teil 1, Zeile 4f.? Wie werden sie weiter vorgehen?
2. Nenne die zwei Erklärungen, die die Trojaner für das Holzpferd finden.
3. Wie erklären sich die Trojaner, dass plötzlich zwei Seeschlangen auftauchen und Laocoon und seine Söhne töten? Wie beeinflusst Laocoons Tod die Trojaner?

3

Mäusefraß

Diesmal hatte unsere Maus Appetit auf Relativpronomina. Sie hat alle restlos weggeknabbert …

1. Schreibe die folgenden Sätze in dein Heft und setze die »weggefressenen« Relativpronomina wieder ein.
2. Unterstreiche jeweils das Relativpronomen und sein Beziehungswort und übersetze den ganzen Satz.

vocāre: rufen

a) Dominus servum, ~ in hortō labōrat, vocat.
b) Hominēs, ~ in māgnā urbe habitant, saepe quiētem capere nōn possunt.
c) Domina Theophilum, ~ semper laudat, puellās puerōsque docēre videt.
d) Lucilla amat puerum, ~ pater magister est.
e) Vidēsne forum, ~ plēnum mercātōrum est?
f) Rōmānī Minervam Iūnōnemque, ~ saepe immolābant, deās summās esse putāvērunt.
g) Trōiānī, cum ~ Graecī diū pūgnāverant, hostēs abīsse cēnsuērunt.

plēnus, plēna, plēnum: *steht im Lateinischen mit Genitiv*

cēnsēre, cēnseō, cēnsuī

Zauberer ans Werk!

1. Wähle aus jeder der drei folgenden Spalten je ein Versatzstück und bilde sinnvolle lateinische Sätze.
2. Übersetze die neu entstandenen Sätze.

ōlim: einst
templum, templī *n.*: Tempel

Ancillae,	quōrum urbem Graecī incenderant,	ōlim templa pulcherrima erant.
In forō,	quōcum in scholā librōs poētārum legō,	fessae fuērunt.
Homērus,	quibus vīlla rūstica est,	fugā salūtem petīvērunt.
Marītus Alcmēnam,	quae māgnam cēnam parāverant,	increpuit.
Amīcō fīdō,	quae semper fīda fuerat,	poēta praeclārus fuit.
Parentēs,	quod etiam hodiē vīsitāre possumus,	librum Horātī dōnō dedī.
Cīvēs Trōiānī,	cuius librī ōlim cūnctī puerī puellaeque lēgērunt,	oppidum relinquere rārō possunt.

legere, legō, lēgī: lesen
Homērus, Homērī *m.*: *Eigenname (griechischer Dichter)*
salūs, salūtis *f.*: Heil, Rettung
increpāre, increpō, increpuī: hart anfahren, ausschimpfen

Bloß nicht den Anschluss verpassen!

Setze in den folgenden Sätzen jeweils einen sinnvollen relativischen Anschluss in die Lücke. Die Anschlüsse sollen sich auf die kursiv gedruckten Wörter beziehen.

a) Rōmānīs *multae deae* nōtae erant. ~ saepe immolābant.
b) Daedalus in Crētam īnsulam fūgerat, ubī *Mīnōs* rēgnābat. ~ labyrinthum aedificāvit.
c) Rōmānī *Nerōnem imperātōrem* urbem incendīsse putāvērunt. ~ nēmō umquam pūnīvit.
d) *Graecī Trōiānōs vīcerant.* ~ dē *causā* Trōiam dēlēre potuērunt.
e) Trōiānī *equum* in urbe suā recēpērunt. ~ Graecōrum dōnum esse putābant.
f) Rōmānī deīs *māgna amphitheātra* aedificāvērunt. ~ multīs imāginibus ōrnāvērunt.

Crēta, Crētae *f.*: Kreta *(Insel im Mittelmeer)*
labyrinthus, labyrinthī *m.*: Labyrinth
Nerō, Nerōnis *m.*: *Eigenname (römischer Kaiser des 1. Jahrhunderts n. Chr.)*
nēmō *Nom. Sg.*: niemand
umquam: jemals
pūnīre, pūniō, pūnīvī: bestrafen

6 Fragen über Fragen

Setze passend zu den Antworten die richtige Form des adjektivischen oder substantivischen Fragepronomens ein und übersetze.

a) ~ urbem Graecī post decem annōs dēlēvērunt? Trōiam urbem dēlēvērunt.
b) ~ Trōiānī fēcērunt, postquam equum ante portās invēnērunt? Equum in urbem trāxērunt.
c) ~ uxōrem Nessus rapere cupīvit? Herculis uxōrem rapere cupīvit.
d) ~ Herculēs Hydram vīcit? Cum Iolāō amīcō Hydram vīcit.
e) ~ Herculēs catēnīs līberāvit? Promētheum līberāvit.
f) ~ Paris pōmum dedit? Venerī pōmum dedit.

7 Eine Schreibtafel mit Fehlern

Ordne die folgenden Substantive einer Form von quīdam so zu, dass die KNG-Regel überall eingehalten wird.

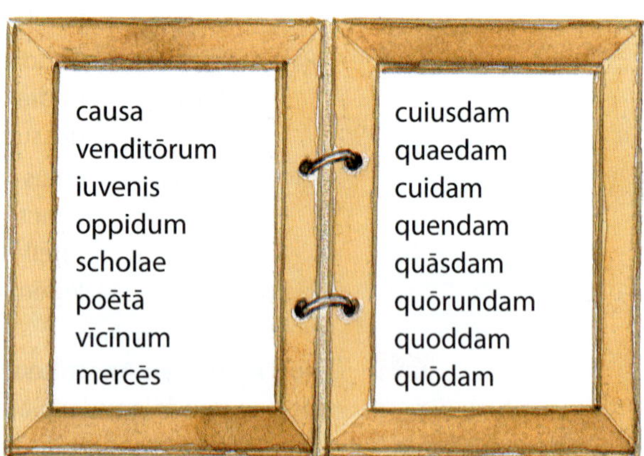

8 Verstecktes Latein

1. Mit welchen lateinischen Vokabeln sind folgende Wörter verwandt?
2. Erkläre, eventuell mithilfe eines Lexikons oder des Internets, was die Wörter bedeuten.

a) Konsens b) Rezeption c) Präsidium d) Konkurrenz

9 Hilfe – trojanisches Pferd!

Ein trojanisches Pferd hat das Latein-Deutsch-Vokabelprogramm mit anderen Vokabelprogrammen vermischt. Wie lautet jeweils die gelöschte lateinische Vokabel? Übersetze die lateinischen Wörter ins Deutsche.

Latein	Englisch	Französisch	Italienisch	Spanisch	Deutsch
~	~	la porte	~	~	~
~	~	~	il legno	~	~
~	~	~	~	poner	~
~	insanity	~	~	~	~
~	~	la religion	~	~	~
~	~	~	~	incendiar	~
~	to delete	~	~	~	~
~	~	~	dieci	~	~
~	~	~	~	el sacerdote	~
~	cause	~	~	~	~
~	~	~	l'insidia	~	~
~	~	~	~	la temeridad	~
~	~	~	narrare	~	~
~	~	qui	~	~	~
~	~	~	~	la impruden-cia	~

*10 **Kassandra-Rufe**

Die Trojaner wurden nicht nur von Laocoon wegen des hölzernen Pferdes gewarnt, sondern auch von einer bekannten trojanischen Seherin namens Cassandra, der man aber nie Glauben schenkte. Als die Trojaner das Pferd in die Stadt gezogen hatten, hat Cassandra plötzlich eine Vision, durch die sie sich in die folgende Nacht versetzt sieht. Sie warnt ihre Mitbürger:

Übersetze und achte dabei auf besonders gutes Deutsch.

»Audite, cives Troiani!
Multos homines mortuos, qui in viis iacent et quorum filii filiaeque flent, video. Praeterea Graecos urbem incendere et muros delere video. In equo ligneo, quem ante portas invenistis, milites Graeci erant. Qui media nocte ex equo exierunt.
Quid facere possum? Ego Troiae perniciem providi, quam vos non providistis. Ego equum, quem vos donum deorum putavistis, insidias putavi. Vos caeci eratis. Verba mea sprevistis. Quis nunc auxilium ferre potest? Magno in timore sum, nam Troiam patriam amo.«

mūrus, mūrī *m.:* Mauer
lĭgneus, lĭgnea, lĭgneum: hölzern

prōvidēre, prōvideō, prōvīdī: vorhersehen
putāre *mit doppeltem Akkusativ:* etwas für etwas halten
caecus, caeca, caecum: blind

Equō nē crēdite, Teucrī*! – Traut dem Pferd nicht, ihr Einwohner von Troja!

Jeder Besitzer eines Computers kennt und fürchtet es, das »trojanische Pferd«, jenes kleine teuflische Programm, das, als nützliche Datei getarnt, in der Software größten Schaden anrichtet. Doch wie kam dieses Virus zu seinem Namen?

Die Geschichte vom Trojanischen Pferd
Nach zehn Jahren erfolgloser Belagerung erfahren die Griechen, dass sie Troja nur mit einer List einnehmen können. Odysseus, einer ihrer Anführer, schlägt den Bau eines Holzpferdes vor. Es muss so konstruiert werden, dass mehrere Personen darin Platz finden. Ein Abzug der Griechen soll vorgetäuscht und das Pferd mit einer handverlesenen Schar von Kämpfern zurückgelassen werden. Odysseus zählt auf die Kriegsmüdigkeit und Beutegier der Trojaner. Es ist ein riskanter Plan, aber er gelingt. Mit Unterstützung Minervas wird das Pferd in drei Tagen fertiggestellt. Die Griechen brechen ihr Lager ab und segeln zum Schein fort. Wie die Geschichte weitergeht, steht im Lektionstext. Das Trojanische Pferd aber wird zum Inbegriff von Heimtücke und Zerstörung.

***Teucrī:** Trojaner

Odysseus
Odysseus wird oft als »der Listenreiche« bezeichnet. Diesen Ruf erwarb er sich, als er sich in Penelope, die Tochter des einen der beiden Könige Spartas, verliebte. Als König der Insel Ithaka war er für eine Eheschließung mit ihr zu arm. Darum machte er sich einen Streit zunutze, der zwischen den Bewerbern um die schöne Helena, die Tochter des anderen Königs, ausgebrochen war. Er mischte sich unter Helenas Freier, wohl wissend, dass er chancenlos war. Nach gründlicher Einschätzung der Lage riet er Helenas Vater, alle einen Treueid auf den noch zu wählenden Bräutigam schwören zu lassen, um auf diese Weise die erhitzten Gemüter zu beruhigen. Seine Rechnung ging auf. Als die Wahl auf Menelaus fiel, schworen alle den verabredeten Treueid und Odysseus erhielt »zum Dank« Penelope.

Odysseus erweist sich in dieser Situation als ausgezeichneter Menschenkenner. Er pokert hoch, erreicht aber am Ende sein Ziel. Diese Begabung hilft ihm auch im Umgang mit den Trojanern. Er setzt darauf, dass sie in ihrer Verblendung Sinon und seiner Geschichte glauben werden. Seine Hoffnung trügt ihn nicht. Denn ihr verloren gegangener Blick für die Wirklichkeit wird den Trojanern zum eigentlichen Verhängnis. Aber auch Odysseus zahlt einen hohen Preis. Er zieht sich die

Johann Heinrich Wilhelm Tischbein (1751–1829), »Odysseus und Penelope«, 1810.

Feindschaft Neptuns, des Schutzgottes Trojas, zu, sodass noch weitere zehn Jahre vergehen sollen, bis er Penelope wieder in seine Arme schließen darf.

1. Bei dem echten Trojanischen Pferd handelt es sich möglicherweise um eine völlig neuartige Kampfmaschine. Wie könnte die Sage vom hölzernen Pferd also entstanden sein?
2. Entwirf einen Steckbrief des Odysseus.

Lektion 21

Intrā!

somniāre, somniō: träumen
cum: (dann) wenn
glōria, glōriae *f.*: Ruhm
triumphus, triumphī *m.*: Triumphzug

Puer quīdam somniat:
Cum adulescēns erō, in Campō Mārtiō mē exercēbō.
Posteā mīlēs erō, multīs in terrīs fortiter pūgnābō,
multōs hostēs aut interficiam aut capiam,
māgnā cum glōriā in patriam reveniam.
Tum cum imperātōre in triumphō per viās urbis Rōmae ībō:
Populus Rōmānus concurret et nōs salutābit. Nōs valdē gaudēbimus.
Cūnctī clāmābunt, rīdēbunt nōbīsque dōna ferent.

Formenwippe

Setze die Formen ins Futur und übersetze die Futurformen.
a) adsum, ōrās, appāret, pōnimus, redītis, ferunt
b) faciō, exercēs, rēgnat, rapimus, terrētis, vīvunt
c) possum, īnspicis, audit, exīmus, refertis, vendunt

Dē Dīdōne et Aenēā

Aenēā duce: unter der Führung des Aeneas
futūra praedīcere, praedīcō, praedīxī: die Zukunft voraussagen

Postquam Graecī urbem expūgnāvērunt et incendērunt,
aliquot Trōiānī Aenēā duce Trōiā effūgērunt.
Quī in Italiam nāvigāre in animō habēbant;
deī enim per Anchīsam, patrem Aenēae, futūra praedīxerant:
»Vōs Trōiānī in Italiam nāvigābitis, ubī patriam novam inveniētis.
Ibī auctōrēs gentis novae eritis.
Quae gēns urbem novam nōmine Rōmam condet

et imperium suum ūsque ad fīnēs orbis terrārum prōmovēbit.«
Post longōs errōrēs et multa perīcula
Trōiānī dēnique ōrae Italiae appropinquābant,

coorta est: erhob sich, brach aus

cum subitō māgna tempestās coorta est:
in marī multae nāvēs periērunt.

appulērunt: lenkten

Aegrē Trōiānī nāvēs ad Āfricam appulērunt,
ubī Dīdō rēgīna rēgnābat.
Quae naufragōs amīcissimē accēpit.
Ubī prīmum dē exitiō Trōiae audīvit,
»Urbem novam, hospitēs«, inquit, »aedificāre coepī.
Sī Carthāgō, urbs nova, vōbīs placet,
nōbīscum in Āfricā manēre potestis.
Hīc bene et iūcundē vivētis,
nam vōs cūrābō
cūnctīsque rēbus, quibus vōbīs opus erit, afficiam.«
Itaque Trōiānī apud Dīdōnem manēbant.
Dīdō Aenēam amābat, Aenēās Dīdōnem amābat,
erant laetī beātīque.

Aliquandō autem Mercurius, nūntius deōrum, Aenēam adiit:
»Deī valdē īrātī sunt! Cūr tam diū in Āfricā manēs?
Quandō in Italiam abībis, ut deī iussērunt?
Relinque Carthāginem, relinque Dīdōnem!«
Aenēās maestus imperiō deōrum pāruit et Āfricam relīquit.

mortem sibī cōnscīvit: nahm sich das Leben

Dīdō autem īrā et dolōre commōta
mortem sibī cōnscīvit.

In Italiā Aenēās rē vērā patriam novam inveniet
Lāvīniamque, fīliam Latīnī rēgis, in mātrimōnium dūcet,

Silvius, Silviī *m.: Eigenname*

ē quā fīlium nōmine Silvium habēbit.

omnia *Akk. Pl. n.:* alles

Labor vincit omnia.

Omnia vincit amor.

1

Für Textspürnasen

1. Im Text kommen drei Städtenamen vor: Trōia, Carthāgō, Rōma. Suche diese Städte in einem historischen Atlas.
2. Informiere dich über das Schicksal des Aeneas.

2 Für Textexperten

1. An welchen Stellen des Textes treten gehäuft Futurformen auf? Erkläre, warum.
2. Warum sind die Götter und warum ist Dido zornig auf Aeneas? Begründe deine Antwort und belege sie mit Zitaten aus dem lateinischen Text.
3. Verfasse einen Abschiedsbrief des Aeneas an Dido.
4. Dido steht an der Küste und sieht Aeneas mit seinen Leuten abfahren. Was ruft sie ihm nach? Versetze dich in ihre Situation und halte eine Rede der Dido.

3 Zeitstrahl

Fertige für die Formen a bis f einen Zeitstrahl nach folgendem Muster an.

Plusquamperfekt	Imperfekt Perfekt	Präsens	Futur →
fueram	eram	sum	erō
ich war gewesen	ich war	ich bin	ich werde sein
	fuī		
	ich war/ich bin gewesen		

a) prōmovēs b) expūgnat c) fert d) condimus
e) fugitis f) pereunt

4 Zukunftsmusik

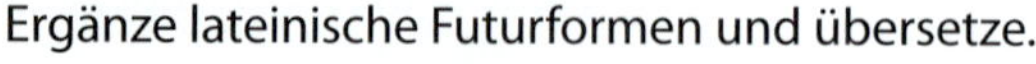

Ergänze lateinische Futurformen und übersetze.

a) Nunc ancilla sum, sed aliquandō ~ (frei sein).
b) Hodiē maestī estis, sed crās ~ (fröhlich sein).
c) Nunc tacēs, sed mox ~ (singen).
d) Nunc flēmus, sed aliquandō ~ (lachen).
e) Nunc lūdunt, sed mox ~ (arbeiten).
f) Adhūc manet, sed aliquandō ~ (fortgehen).

5 Griechischstunde

Lies die folgenden griechischen Ortsnamen laut vor.

a) ΤΡΟΙΑ b) ΟΛΥΜΠΟΣ c) ΚΡΗΤΗ d) ΡΩΜΗ
e) ΘΗΒΑΙ f) ΦΡΥΓΙΑ

6 Verstecktes Latein

1. Mit welchen lateinischen Vokabeln sind folgende Wörter verwandt?

2. Erkläre, eventuell mithilfe eines Lexikons oder des Internets, was die Wörter bedeuten.

a) Exitus b) Hospiz c) Promotion d) affektiert

7 Dichter-Wettbewerb

Der europäische Dichterclub »Poeta creativus« schreibt einen Wettbewerb aus: Es sollen Minigedichte zum Thema »Dido und Aeneas« verfasst werden. In ihnen muss jeder Dichter die vorgegebenen Begriffe aus seiner eigenen Sprache einbauen.

1. Suche für jedes vorgegebene Wort jeweils ein lateinisches Wort, das mit ihm verwandt; übersetze es.
2. Navigieren, parieren, akzeptieren: Erkläre, eventuell mithilfe eines Lexikons oder des Internets, was diese Wörter bedeuten.
3. Verfasse ein vier- bis sechszeiliges deutsches Gedicht über Dido und Aeneas und baue darin die drei deutschen Wörter ein.

*8 Heirate Aeneas!

Übersetze und achte dabei auf besonders gutes Deutsch.

»O Dido, lugere non iam debes. Nam Aeneas te in matrimonium ducet. Qui hostes tuos vincet, te curabit, te cunctis rebus, quibus tibi opus erit, afficiet. Aeneas te amabit, tu Aeneam amabis, laeti beatique eritis. Bene et iucunde in urbe nova vivetis. Mox filios filiasque habebitis, Aeneas semper in Africa manebit.«

Die Aeneis – Ein Nationalepos entsteht

»Du Römer, denke daran, die Völker mit deiner Regierung zu führen (dies ist deine Begabung), den Frieden in geordnete Bahnen zu lenken, Unterworfene zu schonen und Aufständische niederzuwerfen.« (*Aeneis,* 6, 851ff.)

Aeneas

Troja existiert nicht mehr. Nur eine kleine Gruppe von Trojanern ist dem Inferno entkommen. Ihr Anführer ist Aeneas, Sohn der Göttin Venus und des Sterblichen Anchises. Er war im Traum aufgefordert worden, Troja zu verlassen und in eine neue Heimat aufzubrechen. Aber erst als er erkennt, dass die Götter selbst den Untergang Trojas beschlossen haben, entscheidet er sich zur Flucht. An der Hand führt er seinen kleinen Sohn Iulus, auf dem Rücken trägt er seinen alten Vater Anchises, der Trojas Hausgötter in den Armen hält. Auf selbst gebauten Flößen fliehen die Überlebenden über das Meer. In Karthago werden sie nach einer langen und verlustreichen Irrfahrt gastfreundlich aufgenommen. Doch das Schicksal treibt sie weiter nach Sizilien. Als einige Frauen, der langen Reise müde, die Schiffe in Brand stecken, lässt Aeneas Frauen, Alte und Schwache unter der Obhut seines trojanischen Landsmannes Acestes zurück. Er selbst segelt mit den Kräftigsten nach Mittelitalien, wo er in die Unterwelt hinabsteigt, um das weitere Schicksal der Flüchtigen zu erfahren. Ihm begegnet der mittlerweile verstorbene Anchises, der ihm die Helden zeigt, allen voran Kaiser Augustus, die einst die Größe Roms begründen werden.

Aeneas trägt seinen gelähmten Vater Achises aus dem brennenden Troja. Der Junge ist Iulus, Aeneas' Sohn. Statuengruppe von G. L. Bernini, entstanden um 1620.

Die letzte Etappe der Reise führt Aeneas nach Latium, wo ihm König Latinus die Ehe mit seiner Tochter Lavinia verspricht. Da diese aber bereits mit Turnus, dem König des italischen Stammes der Rutuler, verlobt ist, kommt es zum Krieg, bei dem Turnus von Aeneas getötet wird.

Aeneas heiratet Lavinia und gründet die Stadt Lavinium. Aus weiteren Auseinandersetzungen mit den Rutulern gehen die Latiner und Trojaner zwar als Sieger hervor, Aeneas aber wird vom Fluss Numicus mitgerissen und bleibt verschollen. Sein Sohn Iulus versöhnt die Kriegsparteien, gründet die Stadt Alba Longa und wird zum sagenhaften Stammvater des Gaius Iulius Caesar und des Augustus.

Vergil

Publius Vergilius Maro wurde am 15.10.70 v. Chr. in der Kleinstadt Andes bei Mantua geboren. Schon früh schlug sein Herz für die Dichtkunst. 40 v. Chr. wurde er in den Dichterkreis des Maecenas, eines Förderers der Dichtkunst, aufgenommen und lernte dort den späteren Kaiser Augustus kennen.

Im Jahre 30 v. Chr. begann Vergil mit den Arbeiten an der *Aeneis*. Er wollte ein römisches Gegenstück zu Homers Epen schaffen. Doch die Fußstapfen, in die er dabei treten musste, waren sehr groß. Homer hatte für Jahrhunderte Maßstäbe gesetzt. Vergil war sich dessen bewusst und arbeitete elf (!) Jahre an seinem Epos. Augustus begleitete die Arbeit von Anfang an. Immer wieder ließ er sich neu gedichtete Passagen von Vergil vorlesen. Dennoch war Vergil nie zufrieden mit dem, was er schuf. Er bestimmte sogar in seinem Testament, dass die *Aeneis* nach seinem Tod vernichtet werden solle. Als Vergil am 21.9.19 v. Chr. starb, verhinderte Augustus das Verbrennen der *Aeneis* und sorgte dafür, dass das Epos – ein Werk, das wie kein zweites zum Inbegriff römischen Selbstverständnisses wurde – veröffentlicht wurde und der Nachwelt erhalten blieb.

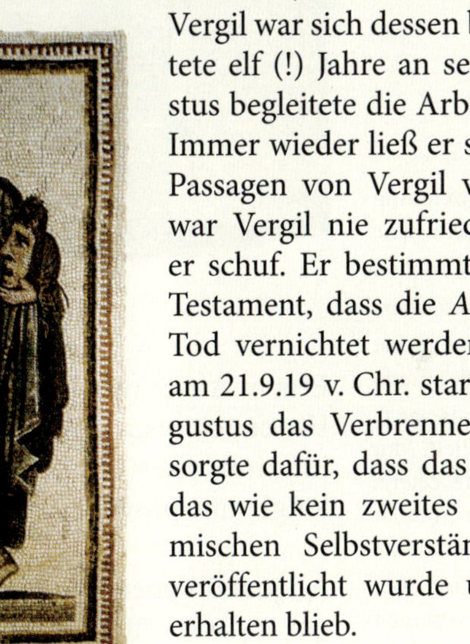

ergil schreibt die *Aeneis* zwischen den Musen Kalliope nd Melpomene. Römisches Mosaik, 3. Jh. n. Chr. lusée du Bardo, Tunis.

1. Zeichnet Szenen aus dem Leben des Aeneas und gestaltet damit einen Wandfries.
2. Schildere die Entstehungsgeschichte der *Aeneis*.
3. Führe ein Interview mit Vergil über die Bestimmung Roms, die du am Anfang des Textes zitiert findest.

Lektion 22

delphīnus, delphīnī *m.*: Delfin
mānsuētus, mānsuēta, mānsuētum: zahm

Dē delphīnō mānsuētō

»Der Delfin von Munzach«. Die bronzene Brunnenfigur hat auf dem großen römischen Gutshof Liestal-Munzach (Kanton Basel – Landschaft, Schweiz) als Wasserspeier gedient.

proximus, proxima, proximum: sehr nahe
piscārī: fischen
imprīmīs: besonders
longissimē prōvehī: möglichst weit hinausschwimmen
audācia, audāciae *f.*: Kühnheit, Mut
cēterī, cēterae, cētera: die Übrigen
praestāre, praestō: übertreffen
praecēdere, praecēdō *mit Akk.*: vor jemandem herschwimmen
sequī: folgen
circumīre, circumeō *mit Akk.*: um jemanden herumschwimmen
deinde: dann, darauf
subīre, subeō: auf den Rücken nehmen
dēpōnere, dēpōnō: absetzen, ablegen
postrīdiē: am folgenden Tag
spectātor, spectātōris *m.*: Zuschauer
in altum: *ergänze* mare

Erat in Āfricā oppidum marī proximum. Hīc cūnctī piscārī, nāvigāre, natāre amābant, imprīmīs puerī, quibus māgnō gaudiō erat longissimē prōvehī.

Aliquandō puer quīdam, qui audāciā cēterōs praestābat, in mare altum natāverat, cum subitō delphīnus appāruit. Procul hominēs vīdērunt delphīnum puerum nunc praecēdere, nunc sequī, nunc circumīre, deinde subīre, dēpōnere, iterum subīre, in mare altum ferre, postrēmō ad lītus referre, terrae amīcīsque reddere.

Postrīdiē multī spectātōrēs ad lītus convēnerant. Postquam puerum iterum in altum natāre vīdērunt, alius alium interrogāvit:

illō: *Abl. Sg. m. von* **ille:** jener
posterus, postera, posterum: (nach)folgend
dēpōnere, dēpōnō, dēposuī: ablegen
audēre, audeō: wagen
extrahī: gezogen werden
cōnstat: es steht fest
Octāvius Avītus, Octāviī Avītī *m.: Eigenname*
magistrātus *Nom. Sg. m.:* Beamter
suspectus, suspecta, suspectum: verdächtig, unheimlich
prāvā religiōne: aus Aberglauben
delphīnō unguentum superfūdit: übergoss den Delfin mit einer Salbe
neque nisī: und erst nach
lūsī: *Perfekt zu* lūdere
perdere, perdō: verlieren
magistrātūs *Nom. Pl. m.* die Beamten
cōnstituere, cōnstituō, cōnstituī: beschließen

»Delphīnusne etiam hodiē appārebit et cum puerō lūdet?«

Delphīnus autem nōn modo illō diē,
sed etiam posterīs diēbus aderat et cum puerō ludēbat.
Posteā etiam aliī puerī, quī timōrem dēposuerant,
delphīnō appropinquāre et eum tangere audēbant.
Quem etiam in terram extrahī potuisse cōnstat.

Aliquandō Octāvius Avītus magistrātus,
cui delphīnus mānsuētus quōdam modō suspectus erat,
prāvā religiōne delphīnō unguentem superfūdit.
Quī timōre commōtus in altum mare fūgit
neque nisī post multōs diēs maestus rediit,
sed paulō post iterum cum puerīs lūsit.

Quod māgna turba hominum delphīnum spectāre cupiēbat,
oppidum quiētem suam perdēbat.
Itaque magistrātūs delphīnum interficere cōnstituērunt …

Für Textspürnasen

1. Lege in deinem Heft eine Tabelle nach folgendem Muster mit 7 Zeilen an.

Text, Zeile	Subjunktion/ Relativpronomen	Syntaktische Funktion des Gliedsatzes	Semantische Funktion des Gliedsatzes	Name des Gliedsatzes

   Bevor du den Text übersetzt, suche alle Gliedsätze heraus und fülle die Tabelle aus. Eine semantische Funktion musst du nur bei adverbialen Gliedsätzen angeben.
2. Schreibe aus dem Text alle Konnektoren, die eine Zeitangabe enthalten, heraus. Ziehe aus diesen Konnektoren erste Rückschlüsse auf die Art der Geschichte.
3. Im Text geht es um die Freundschaft eines Jungen mit einem Delfin. Bist du auch mit einem Tier befreundet? Wenn ja, was bedeutet dir dein »Tier-Freund«?
4. Informiere dich über das Verhalten von Delfinen gegenüber Menschen in der freien Natur und in der »Delfin-Therapie«.

2 Für Textexperten

1. Übertrage die folgenden sieben Ringe (größer) in dein Heft. Fasse nach der Lektüre jedes Absatzes den Inhalt stichpunktartig zusammen und schreibe ihn in jeweils einen Ring (ein Absatz = ein Ring). Wandere dabei vom äußeren Ring immer weiter in die Mitte.
2. Beschreibe, wie sich die Handlung zur Mitte des Kreises hin immer weiter zuspitzt. Diskutiere mit deiner Klasse Möglichkeiten, wie die Geschichte enden könnte.
3. Wie spiegeln sich die Bewegungen des Delfins in den Verben und Adverbien in Z. 10-13 des Textes wider?
4. Welches Problem haben die Stadtbeamten mit dem Delfin? Wie hätten sie dieses Problem lösen und zugleich den Delfin retten können?
5. Stellt euch vor, ihr würdet zu den Kindern gehören, die mit dem zahmen Delfin spielen. Verfasst in Gruppenarbeit einen offenen Brief an die Stadtbeamten, worin ihr einen »Delfin-Rettungsplan« vorstellt.

3 Ein vielseitiger Kasus: der Ablativ!

Übertrage die folgende Tabelle mit 10 Zeilen in dein Heft. Untersuche alle Ablative aus dem Lektionstext und trage deine Ergebnisse in die Tabelle ein.

Text, Zeile	Wort(e)	Frage	Semantische Funktion	Name des Ablativs in der Fachsprache	Deutscher Name des Ablativs

4 Zeitmaschine

Verschicke die Handlungen wie im Beispiel von einer Zeit in die andere.

Beispiel:

Infinitiv	→ Imp. Sg.	→ 1. Pers. Sg. Perf.	→ 3. Pers. Pl. Plpf.	→ 1. Pers. Pl. Fut.	→ 1. Pers. Sg. Fut.	→ 2. Pers. Sg. Impf.
venīre	venī	vēnī	vēnerant	veniēmus	veniam	veniēbās

a) afficere: → 3. Pers. Pl. Fut. → 3. Pers. Sg. Perf. → 1. Pers. Sg. Impf. → 1. Pers. Pl. Präs. → 2. Pers. Sg. Plpf. → 2. Pers. Pl. Präs.

b) ferre: → 1. Pers. Sg. Präs. 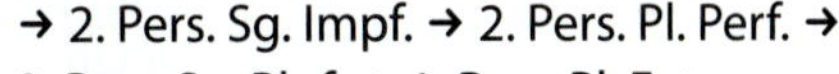 → 2. Pers. Sg. Impf. → 2. Pers. Pl. Perf. → 3. Pers. Sg. Plpf. → 1. Pers. Pl. Fut. → 3. Pers. Pl. Fut.

c) exīre: → 1. Pers. Pl. Fut. → 3. Pers. Pl. Präs. → 2. Pers. Sg. Impf. → 2. Pers. Sg. Perf. → 3. Pers. Sg. Plpf. → 1. Pers. Sg. Perf.

d) adiuvāre: → 2. Pers. Sg. Impf. → 3. Pers. Pl. Perf. → 2. Pers. Pl. Impf. → 1. Pers. Sg. Fut. → 2. Pers. Pl. Plpf. → 3. Pers. Sg. Präs.

e) pōnere: → 2. Pers. Sg. Impf. → 3. Pers. Sg. Fut. → 3. Pers. Pl. Perf. → 1. Pers. Sg. Präs. → 2. Pers. Pl. Fut. → 1. Pers. Pl. Plpf.

f) esse: → 3. Pers. Sg. Präs. → 1. Pers. Sg. Perf. → 2. Pers. Pl. Impf. → 2. Pers. Sg. Fut. → 3. Pers. Pl. Plpf. → 3. Pers. Pl. Fut.

g) lūgēre: → 1. Pers. Sg. Fut. → 2. Pers. Pl. Impf. → 3. Pers. Pl. Perf. → 3. Pers. Sg. Plpf. → 1. Pers. Pl. Präs. → 2. Pers. Sg. Impf.

h) posse: → 3. Pers. Sg. Präs. → 1. Pers. Pl. Impf. → 1. Pers. Sg. Plpf. → 2. Pers. Sg. Perf. → 3. Pers. Pl. Fut. → 1. Pers. Sg. Fut.

5 Wortarten-Körbe

1. Zeichne sieben große Körbe mit folgenden Aufschriften in dein Heft: Substantive, Adjektive, Verben, Adverbien, Präpositionen, Pronomina, Subjunktionen. Sortiere die folgenden Wörter in die Körbe. Ordne gegebenenfalls doppelt ein.
   maestōs audiēs illūc meum quōrum mātrēs nāvigābō ante mulierum naufragī quod cōnferēbat nāve tuleram cum prōderit quid postquam cōnsentiam cuiusdam fugit aegrē eā fūgit cīvī beneficia poteritis

2. Bestimme die Substantive, Adjektive, Verben und Pronomina nach folgenden Beispielen.
   Beispiele:
   fluviīs: Dat. und Abl. Pl. m. von fluvius: Fluss
   mediārum: Gen. Pl. f. von medius: mittlerer
   possum: 1. Pers. Sg. Präs. von posse: können
   eās: Akk. Pl. f. von is, ea, id: dieser, diese, dies(es); er, sie, es

6 Beziehungen auf Zeit

1. Bestimme jeweils das Zeitverhältnis zwischen dem Prädikat und dem Prädikatsinfinitiv im aci.
2. Übersetze.

a) Decimum Lūcillam amāre sciō.
b) Decimum Lūcillam amāre scīvī.
c) Decimum Lūcillam amāvisse sciō.
d) Decimum Lūcillam amāvisse scīvī.
e) Trōiānī Graecōs in patriam nāvigāvisse putāvērunt.
f) Aenēam amīcōsque maestōs esse appāret.
g) Apud Vergilium poētam legimus Graecōs decimō annō bellī Trōiānī equum aedificāvisse et mīlitēs in eō abdidisse.
h) Vergilius scrīpsit Aenēam māgnō cum perīculō sē servāre potuisse.

Vergilius, Vergilī *m.: Eigenname (römischer Nationaldichter, 1. Jahrhundert v. Chr.)*
legere, legō, lēgī: lesen
abdere, abdō, abdidī: verstecken

7 Europa-Zoo

Du hast schon einige lateinische Vokabeln für Tiere gelernt. Suche ihre Verwandten unter den folgenden fremdsprachlichen Ausdrücken, nenne das lateinische Wort und übersetze es ins Deutsche.

Lateinisch	Französisch	Italienisch	Spanisch	Englisch
~	le lion	~	el león	lion
~	l'âne	l'asino	el asno	~
~	~	l'aquila	el águila	~
~	~	~	anserino *(Adj.)*	~
~	le serpent	il serpente	la serpiente	serpent
~	~	~	equino *(Adj.)*	~

*8 Octavian und die sprechenden Raben

Nachdem Octavian, der spätere Kaiser Augustus, seinen Herausforderer Antonius in der berühmten Schlacht bei Actium (31 v. Chr.) besiegt hatte, kam er in eine kleine Stadt, wo er von vielen Menschen begrüßt wurde …

Übersetze und achte dabei auf besonders gutes Deutsch.

corvus, corvī *m.*: Rabe
Octāviānus, Octāviānī *m.*: Octavian
victor, victōris *m.*: Sieger
emere, emō, ēmī: kaufen
fallere, fallō, fefellī: täuschen
alter, altera, alterum: ein zweiter
verba facere: sprechen
Antōnius, Antōniī *m.*: Antonius
aspicere, aspiciō, aspexī: ansehen

Mercator, qui magnum corvum secum portabat, Octavianum amicosque eius salutavit et clamavit: »Corvum meum videte et audite!« Statim corvus clamavit: »Salve, Octaviane victor!« Octavianus, cui verba corvi valde placuerant, corvum emit.
Subito puella accurrit et Octaviano ira commota dixit mercatorem eum fefellisse. Addidit: »Habet enim corvum alterum, qui etiam verba facere potest. Verba, quibus corvus alter salutabit, audies!« Quem mercator iussu Octaviani afferre debuit. Tum cuncti corvum alterum clamare audiverunt: »Salve, Antoni victor!« Subito silentium fuit. Sed Octavianus, quem cuncti aspexerunt, …

Animal – beseeltes Wesen

»Hier lag Argos, der Hund, von Ungeziefer zerfressen. Dieser, da er nun endlich den nahen Odysseus erkannte, wedelte zwar mit dem Schwanz und senkte die Ohren herunter; aber er war zu schwach, sich seinem Herrn zu nähern. Und Odysseus sah es und trocknete heimlich die Träne.«

Als Odysseus nach 20 Jahren in seine Heimat Ithaka zurückkehrt, sorgt die Göttin Athene (Minerva) dafür, dass ihn niemand erkennt. Nur Argos, sein alter Jagdhund, lässt sich nicht täuschen. Lange hat er auf seinen Herrn gewartet. Jetzt kann er in Ruhe sterben.

Mensch und Tier in der Antike

Animal: »Tier« geht auf *anima:* »Lebenshauch, Lebensgeist, Seele« zurück. Die Sprache selbst sagt, dass das Tier wie der Mensch eine Seele und damit einen eigenen Willen und Gefühle hat. Schon die steinzeitlichen Höhlenmalereien zeigen das oft zwiespältige Verhältnis zwischen Mensch und Tier. Tiere waren Bedrohung und unentbehrliche Begleiter zugleich. Es gab Tiere, die Göttern heilig waren, und solche, die Göttern geopfert wurden.

Nutztiere und Tiere »zum Zeitvertreib«

Pferde, Kühe, Esel, Schweine, Schafe, Ziegen, verschiedene Arten von Geflügel, Bienenstöcke und Fischteiche gehörten in römischer Zeit zu jedem größeren landwirtschaftlichen Betrieb.

In Köln gibt es ein berühmtes Mosaik, das Dionysosmosaik, auf dem zwei Halsbandsittiche zu sehen sind, die einen kleinen Wagen ziehen. Solche Sittiche waren bei reichen Leuten sehr gefragt. Außerdem liebten die Römer Haustiere. Vor allem Hunde waren sehr verbreitet. Katzen

Halsbandsittiche, die einen kleinen Wagen ziehen.
Ausschnitt aus dem »Dionysosmosaik« im Römisch-Germanischen Museum, Köln.

gab es dagegen eher selten. Manche Leute hielten sich sogar kleine Äffchen.

Sehr beliebt waren die Tierhetzen in den Arenen. Wir schütteln heute darüber den Kopf, sollten aber nicht vergessen, dass es auch in unserer Zeit noch Hetzjagden und blutige Stier- und Hahnenkämpfe gibt. Dass Menschen wilden Tieren zum Fraß vorgeworfen wurden, gehört allerdings zu den dunkelsten Kapiteln römischer Geschichte.

Opfertiere

»Augustus möge doch bitte nicht gesund zurückkehren, das wünschen sich auch Stiere und Kälber …«: Dieser nicht ganz fromme Wunsch eines betrunkenen Senators zeigt, dass die glückliche Heimkehr des Kaisers mit aufwändigen Opfern gefeiert wurde. Für kleinere Dankopfer wählte man gerne Schweine, weil sie preiswert, und Lämmer, weil sie geduldig waren und damit eine wichtige Voraussetzung für ein erfolgreiches Opfer erfüllten: Die Götter hatten nämlich nur Gefallen an Tieren, die sich beim Opfergang nicht wehrten. Bevor ein Opfertier getötet wurde, betäubte man es mit einem Hammerschlag. Die Innereien wurden auf dem Altar verbrannt. Der größte Teil des Fleisches aber wurde während des anschließenden Opferschmauses gemeinsam gegessen.

1. Lies die *Odyssee* 17, 290–327 und beschreibe das Verhältnis zwischen Argos und Odysseus.
2. Die Römer nannten ein Tier *animal*. Was kommt hier sprachlich zum Ausdruck?
3. Sammle antike Tierdarstellungen und fertige eine Collage an.

Spielende Hunde mit Halsband und Glöckchen aus Terrakotta. Ägypten, römische Kaiserzeit. Sie dienten als Spielzeug und Grabbeigabe für Kinder. Akademisches Kunstmuseum Bonn.

Römische Geschichte

Lektion 23 Dē Rōmulō et Remō

Sogenannte »Kapitolinische Wölfin«. Etruskisch, Ende 5./Anfang 4. Jh. v. Chr. Romulus und Remus wurden im 15. Jh. von Antonio del Pollaiuolo ergänzt.

Teil 1

Rhēa Silvia, Rhēae Silviae *f.*: *Eigenname*
dē prīncipātū: über die Vorherrschaft

Rōmulus et Remus fīliī erant
Rhēae Silviae, fēminae mortālis,
et Mārtis deī immortālis.
Urbem novam condere cupiēbant,
sed inter sē dē prīncipātū certābant.
Nēmō contrōversiam eōrum ācrem fīnīre poterat,
quia māgna cupīdō rēgnī et Rōmulum et Remum invāserat.

Numitor, Numitōris *m.*: *Eigenname*
auspicium capere: ein Vorzeichen einholen
quid facerent: was sie tun sollten

Dēnique Numitor avus, quem frātrēs cōnsulerant,
»Māiōrēs nostrī«,
inquit, »nōn modo facta fortia faciēbant,
sed etiam piī et sapientēs erant.
Itaque saepe auspicia capiēbant,
cum in rēbus difficilibus nescīverant, quid facerent.
Auspicium igitur capite!«
Quod cōnsilium sapiēns frātribus valdē placuit.

mōns Palātius, montis Palātiī *m.*: Palatin *(einer der sieben Hügel Roms)*
sē contulit: begab sich
mōns Aventīnus, montis Aventīnī *m.*: Aventin *(einer der sieben Hügel Roms)*
avēs praepetēs *f. Pl.*: Weissagevögel
hōs *Akk. Pl. m.*: diese

Rōmulus in montem Palātium sē contulit,
Remus autem montem Aventīnum ascendit.
Frātrēs diū vulturēs, avēs praepetēs, exspectābant,
cum subitō Remus vocāvit:
»Vidēte ōmen fēlīx! Sex vulturēs! Sex vulturēs advolant!«
Omnēs pāstōrēs, quī hōs vulturēs vīderant,
Remum vīcisse clāmāvērunt.
Quī iam victōriam suam celebrābat,
cum Rōmulus exclāmāvit:
»Duodecim, vidēte, duodecim vulturēs adsunt!«
Nunc omnēs pāstōrēs Rōmulum vīcisse cōnsēnsērunt.

iugum impōnere, impōnō, imposuī: das Joch auferlegen
sulcus, sulcī *m.*: Furche
sēdēs certās *Akk. Pl. f.*: einen festen Wohnsitz
estō: soll sein
hunc: *Akk. Sg. m. von* **hic:** dieser
istum: *Akk. Sg. m. von* **iste:** dieser da
hōc: *Abl. Sg. m. von* **hic:** dieser

Teil 2

Paulō post Rōmulus bovī iugum imposuit
et sulcum facere coepit.
Tum pāstōribus
»Iussū«, inquit, »deōrum immortālium urbem condere
et vōbīs sēdēs certās dare cupiō.
Itaque nunc sulcum faciō, quī fīnis patriae nostrae estō.
Hostis est, quī hunc fīnem trānsit aut trānsīre temptat.«
Remus autem rīsit: »Ō Rōmule frāter,
putāsne istum sulcum hostibus rē vērā terrōrī esse?
Brevī et facilī modō eum trānsīre
et in patriam tuam invādere possum!«

Vīx ferōcī animō pedem in sulcō posuerat,
cum Rōmulus īrā ācrī commōtus
Remum, frātrem suum, ante oculōs pāstōrum necāvit.
Rōmulus autem verbīs gravibus pāstōrēs monuit:
»Hōc modō nostram urbem ab hostibus dēfendere
semper parātī esse debēmus!«
Tum urbem, quam condiderat,
ex suō nōmine Rōmam vocāvit.

Nōmen est ōmen.

Quod licet Iovī, nōn licet bovī.

1 **Für Textspürnasen**

1. Sammle Informationen über Romulus, Remus, Rhea Silvia, Mars und Numitor und zeichne einen Stammbaum.
2. Fasse nach der Übersetzung des ersten Textabschnitts den Inhalt der Geschichte mit eigenen Worten zusammen. Überlege dann: Wie könnte es weitergehen? Suche im folgenden Abschnitt nach Hinweisen. Verfahre nach jedem Abschnitt so.
3. In dem Text findet sich an mehreren Stellen wörtliche Rede. Wer spricht jeweils? Wer hat das letzte Wort in Teil 1 und in Teil 2?

2 **Für Textexperten**

Zu Teil 1

1. Im dritten Abschnitt findest du in zwei Sätzen ein cum inversum. Schreibe die Verben dieser Sätze heraus, bestimme ihr Tempus und erläutere die Tempuswahl.
2. Interpretiere den dritten Abschnitt mithilfe deiner Erkenntnisse aus 1. Wodurch wird die Niederlage bei der Königswahl für Remus besonders schmerzlich?

Zu den Teilen 1 und 2

3. Finde für jeden Textabschnitt eine deutsche Überschrift.
4. Wählt zwei Situationen aus der Geschichte aus und stellt sie in Standbildern nach.

3 **Partner gesucht**

Bei der Partnerwahl kommt es darauf an! Schreibe ab und ergänze das angegebene Adjektiv auf Lateinisch.

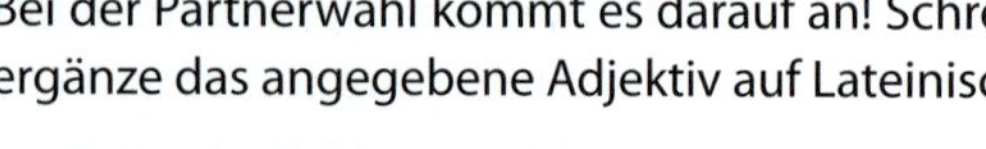

a) dolōrum ~, īra ~, bellum ~, sōl ~ (scharf, heftig)
b) animum ~, cōnsilia ~, factum ~, virō ~ (stark, tapfer)
c) iuvene ~, mulier ~, animum ~, mulieris ~ (wild, trotzig)
d) cēna ~, verbōrum ~, causās ~, dominīs ~ (schwer, gewichtig; ernst)

4 Proteus

Der Meeresgott Proteus kann sich in alle möglichen Gestalten verwandeln. Verfolge ihn durch die angegebenen Kasūs und Numeri.

Beispiel:

	→ Pl.	→ Gen.	→ Sg.	→ Abl.	→ Dat.	→ Pl.	→ Abl.	→ Akk.	→ Sg.
deus bonus	deī bonī	deōrum bonōrum	deī bonī	deō bonō	deō bonō	deīs bonīs	deīs bonīs	deōs bonōs	deum bonum

a) fēmina mortālis → Gen. → Pl. → Dat. → Sg. → Abl. → Pl. → Nom. → Akk. → Sg.
b) odium immortāle → Pl. → Gen. → Dat. → Abl. → Sg. → Dat. → Gen. → Akk. → Pl.
c) cupīdō ācris → Gen. → Dat. → Abl. → Akk. → Pl. → Nom. → Gen. → Abl. → Dat.
d) cibus ācer → Akk. → Abl. → Dat. → Pl. → Abl. → Akk. → Nom. → Gen. → Sg.
e) factum forte → Dat. → Pl. → Abl. → Akk. → Nom. → Gen. → Sg. → Akk. → Abl.
f) equus difficilis → Abl. → Dat. → Pl. → Nom. → Abl. → Gen. → Akk. → Sg. → Gen.
g) cōnsilium sapiēns → Pl. → Akk. → Dat. → Gen. → Abl. → Sg. → Akk. → Dat. → Gen.
h) mulier fēlīx → Akk. → Pl. → Dat. → Abl. → Nom. → Gen. → Sg. → Dat. → Abl.
i) facilis rēs → Gen. → Dat. → Pl. → Abl. → Gen. → Nom. → Akk. → Sg. → Abl.
j) breve tempus → Akk. → Pl. → Nom. → Dat. → Abl. → Gen. → Sg. → Abl. → Dat.

5 **Sachfelder**

Schreibe zu den folgenden Themen alle Wörter aus den Lernvokabeln heraus, die du schon kennst, und stelle sie jeweils in einer Mindmap zusammen. Trage dabei nur die lateinischen Vokabeln in die Mindmap ein. Tipp: Du kannst auch Bilder zu einzelnen Vokabeln zeichnen – das erleichtert das Lernen!

a) familia (Beachte: Zu einer römischen familia gehören auch die Sklaven.)
b) religiō
c) rēgnum

6 **Jagd auf Ablative!**

Suche die Ablativ-Formen heraus. Die Buchstaben hinter jeder Ablativ-Form ergeben aneinandergereiht einen lateinischen Ausdruck. Er bezeichnet etwas, das den Römern sehr wichtig war.
Achtung: Es stehen keine Längenzeichen.

parato (m) difficile (e) virgo (a) abis (p) consiliis (o)
gravis (r) omne (r) omine (s) brevi (m) risi (b)
acris (o) superbus (c) sapientibus (a) ita (l) fortia (t)
pia (i) vulturi (s) turri (o) avis (r) bovis (t) mihi (a)
qua (u) cui (e) vici (d) defendi (s) immortali (m)

7 **Englisch-römisches Hanteltraining!**

Trainiere deine Muskeln gleichmäßig, indem du für jede Englisch-»Hantel« eine passende Latein-»Hantel«, also ein verwandtes lateinisches Wort findest.

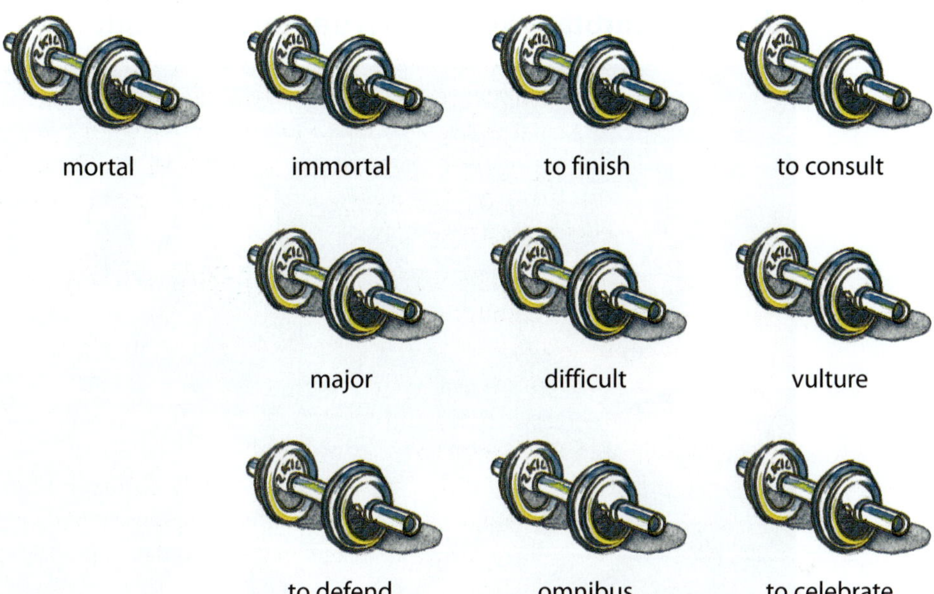

***8**

Numitor, Numitōris *m.: Eigenname*
Alba Longa, Albae Longae *f.: Name einer Stadt*
Amūlius, Amūliī *m.: Eigenname*
expellere, expellō, expulī: vertreiben
Rhēa Silvia, Rhēae Silviae *f.: Eigenname*
(virō) nūbere: (einen) Mann heiraten
haurīre, hauriō, hausī: schöpfen

gīgnere, gīgnō, genuī: gebären
lupa, lupae *f.*: Wölfin
alere, alō, aluī: säugen

Zwillinge, die es gar nicht geben dürfte …
Übersetze und achte dabei auf besonders gutes Deutsch.

Theophilus magister narrat:
»Numitor, rex Albae Longae, vir pius et sapiens erat. Sed Amulius frater, quem cupido regni invaserat, Numitorem ex urbe expulit. Magna ira commotus filios Numitoris necavit. Rheam Silviam autem, filiam eius, sacerdotem Vestae fecit. Sacerdotibus enim Vestae nubere non licet.
Quodam die Rhea ad ripam fluvii descenderat et aquam hauriebat, cum Martem, deum immortalem, conspexit. Paulo post Rhea Romulum et Remum pueros genuit. Amulius servum fidum pueros in aquam fluvii iacere iussit. Sed magna lupa pueros in ripa fluvii invenit et aluit. Postea pastor quidam eos curabat. Mox Romulus et Remus adulescentes fortes erant, qui omnes pastores virtute superabant.«

Ab urbe conditā – Von der Gründung der Stadt

Peter Paul Rubens (1577–1640), »Romulus und Remus« (1640). Pinacoteca Vaticana.

»Sieben – fünf– drei – Rom schlüpft aus dem Ei«

Anhand dieses kleinen Verses kannst du dir ein wichtiges Datum merken: Mit der Gründung Roms = *ab urbe conditā* im Jahre 7 – 5 – 3 vor Christi Geburt beginnt die römische Zeitrechnung. Sie geht auf Marcus Terentius Varro (116-27 v. Chr.) zurück, der das Jahr 753 als Jahr 1 (= 1. Regierungsjahr des Romulus) zählte, da die Römer die Zahl 0 nicht kannten.

Eine wundersame Rettung

Faustulus, der Schweinehirt des Königs Amulius von Alba Longa, traut seinen Augen nicht: Zwei kleine Jungen werden von einer Wölfin gesäugt und liebevoll betreut.

Was ist der Hintergrund für dieses erstaunliche Ereignis? König Proca, direkter Nachfahre des Aeneas, hatte seinen älteren Sohn Numitor zum König von Alba Longa bestimmt. Numitor aber wurde von seinem jüngeren Bruder Amulius vom Thron gejagt. Amulius tötete Numitors Söhne und machte dessen Tochter Rhea Silvia zu einer Vestalin, einer

Priesterin der Göttin Vesta. So durfte sie nicht heiraten und hätte auch keine Söhne bekommen können, die Amulius den Thron hätten streitig machen können. Doch Rhea Silvia wurde trotzdem schwanger und gebar Zwillinge. Als deren Vater gab sie den Gott Mars an. Amulius ließ Rhea Silvia ins Gefängnis werfen und befahl, die Jungen im Tiber zu ertränken. Man setzte sie in einem Körbchen aus. Da der Tiber jedoch über die Ufer getreten war, wurde das Körbchen nicht durch die Strömung mitgerissen, sondern blieb im Schlick hängen. Durch das Schreien der Säuglinge wurde die Wölfin angelockt; sie gab ihnen Milch und rettete sie auf diese Weise vor dem sicheren Tod.

Faustulus ahnt beim Anblick der Zwillinge, um wessen Kinder es sich handelt, beschließt aber, bis auf Weiteres zu schweigen. Er nimmt sie bei sich auf und zieht sie groß.

Das Geheimnis wird gelüftet

Romulus und Remus wachsen als Hirten auf. Sie gelten als sehr pflichtbewusst. Es gibt für sie keine größere Freude, als durch die Wälder zu streifen und zu jagen. Da sie die anderen Hirten an Mut und Kraft übertreffen, übernehmen sie nicht nur die Abwehr von Raubtieren, sondern lauern auch Räubern aus dem Gebiet des Numitor auf, denen sie die Beute abjagen und unter den Mithirten verteilen.

Während der Feierlichkeiten der *Lupercālia*, einem Fest zu Ehren des Hirtengottes Pan, werden die Brüder von den Räubern aus dem Gebiet des Numitor überfallen. Romulus kann entkommen, aber Remus wird vor Amulius geschleppt. Die Räuber werfen ihm vor, sie auf Numitors Gebiet wie im Krieg angegriffen zu haben. Amulius lässt Remus vor Numitor bringen. Als dieser erfährt, dass Remus einen Zwillingsbruder hat, rechnet er nach und erkennt schließlich in den Brüdern seine Enkelsöhne. Mittlerweile hat auch Faustulus Romulus in die Geschehnisse von damals eingeweiht. Gemeinsam mit den anderen Hirten töten Romulus und Remus König Amulius und geben Numitor die Herrschaft zurück.

Ein Mord steht am Anfang

Eigentlich wäre nun alles gut. Numitor erlaubt seinen beiden Enkelsöhnen, an dem Ort ihrer Rettung eine Stadt zu bauen. Doch es kommt zum tödlichen Streit, bei dem Romulus Remus erschlägt. Damit beginnt die Geschichte der Stadt Rom ausgerechnet mit einem Mord.

1. Was hat es mit der Zahlenkombination 7 – 5 – 3 auf sich?
2. Beschreibe mit eigenen Worten die Umstände, unter denen Romulus und Remus geboren und gerettet wurden.
3. Lies in der Bibel (Genesis 4) die Geschichte von Kain und Abel und vergleiche sie mit der von Romulus und Remus.

Lektion 24

Intrā!

irrīdēre, irrīdeō, irrīsī: verspotten
Rōmam convenīre: sich nach Rom begeben
cōnsīdere, cōnsīdō, cōnsēdī: sich niederlassen

Remus, quia frātrem irrīserat, ā Rōmulō necātus est.
Rōmulus urbem novam condidit, quae Rōma est vocāta.
Multī pāstōrēs, quī ā Rōmulō invītātī erant,
Rōmam convēnērunt et ibī cōnsēdērunt.

timidus, timida, timidum: ängstlich

Britannicum timidum fuisse scīmus.
Servum aliquandō umbrā suā valdē territum esse audīvimus.

thermae, thermārum *f. Pl.*: Thermen
tenēre, teneō: halten

In thermīs fūr vestīmenta Lūciī et Decimī,
quod ā Britannicō cūstōdīta nōn erant, rapuit.
Quamquam amīcī »Tenēte fūrem!« clāmāverant,
tamen clāmōrēs eōrum audītī nōn sunt.

Gāius Mūcius Scaevola, Gāī Mūciī Scaevolae *m.*: *Eigenname*

Dē Gāiō Mūciō Scaevolā

Lucrētia, Lucrētiae *f.*: *Eigenname*
Porsenna, Porsennae *m.*: *Eigenname*

Tarquinius Superbus rēx cum suīs
ā cīvibus urbe Rōmā expulsus est,
quod Lucrētia, uxor Rōmānī cuiusdam nōbilis,
ā fīliō Tarquiniī violāta erat.
Itaque rēx auxilium ā Porsennā, rēge Etrūscōrum, petīvit.

commeātū *Abl. Sg. m.*: vom Nachschub
putāvit … cīvēs … sē dēditūrōs esse: er glaubte, dass die Bürger sich ergeben würden

Paulō post urbs Rōma ā cōpiīs Porsennae oppūgnāta est.
Quae autem urbem mūrīs circumdatam expūgnāre nōn poterant.
Itaque Porsenna Rōmānōs frūmentō tōtōque commeātū interclūsit.
Putāvit enim
eō modō cīvēs fame coāctōs sē dēditūrōs esse.

victae essent: waren besiegt worden

Gāius autem Mūcius, quīdam Rōmānus, molestē tulit
hostēs, quōrum cōpiae ā mīlitibus Rōmānīs saepe victae essent,
Rōmam obsidēre.
Itaque ferrō armātus in castra hostium intrāvit.
Sed ā mīlitibus Etrūscīs captus et ad Porsennam tractus est.

Antonio Pellegrini (1675–1741), »Mucius Scaevola vor Porsenna«, 1720. Ca' Rezzonico, Venedig.

Mūcius »Cīvis«, inquit, »Rōmānus sum«.
»Hostis tē hostem necāre voluī.
Etsī ā tuīs captus sum,
tū tamen ā perīculō līberātus nōn es.
Nam post mē multī Rōmānī sunt,
quī tē interficere in animō habent.«

voluī: ich wollte

Et Mūcius dextram suam in īgnem,
quī in focō incēnsus erat,
coniēcit et, quasi dolōrēs nōn sentīret, exclāmāvit:
»Tantā audāciā, tantā virtūte
nōs Rōmānī tēcum pūgnābimus!«

focus, focī *m.*: Opferaltar
coniēcit: legte
quasi … nōn sentīret: wie wenn er … nicht fühlte

Quō factō Porsenna valdē commōtus
Mūcium līberum dīmīsit.
Rēx nōn victus etiam cōpiās Rōmā dēdūxit.
Gāius autem Mūcius,
cui posteā Scaevolae cōgnōmen datum est,
ā Rōmānīs māgnīs honōribus affectus est.

Rōmānōs virtūte Mūciī servātōs esse cōnstat.
Iamne scītis
rēgibus Rōmānīs expulsīs rem pūblicam līberam conditam esse?

rēgibus Rōmānīs expulsīs: nach der Vertreibung der römischen Könige

Per aspera ad astra!

1

Für Textspürnasen

1. Erkläre die Redewendung »für jemanden die Hand ins Feuer legen«.
2. Hast du schon einmal für jemanden deine »Hand ins Feuer gelegt«? Wenn ja, schildere dein Erlebnis.

2

Für Textexperten

1. Stellt in Gruppen Vermutungen darüber an, wie Porsenna auf die Geste des Mucius Scaevola reagiert haben könnte.
2. Spielt anschließend den Text bis Zeile 34 szenisch vor, wobei ihr die direkte Rede auch von den betreffenden Charakteren sprechen lasst (Rollen: Erzähler, Porsenna, Mucius Scaevola, zwei bis drei umherstehende etruskische Soldaten). Spielt dazu den Ausgang der Szene als Pantomime vor.

3. Wählt anschließend aus, welcher Ausgang der Szene am wahrscheinlichsten ist.
4. Stellt euch vor, ihr sitzt als Ratsfrauen und -herren im Stadtrat des modernen Rom. Es liegt ein Antrag vor, dass ihr eine teure Statue des Mucius Scaevola in Auftrag geben und in der Nähe des Forum Romanum aufstellen lassen sollt. Diskutiert das Für und Wider einer solchen Statue und gebt abschließend ein Votum ab, ob ihr dem Antrag zustimmt.

3

Formenjagd und Formenverwandlung

1. Schreibe aus dem Lektionstext alle Formen heraus, die aus einem PPP und einer Form von esse bestehen, und bestimme sie.

Beispiele:
necātī sunt → 3. Pers. Pl. m. Perf. Pass. zu necāre: töten
necāta erat → 3. Pers. Sg. f. Plpf. Pass. zu necāre: töten

2. Verwandle alle Perfektformen aus 1 in Plusquamperfektformen und alle Plusquamperfektformen in Perfektformen. Achtung: Zwei Formen lassen sich nicht umwandeln. Welche sind es?

Aktiv-Passiv-Wippe

Lass Passiv mit Aktiv wippen. Zeichne die Tabelle in dein Heft und trage die fehlenden »Wipper« ein. Verwende immer die maskuline Form.

expulsī sunt	expulērunt
~	rapuistī
audītī erāmus	~
violātus es	~
~	petīvī
incēnsī erant	~
~	oppūgnāvit
victus est	~
~	dēdūxerātis
captus sum	~
~	affēcistis
expulsus es	~
~	trāxērunt
territī sumus	~

Das pc-Telegramm

Bei einem bekannten römischen Kurierdienst ist gerade ein Schreiben des Geheimdienstes mit vier Sätzen abgegeben worden, die jeweils eine verschlüsselte Botschaft enthalten. Je ein Satz soll als Eiltelegramm in unterschiedliche Provinzen verschickt werden. Der Sklave Lycius versucht sie daher auf vier kleine Wachstafeln zu schreiben. Doch die Sätze sind zu lang und auf den Tafeln bleibt nicht genug Platz für alle Wörter.

1. Hilf Lycius und verkürze die Sätze a bis d, indem du die Nebensätze in pc mit Erweiterungen verwandelst.
   Beispiel: Mīlitēs Etrūscī, postquam ā Rōmānīs victī sunt, fūgērunt.
   → Mīlitēs Etrūscī ā Rōmānīs victī fūgērunt.

a) Trōia, postquam ā Graecīs oppūgnāta est, incēnsa est.
b) Rōmānī valdē lūgent, quod morte Lucrētiae commōtī sunt.
c) Alexander cum mīlitibus suīs in patriam rediit, quamquam ā hostibus victus nōn erat.
d) Mūciō, quī māgnīs honōribus affectus erat, Scaevolae cōgnōmen datum est.

2. Übersetze die langen und kurzen Sätze ins Deutsche.

Lucrētia, Lucrētiae *f.: Eigenname*
Alexander, Alexandrī *m.: Eigenname* (»Alexander der Große« *genannt, König von Makedonien, 4. Jahrhundert v. Chr.)*
Mūcius, Mūciī *m.: Eigenname*

Dem pc auf der Spur

1. Übersetze die folgenden Sätze. Gib jeweils an, wie der Sachverhalt im lateinischen Satz grammatikalisch ausgedrückt ist.

a) Ancilla fībulam quaerit, quod dominam timet.
Ancilla timōre dominae commōta fībulam quaerit.
Ancilla fībulam quaerit; nam dominam timet.

Porsenna, Porsennae *m.*: Eigenname (König der Etrusker)

b) Porsenna valdē gaudet, quamquam ā perīculō līberātus nōn est.
Porsenna ā perīculō līberātus nōn est. Tamen valdē gaudet.
Porsenna ā perīculō nōn līberātus valdē gaudet.

Rōmam convenīre: sich nach Rom begeben

c) Multī pāstōrēs ā Rōmulō invītātī Rōmam convēnērunt.
Multī pāstōrēs ā Rōmulō invītātī erant; tum Rōmam convēnērunt.
Multī pāstōrēs, postquam ā Rōmulō invītātī sunt, Rōmam convēnērunt.

Wirst du Millionär?

Mit Latein kommst du in jeder Quizrunde weiter! Logge dich bei der richtigen Antwort ein.

1. **Aspirin** ist der Name für …

(A) ein besonders hochwertiges Benzin.	(B) eine Art Backpulver, um Kekse richtig knusprig zu machen.
(C) eine sauer schmeckende Schmerztablette.	(D) ein Skigebiet in der Schweiz mit schwierigen Loipen.

2. Wenn jemand etwas **konstatiert**, dann …

(A) eröffnet er eine Kunstausstellung.	(B) sagt er telefonisch eine Hotelbuchung ab.
(C) ist er völlig verblüfft.	(D) stellt er eine Tatsache fest.

3. Ein **Ferrit** ist …

(A) ein riesiger Felsbrocken, der planlos durch das Weltall schwirrt.	(B) ein Eisenkristall.
(C) eine 30 Meter lange Metall-Lanze, die im Hochmittelalter bei Turnieren verwendet wurde.	(D) ein Flugobjekt, das ständig um die Erde kreist und Nachrichten übermittelt.

4. Wenn man auf einem Englandurlaub auf **murals** stößt, dann handelt es sich dabei um …

(A) Wandmalereien.	(B) eine Jugendgruppe, ähnlich den Punkern.
(C) unfreundliche Verkehrspolizisten mit versteinertem Gesichtsausdruck.	(D) Leute, die auf einer Seifenkiste stehen und Moralpredigten halten.

5. Eine **Aster** ist …

(A) eine Baumart mit besonders vielen Ästen.	(B) eine gallische Fürstentochter.
(C) eine Blume mit sternförmiger Blüte.	(D) eine sehr erfolgreiche Sportlerin.

8 Ein kluges Gebet

In den »Gesta Romanorum«, einer mittelalterlichen Geschichten-Sammlung, findet sich allerlei Amüsantes und Nachdenkliches über das Verhalten der Menschen. Die folgende Erzählung berichtet von dem klugen Gebet einer Sklavin.

Übersetze und achte dabei auf besonders gutes Deutsch.

Omnes homines Dionysium, regem Siciliae, timebant et ei mortem optabant, quod rex tam severus erat. Tamen aliquando quaedam ancilla senectutis ultimae mane oravit: »Di, regi semper favete!« Rex autem verba magna voce facta audivit causamque precum scire cupivit. Ancilla a rege advocata atque interrogata: »Puella«, inquit, »saevo regi obtemperavi. Cui mortem optavi. Tamen illi regi ab hostibus necato deterior successit. Denuo etiam ei mortem optavi. Post cuius mortem tibi obtemperare debeo, tu autem deterior es. Itaque pro te oro, quod post mortem tuam etiam deteriorem timeo.«

Dionȳsius, Dionȳsiī *m.:* *Eigenname*
Sicilia, Siciliae *f.:* Sizilien
optāre, optō: wünschen
quaedam ancilla senectūtis ultimae: sehr alte Sklavin
Dī: ihr Götter!
facere, faciō, fēcī, factum
precēs, precum *f. Pl.:* das Gebet
dēterior, dēteriōris *m.:* ein schlimmerer
succēdere, succēdō, successī, successum: folgen

Exempla

Um die Anfänge Roms ranken sich viele Sagen. Eine davon hast du im Lektionstext kennengelernt. Leute wie Mucius Cordus Scaevola galten bei den Römern als Vorbilder, *exempla*. Man sah in ihnen die Eigenschaften verkörpert, die Rom groß gemacht hatten.

Gerade aus der Umbruchzeit von der Königsherrschaft zur Republik sind etliche solcher *exempla* bekannt. In den ersten Jahrhunderten war Rom nämlich von sieben Königen regiert worden. Den letzten König, den Etrusker Tarquinius, wegen seines anmaßenden Verhaltens »Superbus« genannt, jagten die Römer 509 v. Chr. aus der Stadt. Die Siebenzahl der Könige ist allerdings historisch ebenso wenig verbürgt wie die Existenz derjenigen, die späteren Generationen als *exempla* dienten.

Lucretia

Die Vertreibung des Tarquinius steht in engem Zusammenhang mit der Geschichte einer Vergewaltigung. Folgendes soll sich zugetragen haben: Eines Abends unterhielten sich Sextus, der Sohn des Tarquinius, und einige andere Prinzen aus dem tarquinischen Königshaus über ihre etruskischen Ehefrauen. Prinz Collatinus war als Einziger mit einer Römerin verheiratet, mit der schönen und sittenstrengen Lucretia. Jeder pries die Vorzüge seiner Frau, doch Collatinus behauptete, dass sie eine bessere Ehefrau als die Etruskerinnen sei. Als das Gespräch immer hitziger wurde, lud Collatinus die anderen ein, sich in seinem Hause von der Richtigkeit seiner Aussage zu überzeugen. Und tatsächlich! Während sich die Etruskerinnen dem Luxusleben hingaben, saß Lucretia im Kreise ihrer Mägde und spann Wolle. Hingerissen von Lucretias Verhalten und Schönheit beschloss Sextus, diese zu verführen. Sie jedoch verweigerte sich: Lieber wolle sie sterben, als seinem Drängen nachgeben. Sextus, dessen Verlangen durch den Widerstand Lucretias gesteigert wurde, begann zu drohen, dass er ihren Leichnam nackt neben einen erdrosselten Sklaven auf ihr Bett legen werde. In ihrer Not ließ Lucretia zu, dass Sextus sie vergewaltigte. Am nächsten Tag jedoch nahm sie sich im Beisein von Vater und Ehemann das Leben, nachdem sie von dem Verbrechen des Sextus berichtet hatte. Empört soll das Volk daraufhin Tarquinius Superbus aus der Stadt vertrieben haben. Wir wissen heute nicht mehr, ob es Lucretia wirklich gegeben hat. Jedenfalls wurde sie zum Inbegriff der sittenstrengen Römerin.

Cloelia

Auch die Geschichte von Cloelia ist historisch nicht gesichert. Als der etruskische König Porsenna 508 v. Chr. Rom belagerte, war sie neben anderen jungen Mädchen eine der Geiseln, die den Etruskern als Pfand für die Verhandlungen mit den Römern dienten. Trickreich täuschte

menico Beccafumi (1486–1551), »Die Flucht der Cloelia« (1530). Galleria degli Uffizi, Florenz.

sie ihre Bewacher und schwamm mit den anderen Mädchen durch den Tiber auf die römische Seite. Voll Zorn forderte Porsenna daraufhin Cloelias Auslieferung. Nur dann sollte Rom von seiner Rache verschont bleiben. Cloelia kehrte freiwillig zu den Etruskern zurück und Porsenna lobte ihren Mut, der dem der Männer weit überlegen sei. Er schenkte ihr die Freiheit und dazu das Leben eines Teils der Geiseln, den sie selber aussuchen durfte. Unter dem Beifall der übrigen Geiseln wählte Cloelia die jüngsten der Mädchen aus, um sie auf diese Weise vor Übergriffen zu schützen. In Anerkennung ihres heldenhaften Verhaltens soll ihr später – einmalig in Rom (!) – eine weibliche Reiterstatue auf der Via Sacra geweiht worden sein.

1. Theophilus erzählt seinen Schülern von Lucretia: Verfasse seine Lobrede (auf Deutsch oder Lateinisch).
2. Überlege dir ein fiktives Gespräch zwischen Cloelia und Mucius Scaevola zum Thema »Ich und mein Vaterland«.
3. Gestalte eine Mindmap zum Thema »Vaterland«.
4. Mucius Scaevola, Lucretia, Cloelia: Wähle eine der drei Personen aus und schreibe auf, was dir an der Person gefällt oder nicht gefällt.
5. Welche menschliche Eigenschaft ist für dich besonders erstrebenswert? Denke dir dazu ein *exemplum* aus.

Lektion 25

Intrā!

Gāius Mūcius Scaevola, Gāī Mūciī Scaevolae *m.*: *Eigenname (s. Lektionstext 24)*
Porsenna, Porsennae *m.*: *Eigenname (s. Lektionstext 24)*
sēcūrus, sēcūra, sēcūrum: sorglos, sicher
regere, regō: regieren, beherrschen

Mūrī urbis Rōmae ā cōpiīs Etrūscīs oppūgnantur.
Itaque Gāius Mūcius ferrō armātus in castra hostium intrat,
ubī ā mīlitibus capitur et ad Porsennam rēgem trahitur.
Ā rēge interrogātur: »Nōnne īram meam timēs?«
Gāius Mūcius: »Īrā tuā neque terrēbar neque terreor.
Fortasse mox ā mīlitibus tuīs interficiar,
tū tamen numquam sēcūrus eris:
Nam post mē multī Rōmānī sunt,
quī tē interficere in animō habent.
Nōs Rōmānī numquam vincēmur,
aliquandō etiam tū necāberis,
aliquandō vōs Etrūscī ā nōbīs regēminī!«

Tiberius Gracchus spricht

Quirītēs, Quirīt(i)um *m. Pl.*: Bürger! *(Anrede an die römischen Bürger)*
incultus, inculta, incultum: unbebaut
flōrentissimus, flōrentissima, flōrentissimum: überaus blühend
latebrae, latebrārum *f. Pl.*: Schlupfwinkel

Quirītēs!
Nūper per Italiam iter fēcī:
Ibī multa praedia dēserta, nōnnūllōs agrōs incultōs esse vīdī.
Sed vīdī etiam lātifundia flōrentissima,
quae ā numerō ingentī servōrum colēbantur.

Quam diū agrī vestrī ā servīs aliēnīs colentur?
Quam diū sēdēs vestrae ā dominīs aliēnīs habitābuntur?
Bēstiae, quae in Italiā sunt, sēdēs latebrāsque suās habent,
sed vōs, quī prō patriā pūgnāvistis,
praediīs vestrīs expulsī
cum uxōribus līberīsque per Italiam errātis.

Vōs tandem Rōmam convēnistis, quod auxilium quaerēbātis.
Fame et īgnōminiā vexāminī,
sed ā patriciīs neglegiminī et dērīdēminī.
Quōs miseriā vestrā neque commōtōs esse neque commovērī cōnstat.
Etiam egō, quod vōs adiuvāre parātus sum,
ā senātōribus contumēliīs afficior.

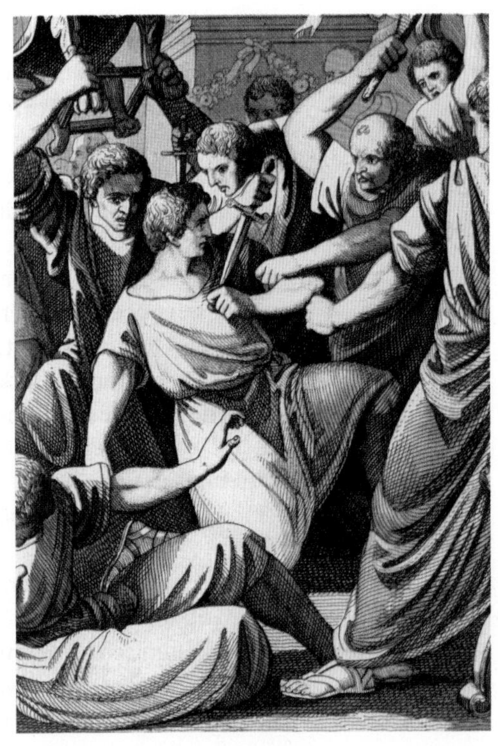

»Tod des Tiberius Gracchus.« Stahlstich. Aus: C. v. Rotteck, Bilder-Galerie zur allgemeinen Weltgeschichte, Karlsruhe und Freiburg (B. Herder) 1842.

ista *Nom. Sg. f.*: dieses

Quam diū ista vīta indīgna ā vōbīs tolerābitur?
Quam diū uxōrēs līberīque vestrī rēbus necessāriīs prīvābuntur?
Mihi crēdite: Avāritia patriciōrum vōs vexāre numquam dēsinet.

agrārius, agrāria, agrārium: Acker-

Miseria vestra fīnīrī dēbet. Agrī vōbīs reddī dēbent.
Itaque lēge agrāriā novā nōbīs opus est.
Quā lēge nōs ab avāritiā senātōrum dēfendēmur
et iniūriā patriciōrum līberābimur.

Itaque vōs ōrō atque obsecrō:
Tribūnum plēbis creāte mē, Tiberium Semprōnium Gracchum!
Egō tribūnus vōbīs et rēbus vestrīs cōnsulam: Domum redībitis.
Praedia vōbīs reddentur.
Reddētur vōbīs lībertās, honor, dīgnitās.

haec *Nom. Sg. f.*: dieses

Haec dēnique vīta erit dīgna virō Rōmānō!

Aus einem deutschen Märchen:
Mūtābor!

1 **Für Textspürnasen**

1. praedium – ager – latifundium: Schlage die Begriffe in einem lateinischen Wörterbuch nach und grenze sie inhaltlich voneinander ab.
2. Schreibe alle zeitlichen Konnektoren aus dem Text heraus. Benutze zum Aufspüren der Zeitangaben auch das Lektionsvokabular.
3. Überprüfe, welche Aussageformen (z.B. Aussagesätze im Präsens oder Futur, Fragesätze, imperativische Sätze) in den fünf Abschnitten des Textes jeweils vorherrschen. Ziehe daraus Rückschlüsse auf den Aufbau der Rede des Tiberius Gracchus.

2 **Für Textexperten**

1. Tiberius Gracchus hält eine Wahlrede: Wie baut er sie auf?
2. Mit welchen rhetorischen Mitteln versucht er, seine Hörer zu überzeugen?
3. Zitiere lateinisch die Formulierungen, mit denen Tiberius Gracchus das gegenwärtige Leben der meisten Römer beschreibt. Welche Formulierungen wählt er dagegen, um das Leben der Reichen zu schildern?

4. Nach der Rede des Tiberius Gracchus bleiben einige Zuhörer in Gruppen beieinander stehen und unterhalten sich. Entwerft in Gruppenarbeit ihre Gespräche und spielt sie der Klasse vor.

3 **Formen-Wippe**

1. Setze die folgenden Formen ins Passiv und übersetze die Passivformen.

2. Setze die Passivformen in den Plural und übersetze die Pluralformen.

Beispiel: commovet
1. commovētur – er / sie / es wird bewegt / veranlasst
2. commoventur – sie werden bewegt / veranlasst

a) verberābis, cōnspicis, inveniēbās, vīcistī, trāxerās
b) terrueram, laedēbam, servāvī, līberō, expellam
c) obsecrābit, dērīdet, dēseruit, colēbat, neglēxerat

4

Mäusefraß

Heute hat unsere Maus, die mit Vorliebe lateinische Texte anknabbert, Heißhunger auf Infinitive …

1. Schreibe die Sätze a bis h ab und setze die Verben aus dem Wortspeicher in der richtigen Form ein.
2. Übersetze.

a) Mercātor quīdam ōrnāmentum aureum ā fūre malō ~ uxōrī narrat.
b) Ōrnāmentum parvum, sed pulchrum ~ dīcit.
c) Fūrem ā sē ~ posse nōn putat.
d) Subitō servus fīdus accurrit et ōrnāmentum ~ māgnā vōce clāmat.
e) Tiberius Gracchus multa lātifundia ā servīs aliēnīs ~ dīcit.
f) Multōs agricolās saepe prō patriā ~, sed tamen praediīs ~ cōnstat.
g) Tiberius hominēs miserōs ā patriciīs ~, etiam ~ molestē fert.
h) Etiam sē nūper ā senātōribus contumēliīs ~ narrat.

afficere colere dērīdēre esse expellere
invenīre (inveniō, invēnī, inventum) neglegere
pūgnāre rapere (rapiō, rapuī, raptum) recōgnōscere

Wir zählen ab!

Bilde jeweils
vom 1. Wort der Reihe die 1. Pers. Sg. Präs. Pass.,
vom 2. Wort die 2. Pers. Sg. Impf. Pass.,
vom 3. Wort die 3. Pers. Sg. Fut. Pass.,
vom 4. Wort die 1. Pers. Pl. Fut. Pass.,
vom 5. Wort die 2. Pers. Pl. Impf. Pass.,
vom 6. Wort die 3. Pers. Pl. Präs. Pass.,
vom 7. Wort den Infinitiv Präsens Pass.

a) 1. vidēre 2. obtemperāre 3. recipere 4. pōnere 5. mittere 6. rapere 7. habēre
b) 1. recōgnōscere 2. capere 3. quaerere 4. venīre 5. sacrificāre 6. timēre 7. spernere
c) 1. vendere 2. cūstōdīre 3. explōrāre 4. monēre 5. iacere 6. dēdūcere 7. ferre

Deutschstunde

Finde für die folgenden Sätze möglichst viele gute deutsche Übersetzungen und entscheide dich für die besten.
a) Tiberius miseriā hominum commovētur.
b) Bellum fīnītum nōn est.
c) Fūr captus est.

Wort-Rosette

Du kannst manchmal eine Fülle von ähnlichen Fremdwörtern mit einem einzigen lateinischen Wort erklären.
1. Suche ein lateinisches Wort, das mit den Fremdwörtern in der Rosette verwandt ist.
2. Ordne die Fremdwörter folgenden Bedeutungen zu:

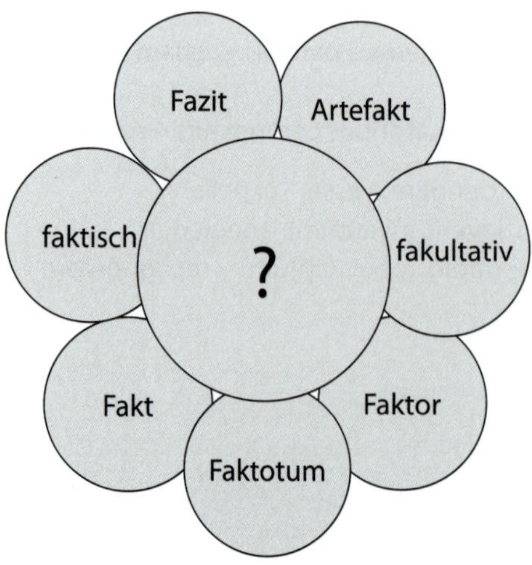

a) jemand, der alles macht; »Mädchen für alles«
b) bestimmender Umstand (»Macher, Bestimmer«)
c) Kunstwerk (»mit Kunst Gemachtes«)
d) Tatsache, Ereignis (»Gemachtes«)
e) Ergebnis (wörtlich: »es macht«)
f) das zu wählen möglich ist (»möglich, machbar«)
g) tatsächlich (»gemacht«)

8

Das Gleichnis vom Körper und seinen Gliedern

Der römische Geschichtsschreiber Livius (ca. 59 v. Chr. bis 17 n. Chr.) berichtet von einer Auseinandersetzung zwischen den Senatoren und dem einfachen Volk. Das Volk hatte aus Protest gegen die Politik der Senatoren die Stadt verlassen und sich auf einem Berg versammelt. Die Senatoren hatten Menenius Agrippa als Unterhändler zum Volk geschickt, weil er bei den Menschen beliebt war.

Übersetze und achte dabei auf besonders gutes Deutsch.

Menenius Agrippa ad plebem missus civibus fabulam narravit:
»Tempore, quo in homine non ut nunc omnia in unum consentiebant, nonnulla membra moleste ferebant ventrem non laborare, sed tamen cibos accipere. Itaque membra consilium ceperunt: »Cibi a manibus ad os non iam ferentur, ab ore non iam accipientur. Ita venter fame vincetur.« Omnia membra consenserunt et cibi a manibus ad os non iam ferebantur, ab ore non iam accipiebantur. Sed non modo venter, sed omnia membra corporis famem tolerare debebant. Ventrem et a membris ali et membra alere apparuit.
Tum membra cogitaverunt: »Non solus venter interficietur, sed nos omnes e vita cedemus.« Et manus cibos accipere iterum coeperunt, os cibos accipiebat, cibi etiam ventri dabantur. Ex eo tempore omnia membra in unum consentiebant.
Nonne ira membrorum irae vestrae in patres similis est?«
Livius homines verbis Menenii commotos in urbem redisse narrat.

Menēnius Agrippa, Menēniī Agrippae *m.: Eigenname*
mittere, mittō, mīsī, missum: schicken
fābula, fābulae *f.*: Geschichte
in ūnum consentīre: in Einklang miteinander sein
membrum, membrī *n.*: Glied
venter, ventris *m.*: Magen
cōnsilium capere, capiō: einen Entschluss fassen
manibus: von den Händen
ōs, ōris *n.*: Mund
alere, alō, aluī, altum: ernähren
appāruit: es zeigte sich
manūs: die Hände
similis, similis, simile *mit Dat.*: ähnlich
Līvius, Līviī *m.*: *Eigenname*

Ein himmelschreiendes Unrecht

»… Sie heißen Herren der Welt, in Wirklichkeit können sie keine einzige Erdscholle ihr Eigentum nennen.«

Nach den Punischen Kriegen

Dieser Satz des Tiberius Gracchus wirft ein Schlaglicht auf die soziale Situation nach den Punischen Kriegen. Mit dem Fall Karthagos 146 v. Chr. hatte Rom zwar nach vielen verlustreichen Kriegen seinen größten äußeren Feind besiegt. Aber ein neuer Feind lauerte im Innern: Es war die Raffgier der Großgrundbesitzer, die ihren Landbesitz skrupellos auf Kosten der Kleinbauern zu vergrößern begannen. Die Situation war grotesk: In dem Maße, wie das Imperium wuchs, nahm die Verarmung der Landbevölkerung zu. Sklaven aus den eroberten Gebieten schufteten jetzt als billige Arbeitskräfte auf den riesigen Landgütern der Reichen und beraubten die Kleinbauern so ihrer Existenz.

Wirtschaftlicher Niedergang als Folge der Kriege

In zahlreichen Kriegen hatten die Römer immer weitere Teile Italiens erobert. Zum Kriegsdienst wurden Kleinbauern aus der Umgebung Roms herangezogen. Da diese Kriegszüge zeitlich begrenzt waren, konnten die Felder trotzdem bestellt und die Versorgung der Menschen gesichert werden. In den Punischen Kriegen hingegen waren die Bauern oft so lange von ihren Höfen abwesend, dass sie ihre Äcker nicht bebauen konnten. Und so änderten sich nach dem Fall Karthagos die sozialen Verhältnisse schlagartig. Ganze Landstriche waren entvölkert, das Ackerland verödet und die Überlebenden gezwungen, sich bei Großgrundbesitzern zu verschulden oder ihre Höfe zu verlassen. Da Sklaven nicht zum Kriegsdienst eingezogen werden durften, setzte man bevorzugt sie auf den Feldern ein. So hatten die Bauern nicht einmal die Chance, als Landarbeiter ihren Lebensunterhalt zu verdienen. Heimatlos und verarmt zogen sie als *prōlētāriī* (von *prōlēs* = Kind, weil Kinder der einzige Besitz waren) vom Land in die Großstadt Rom, wo sie sich eine Besserung ihrer Lage erhofften und doch am Ende nur durch staatliche Getreidespenden überleben konnten. So wurden ausgerechnet die, deren Einsatz Rom groß gemacht hatte, zu den großen Verlierern der Geschichte.

Ager pūblicus – ager prīvātus

Immer wenn die Römer ein Gebiet Italiens hinzuerobert hatten, fiel ein Drittel des neu gewonnenen Ackerlandes an den Staat. Als *ager pūblicus* sollte er denen zur Verfügung stehen, die sich keinen teuren Grund und Boden leisten konnten. Gegen einen geringen Geldbetrag konnte man einen Teil des *ager pūblicus* als vorübergehendes Eigentum erwerben. Vielen Bauern fehlte jedoch das Geld, um ein größeres Stück Land zu kaufen. So fielen immer größere Teile des *ager pūblicus* an die Latifundienbesitzer, die diese nun als Eigentum (*ager prīvātus)* für sich beanspruchten. Rufe nach mehr Gerechtigkeit wurden zwar laut, doch blieben alle Reformbemühungen erfolglos. Mit Tiberius Gracchus kam es allerdings zu einem offenen Konflikt zwischen Reformwilligen und Reformgegnern.

Tiberius Gracchus (164 – 133 v. Chr.)

Tiberius Gracchus stammte aus einer alten Adelsfamilie und hatte zusammen mit seinem Schwager Scipio Africanus gegen Karthago gekämpft. Bei seiner Rückkehr nach Rom sah er das Elend der Landbevölkerung. Deshalb bewarb er sich 134 v. Chr. um das Amt des Volkstribuns. Bei seinem Amtsantritt legte er mit einer flammenden Rede, die ähnlich geklungen haben muss wie die Rede im Lektionstext, den Finger in die klaffende soziale Wunde des Staates. Sein Antrag auf Teilrückgabe des *ager pūblicus* scheiterte am Widerstand eines Amtskollegen; dieser hatte nämlich auf Betreiben zahlreicher Senatoren gegen den Antrag des Tiberius Gracchus gestimmt. Tiberius Gracchus ließ ihn daraufhin mithilfe der Volksversammlung absetzen und drückte gegen die Stimmen der Senatoren ein verschärftes Ackergesetz durch. Weil aber seine Amtszeit ablief und er nicht alle seine Ziele verwirklicht sah, stellte er sich 133 v. Chr. zur Wiederwahl. Hatte Tiberius Gracchus schon mit der Absetzung seines Kollegen die Verfassung gebrochen, so brachte sein Versuch einer nach römischem Recht unzulässigen Wiederwahl das Fass zum Überlaufen. Während der Wahlversammlung kam es zu tumultartigen Übergriffen. Tiberius Gracchus wurde mit zahlreichen seiner Anhänger ermordet und seine Leiche wurde in den Tiber geworfen. Die Reformbemühungen waren damit gescheitert. Allerdings offenbarten sie einen tiefen Riss in der römischen Gesellschaft, der in ein Jahrhundert der Bürgerkriege münden sollte.

1. Versetze dich in die Rolle eines Journalisten und schreibe einen Artikel: »Die Punischen Kriege und deren Auswirkungen auf Italien und Rom«.
2. Jemand, der nie in seinem Leben Latein gelernt hat, bittet dich, ihm zu erklären, was a*ger pūblicus* und was *ager privātus* ist. Antworte ihm.
3. Rom, 133 v. Chr.: Tiberius Gracchus kandidiert für das Amt des Volkstribuns. Er berät sich sehr ernsthaft mit einem guten Freund, der Angst um ihn hat und ihm von der Kandidatur abrät. Entwirf das Gespräch.

Alphabetisches Verzeichnis der Vokabeln: lateinisch – deutsch

Latein	Deutsch
ā, ab *mit Abl.*	von, von … her 13
abīre, abeō	weg-, fortgehen 9
accidere	geschehen 3
accipere, accipiō, accēpī	annehmen, empfangen 21
accurrere, accurrō, accurrī	herbeilaufen 20
ācer, ācris, ācre	scharf, heftig 23
ad *mit Akk.*	1. zu 2. bei 3. an 3
addere, addō, addidī	hinzufügen 18
addūcere, addūcō, addūxī	1. herbei-, heranführen 2. veranlassen 20
adesse, adsum, adfuī	da sein 11; 14
adhibēre, adhibeō, adhibuī	anwenden 14
adhūc	noch; bisher 16
adīre, adeō, adiī *mit Akk.*	1. herangehen *an* 2. angreifen 3. besuchen 4. sich wenden *an* 9; 16
adiuvāre *mit Akk.*	unterstützen, helfen 14
admīrātiō, admīrātiōnis *f.*	Bewunderung 17
ad multam noctem	bis tief in die Nacht 8
ad tempus	rechtzeitig 8
adulēscēns, adulēscentis *m.* (*Gen. Pl.* adulēscentium)	junger Mann 10
ad vesperum	gegen Abend 6
advocāre	herbeirufen 2
advolāre	1. herbeifliegen 2. herbeieilen 23
aedificāre	bauen 13
aeger, aegra, aegrum	krank 9
aegrē	mit Mühe 21
aemula, aemulae *f.*	Rivalin, Nebenbuhlerin 15
afferre, afferō, **attulī**	herbeibringen; hinzufügen 19
afficere, afficiō, affēcī, affectum *mit Abl.*	versehen/ausstatten *mit* 21; 24
ager, agrī *m.*	Feld; Acker 25
agere	1. tun, machen 2. treiben 3. betreiben 4. (ver)handeln 5
agricola, agricolae ***m.***	Bauer 6
āla, ālae *f.*	Flügel 13
ālea, āleae *f.*	Würfel 7
aliēnus	fremd, fremdartig 25
aliquandō	einmal, eines Tages 13
aliquot *nicht deklinierbar*	einige, etliche 21
alius … alius	der eine … der andere 20
alius, alia, **aliud**	ein anderer 5
alter, altera, alterum	der andere (von zweien) 15
altus	1. hoch 2. tief 10
amāre	lieben, mögen 4
ambulāre	spazieren gehen 5
amīcissimē *Adv.*	sehr freundlich 21
amīcus, amīcī *m.*	Freund 4
amor, amōris *m.*	Liebe 15
amphitheātrum, amphitheātrī *n.*	Amphitheater 9
amputāre	abschneiden 14
an?	oder etwa? 7
ancilla, ancillae *f.*	Sklavin; Dienerin 2
animal, animālis *n.; Abl. Sg.* animālī; *Nom./Akk. Pl.* animālia; *Gen. Pl.* animālium	Lebewesen 18
animus, animī *m.*	1. Geist 2. Herz 3. Mut 18
annus, annī *m.*	Jahr 15
ānser, ānseris *m.*	Gans 8
ante *mit Akk.*	vor 6
appārēre	erscheinen 2
apportāre	(über)bringen 3
appropinquāre	sich nähern 4
apud *mit Akk.*	bei 21
aqua, aquae *f.*	Wasser 17
aquila, aquilae *f.*	Adler 18
arbiter, arbitrī *m.*	Schiedsrichter 19
arbor, arboris ***f.***	Baum 4
arēna, arēnae *f.*	Arena 9
armāre	bewaffnen 24
ars, artis *f.* (*Gen. Pl.* artium)	Kunst 18
artifex, artificis *m.*	Künstler; Schöpfer 13
ascendere, ascendō, ascendī	besteigen 23
asinus, asinī *m.*	Esel 6
asper, aspera, asperum	1. rau 2. mühsam, schwierig 24
astrum, astrī *n.*	Stern 24
atque	und 17
auctor, auctōris *m.*	1. Urheber 2. Stammvater, Ahnherr 3. Autor 21
audācia, audāciae *f.*	Kühnheit, Frechheit 24
audīre	hören 3
aureus	golden 19
aut	oder 20

aut … aut	entweder … oder 20
autem	aber 5
auxilium, auxiliī *n.*	Hilfe 15
avāritia, avāritiae *f.*	Habgier, Geiz 25
āvolāre	weg-, davonfliegen 18
avus, avī *m.*	Großvater 23
beātus	glücklich 19
bellum, bellī *n.*	Krieg 19
bene	gut 4
beneficium, beneficiī *n.*	Wohltat 18
bēstia, bēstiae *f.*	Tier; Bestie 8
bibere	trinken 7
bonus	gut 3
bōs, bovis *m.*	Rind, Ochse 23
brachium, brachiī *n.*	Arm 5
brevis, brevis, breve	kurz 23
caedere	1. fällen 2. töten 4
caelum, caelī *n.*	1. Himmel 2. Klima 13
campus, campī *m.*	Feld 10
cantāre	singen 7
capere, capiō, cēpī, captum	fangen 5; 24
caput, capitis *n.*	1. Kopf 2. Hauptstadt 10
carēre *mit Abl.*	nicht haben; entbehren, verzichten müssen *auf* 18
cārissimus	liebster; sehr lieb 19
carrus, carrī *m.*	Karren 6
castra, castrōrum *n. Pl.*	Lager 24
catēna, catēnae *f.*	Kette 18
causa, causae *f.*	1. Fall 2. Grund, Ursache 20
cēdere, cēdō, cessī	gehen, weichen 17
celebrāre	feiern 23
celeritās, celeritātis *f.*	Schnelligkeit 20
cēna, cēnae *f.*	Essen, Mahlzeit 4
cēnāre	speisen, essen 7
cēnsēre	1. meinen 2. beschließen 16
certāre	streiten, kämpfen 23
certē	sicher, gewiss 14
cibus, cibī *m.*	Nahrung, Speise 4
circum *mit Akk.*	um … herum 5
circumdare, circumdō, circumdedī, circumdatum	umgeben 24
cīvis, cīvis *m./f.* (*Gen. Pl.* cīvium)	Bürger/Bürgerin 20
clādēs, clādis *f.* (*Gen. Pl.* clādium)	Niederlage 10
clam	heimlich 18
clāmāre	rufen, schreien 2
clāmor, clāmōris *m.*	Geschrei 2
clāmōrem tollere	Geschrei erheben 2
cōgere, cōgō, coēgī, coāctum	1. zusammentreiben 2. zwingen 24
cōgitāre	(nach)denken 1
cōgnātus, cōgnātī *m.*	Verwandter 11
cōgnōmen, cōgnōminis *n.*	Beiname 24
colere, colō, coluī, cultum	1. pflegen 2. *einen Acker* bebauen 3. verehren 25
collēga, collēgae ***m.***	Kollege 6
commōtus	bewegt 13
commovēre, commoveō, commōvī, commōtum	bewegen, veranlassen 24
comperīre, comperiō, comperī	erfahren 18
conciliāre	gewinnen, erwerben 17
concordia, concordiae *f.*	Eintracht 19
concurrere, concurrō, concurrī	zusammenlaufen 20
condere, condō, condidī, conditum	gründen 31; 24
cōnferre, cōnferō, contulī	1. zusammentragen 2. vergleichen 19
conicere, coniciō, coniēcī	1. werfen 2. vermuten 20
cōnsentīre, cōnsentiō, cōnsēnsī	übereinstimmen, zustimmen 20
cōnsilium, cōnsiliī *n.*	1. Rat 2. Plan, Absicht 23
cōnspicere, cōnspiciō, cōnspexī	erblicken, sehen 20
cōnstare	feststehen 24
cōnstat	es steht fest 24
cōnsulere, cōnsulō, cōnsuluī, cōnsultum	1. *mit Akk.*: um Rat fragen 2. *mit Dat.*: sorgen *für* 23; 25
contentus	zufrieden 4
contrōversia, contrōversiae *f.*	Streit 19
contumēlia, contumēliae *f.*	Beleidigung, Beschimpfung 25
convenīre, conveniō, convēnī	1. zusammenkommen 2. treffen 10; 15
cōpia, cōpiae *f.*	1. Menge 2. Vorrat 24
cōpiae, cōpiārum *f. Pl.*	Truppen 24
corōna, corōnae *f.*	Kranz; Krone 11
corpus, corporis *n.*	Körper 8
crās	morgen 10
creāre	1. (er)schaffen 2. wählen 18
creātūra, creātūrae *f.*	1. Geschöpf 2. Schöpfung 18
crēdere, crēdō, crēdidī, crēditum	glauben; vertrauen 25
crēscere	wachsen 4
cum	immer wenn 17
cum (subitō)	als (plötzlich) 16
cum *mit Abl.*	mit 5
cūnctī, cūnctae, cūncta	alle 16
cupere, cupiō, cupīvī	wünschen; wollen 5; 17

cupīdō, cupīdinis *f.*	Begierde 23
cūr?	warum? 1
cūrāre *mit Akk.*	sorgen *für*, sich kümmern *um* 4
cūria, cūriae *f.*	Rathaus 6
currere	laufen 3
cūstōdīre	bewachen 5
dare, dō, dedī, datum	geben 9; 15; 24
dē *mit Abl.*	1. von; von … herab 2. über 5
dea, deae *f.*	Göttin 11
dēbēre	1. müssen 2. schulden 3
decem *nicht deklinierbar*	zehn 20
decimus	zehnter 8
dēdūcere, dēdūcō, dēdūxī, dēductum	wegführen 24
dēfendere, dēfendō, dēfendī	verteidigen, schützen 23
dēlectāre	1. erfreuen 2. Spaß machen 1
dēlectat	1. er erfreut, sie erfreut, es erfreut 2. er macht Spaß, sie macht Spaß, es macht Spaß 1
dēlēre, dēleō, dēlēvī	zerstören 20
dēnique	schließlich 5
dēnuō	von Neuem, wieder 14
deōs vindicēs invocāre	die Götter als Rächer anrufen 17
dērīdēre, dērīdeō, dērīsī, dērīsum	auslachen, verspotten 25
dēscendere, dēscendō, dēscendī	hinab-, hinuntersteigen 15
dēserere, dēserō, dēseruī, dēsertum	verlassen; im Stich lassen 25
dēsīderium, dēsīderiī *n.*	Sehnsucht 17
dēsinere, dēsinō, dēsiī, dēsitum	aufhören 25
dēsistere	aufhören 7
deus, deī *m.*	Gott 11
dextra, dextrae *f.*	rechte Hand, Rechte 11
dīc! *Imperativ Sg.*	sag! 10
dīcere, dīcō, dīxī	sagen 10; 14
dictāre	diktieren 1
diēs, diēī **m.**	Tag 16
difficilis, difficilis, difficile	schwierig 23
dīgnitās, dīgnitātis *f.*	Würde 25
dīgnus *mit Abl.*	würdig *mit Gen.* 9
dīmittere, dīmittō, dīmīsī, dīmissum	wegschicken, entlassen 24
disceptāre	entscheiden; schlichten 19
discipula, discipulae *f.*	die Schülerin, eine Schülerin, Schülerin 1
discipulus, discipulī *m.*	der Schüler, ein Schüler, Schüler 1
disputāre	diskutieren 5
diū	lange 9
dīvīnus	göttlich 16
dīvitiae, dīvitiārum *f. Pl.*	Reichtum, Schätze 19
docēre	lehren, unterrichten 16
dolor, dolōris *m.*	Schmerz 17
dolus, dolī *m.*	List 14
domī	zu Hause 8
domina, dominae *f.*	Herrin *des Hauses* 2
dominus, dominī *m.*	Herr *des Hauses* 2
domum	nach Hause 6
dōnum, dōnī *n.*	Geschenk 4
dormīre	schlafen 3
dorsum, dorsī *n.*	Rücken 15
dūc! *Imperativ Sg.*	führe! 10
dūcere	führen 10
dum *mit Präsens*	während 18
duo, duae, duo; *Akk.* duōs, duās, duo; *Dat.* duōbus, duābus, duōbus	zwei 14
duodecim *nicht deklinierbar*	zwölf 14
ē, ex *mit Abl.*	aus 5
ecce	schau; da ist 1
effugere, effugiō, effūgī	(ent)fliehen 19
egō	ich 7
emere	kaufen 5
enim *nachgestellt*	denn, nämlich 4
eō modō	auf diese Art und Weise 14
epistula, epistulae *f.*	Brief 3
equitāre	reiten 10
equus, equī *m.*	Pferd 19
errāre, errō	irren 25
error, errōris *m.*	1. Irrtum 2. Irrfahrt 21
esse, sum, fuī	sein; existieren, vorhanden sein 4; 14
et	1. und 2. auch 1
et … et	sowohl … als auch 4
etiam	1. auch 2. sogar 1
Etrūscus	etruskisch; *Etrurien heißt eine Landschaft nördlich von Rom (heute: Toskana)* 24
etsī	auch wenn 24
ē vītā cēdere, cēdō, cessī	aus dem Leben scheiden, sterben 17
exclāmāre	ausrufen 19
ex eō tempore	seit dieser Zeit 15
exercēre	üben
exilium, exiliī *n.*	Exil, Verbannung 13
exīre, exeō, exiī	hinausgehen 5; 16
exitium, exitiī *n.*	Untergang 21

expellere, expellō, expulī, expulsum	vertreiben 24
explōrāre	erforschen, erkunden 11
expūgnāre	erobern 21
exspectāre	erwarten 3
facere, faciō, fēcī, factum	machen, tun 16; 25
facilis, facilis, facile	leicht 23
factum, factī *n.*	Tat 23
fāma, fāmae *f.*	1. Gerücht 2. Sage 19
fāma fert	die Sage erzählt 19
famēs, famis *f.*	Hunger 24
familia, familiae *f.*	Familie, Hausgemeinschaft 7
fatīgāre	müde machen, ermüden 10
fātum, fātī *n.*	1. Schicksal 2. Götterspruch 15
favēre *mit Dat.*	günstig/geneigt sein, begünstigen 11
fēlīcissimus	glücklichster; sehr glücklich 16
fēlīx, fēlīcis	glücklich 23
fēmina, fēminae *f.*	Frau 15
fenestra, fenestrae *f.*	Fenster 9
ferē	fast, beinahe 19
ferōx, ferōcis	wild, trotzig 23
ferre, ferō, tulī	1. bringen, tragen 2. ertragen 19
ferrum, ferrī *n.*	1. Eisen 2. Waffe 24
fessus	müde 8
fībula, fībulae *f.*	Spange 2
fīdus	treu, zuverlässig 3
fīlia, fīliae *f.*	Tochter 2
fīlius, fīliī *m.* (*Vokativ Sg.* fīlī)	Sohn 10
fīnēs, fīnium *m. Pl.*	Gebiet 21
fīnīre	beenden 23
fīnis, fīnis *m.*	Grenze, Ende 21
flectere, flectō, flexī	1. beugen, biegen 2. wenden 17
flēre, fleō, flēvī	weinen 2; 17
flōs, flōris *m.*	Blume, Blüte 17
fluvius, fluviī *m.*	Fluss 15
fodere, fodiō	graben, umgraben 4
fōns, fontis *m.* (*Gen. Pl.* fontium)	Quelle 17
fōrmāre	formen, bilden 18
fōrmōsus	schön 17
fortasse	vielleicht 10
fortis, fortis, forte	stark, tapfer 23
fortissimus	1. tapferster; sehr tapfer 2. stärkster; sehr stark 19
fortiter *Adv.*	tapfer 14
forum, forī *n.*	Markt(platz) 3
forum Rōmānum, forī Rōmānī *n.*	*Platz in Rom, Zentrum des geschäftlichen und öffentlichen Lebens* 6
frāter, frātris *m.*	Bruder 11
frūmentum, frūmentī *n.*	Getreide 24
frūstrā	vergeblich, umsonst 2
fuga, fugae *f.*	Flucht 13
fugere, fugiō, fūgī	fliehen 16
fūr, fūris *m.*	Dieb 5
furere, furō	wütend sein 2
furor, furōris *m.*	Wut, Zorn 2
futūrus	(zu)künftig 10
gaudēre	sich freuen 4
gaudium, gaudiī *n.*	Freude 6
gemere	seufzen 1
gēns, gentis *f.* (*Gen. Pl.* gentium)	Sippe, Volk(sstamm) 21
gerere	1. tragen 2. führen, ausführen 4
gladiātor, gladiātōris *m.*	Gladiator 9
gladius, gladiī *m.*	Schwert 9
Graecus, Graecī *m.*	der Grieche, ein Grieche, Grieche 1
grātia, grātiae *f.*	1. Dank 2. Ansehen 3. Beliebtheit 11
grātiam habēre	danken 14
grātiās agere	danken 11
grātus	1. dankbar 2. beliebt, willkommen 4
gravis, gravis, grave	1. schwer, gewichtig 2. ernst 23
habēre	haben, halten 2
habitāre	wohnen 13
hēia!	he! 7
hīc	hier 4
hodiē	heute 1
homō, hominis *m.*	1. Mensch 2. Mann 5
honor, honōris *m.*	Ehre 24
hōra, hōrae *f.*	Stunde 8
hortus, hortī *m.*	Garten 2
hospes, hospitis *m.*	1. Gast 2. Fremder, Ausländer 21
hostis, hostis *m.* (*Gen. Pl.* hostium)	Feind 19
hūmānus	1. menschlich, freundlich 2. gebildet 4
iacēre	liegen 7
iacere, iaciō, iēcī	werfen, schleudern 5; 19
iam	schon 11
ibī	dort 20
igitur	also 10
īgnis, īgnis *m.; Abl. Sg.* īgnī (īgne); *Gen. Pl.* īgnium	Feuer 18

īgnōminia, īgnōminiae *f.*	Schande 19
illīc	dort 4
illūc	dorthin 14
imāgō, imāginis *f.*	Bild 17
immolāre	opfern 16
immortālis, immortālis, immortāle	unsterblich 23
immortālitās, immortālitātis *f.*	Unsterblichkeit 14
imperāre *mit Dat.*	1. befehlen 2. auftragen, auferlegen 14
imperātor, imperātōris *m.*	1. Feldherr, Befehlshaber 2. Kaiser 4
imperium, imperiī *n.*	1. Befehl 2. Herrschaft 3. Reich 21
imprūdentia, imprūdentiae *f.*	1. Unwissenheit 2. Unvorsichtigkeit 20
in *mit Abl.* *(auf die Frage „Wo?")*	in, auf 5
in *mit Akk.* *(auf die Frage „Wohin?")*	in … (hinein), nach 5
in altum salīre	Hochsprung machen 10
in animō habēre	im Sinn haben, vorhaben 21
incendere, incendō, incendī, incēnsum	anzünden, in Brand stecken 20; 24
incipere, incipiō, **coepī**	anfangen, beginnen 2; 21
indīgnus	unwürdig 25
induere, induō, induī	(Kleidungsstück) anziehen 15
īnfāmia, īnfāmiae *f.*	Schande 13
īnficere, īnficiō, īnfēcī	1. benetzen 2. vergiften 15
īnflammātus	angezündet; brennend 14
in fugam sē dare	die Flucht ergreifen 17
ingēns, ingentis	ungeheuer (groß) 25
inicere, iniciō	1. hineinwerfen 2. einjagen, einflößen 14
initiō	anfangs 18
iniūria, iniūriae *f.*	Unrecht, Ungerechtigkeit 25
in longum salīre	Weitsprung machen 10
in mātrimōnium dūcere	heiraten *(vom Mann aus gesehen)* 11
inquit *eingeschoben*	er/sie/es sagt/sagte 19
īnsānia, īnsāniae *f.*	Wahnsinn 20
īnsidiae, īnsidiārum *f. Pl.*	Hinterhalt, Falle 20
īnsidiās parāre	eine Falle stellen 20
īnspicere	hineinschauen, ansehen 4
īnsula, īnsulae *f.*	1. Mietskaserne 2. Insel 8
inter *mit Akk.*	unter, zwischen 4
interclūdere, interclūdō, interclūsī, interclūsum	absperren, abtrennen 24
interclūdere frūmentō	vom Nachschub an Getreide abschneiden 24
interesse, intersum, interfuī *mit Dat.*	teilnehmen *an* 11; 14
interficere, interficiō, interfēcī	töten 16
interrogāre	fragen 2
intrāre	eintreten; betreten 2
invādere, invādō, invāsī	1. eindringen 2. befallen 3. angreifen 15
invenīre, inveniō, invēnī	finden 5; 15
invictus	unbesiegt, unbesiegbar 14
invītāre	einladen 8
invocāre	anrufen, anflehen 17
iocus, iocī *m.*	Scherz, Spiel 11
īra, īrae *f.*	Zorn, Wut 9
īrātus	wütend, zornig 21
īre, eō, iī	gehen 3; 16
is, ea, id	dieser, diese, dies(es); er, sie, es 17
ita	1. so 2. so ist es, ja 10
itaque	deshalb 1
iter, itineris *n.*	1. Weg 2. Marsch, Reise 25
iter facere	eine Reise machen 25
iterum	zum zweiten Mal, wieder 6
iterum atque iterum	immer wieder 17
iubēre, iubeō, iussī	befehlen 7; 14
iūcundē *Adv.*	angenehm 21
iūcundus	angenehm 4
iussū *mit Gen.*	auf Befehl *von,* im Auftrag *von* 16
iuvat	es freut, es macht Spaß 7
iuvenis, iuvenis *m.*	junger Mann 17
labor, labōris *m.*	Arbeit, Mühe 4
labōrāre	arbeiten 4
lacrima, lacrimae *f.*	Träne 16
laedere, laedō, laesī	verletzen; beleidigen 16
laetus	froh, fröhlich 21
lapis, lapidis *m.*	Stein 8
lātifundium, lātifundiī *n.*	großes Landgut 25
laudāre	loben 1
lectus, lectī *m.*	1. Bett 2. Speisesofa 7
lentē *Adv.*	langsam 6
lentus	langsam, träge 7
leō, leōnis *m.*	Löwe 9
lēx, lēgis *f.*	Gesetz 25
līber, lībera, līberum	frei 7
liber, librī *m.*	Buch 4
līberāre	befreien 9
līberātus	befreit 14
līberī, līberōrum *m. Pl.*	Kinder 25
lībertās, lībertātis *f.*	Freiheit 25
lībertus, lībertī *m.*	Freigelassener *(ehemaliger Sklave)* 4
licēre	erlaubt sein 23

licet	es ist erlaubt 23
līgnum, līgnī *n.*	Holz 20
lingua, linguae *f.*	1. Zunge 2. Sprache 10
lītus, lītoris *n.*	Ufer, Strand 20
longē *Adv.*	weit, bei Weitem 16
longus	lang 3
lūdere, lūdō, lūsī	spielen 7; 16
lūdus, lūdī *m.*	Spiel 10
lūgēre, lūgeō, lūxī	trauern, betrauern 16
lūna, lūnae *f.*	Mond 3
maestus	traurig 17
magister, magistrī *m.*	Lehrer 1
māgnus	1. groß 2. bedeutend, mächtig 3
māiōrēs, māiōrum *m. Pl.*	Vorfahren 23
malus	schlecht, übel 3
māne	(früh) am Morgen 11
manēre, maneō, mānsī	bleiben 5; 16
mare, maris *n.* (*Gen. Pl.* marium)	Meer 13
marītus, marītī *m.*	Ehemann 11
māter, mātris *f.*	Mutter 16
mātrimōnium, mātrimōniī *n.*	Ehe 11
mē *Abl.*	*Abl. von* egō 9
mē *Akk.*	mich 7
mēcum (= *cum mē)	mit mir 9
medius	mittlerer 13
mēns, mentis *f.*	Verstand; Geist 8
mēnsa, mēnsae *f.*	Tisch 4
mercātor, mercātōris *m.*	Kaufmann 2
merx, mercis *f.*	Ware 6
meus	mein 15
mihi *Dat.*	mir 11
mihi auxiliō opus est	mir ist Hilfe nötig → ich brauche Hilfe 15
mīles, mīlitis *m.*	Soldat 10
miser, misera, miserum	unglücklich, arm 8
miseria, miseriae *f.*	Elend, Unglück 25
mittere, mittō, mīsī	1. schicken 2. werfen, schießen 14
modus, modī *m.*	1. Maß 2. Art, Weise 14
molestē ferre	schwer ertragen, sich ärgern über 19
molestus	beschwerlich, lästig 19
monēre	1. mahnen 2. warnen 13
mōns, montis *m.* (*Gen. Pl.* montium)	Berg 17
mōnstrum, mōnstrī *n.*	Ungeheuer 13
mors, mortis *f.*	Tod 9
mortālis, mortālis, mortāle	sterblich 23
morte dīgnus	des Todes würdig 9
mortuus	tot 16
mōs, mōris *m.*	Sitte 8
mox	bald 8
mulier, mulieris *f.*	Frau 19
multus	viel 4
mundus, mundī *m.*	Welt; Weltall 10
mūnus gladiātōrium, mūneris gladiātōriī *n.*	Gladiatorenspiel, -kampf 9
mūrus, mūrī *m.*	Mauer 24
mūtāre	(ver)ändern, verwandeln 25
nam	denn, nämlich 3
nārrāre	erzählen 20
natāre	schwimmen 5
nātiō, nātiōnis *f.*	Volk(sstamm), Nation 10
naufragus	schiffbrüchig 21
nāvigāre	mit dem Schiff fahren, segeln 21
nāvis, nāvis *f.* (*Gen. Pl.* nāvium)	Schiff 21
-ne *angehängte Fragepartikel*	*entspricht unserem Fragezeichen* 4
necāre	töten 9
necessarius	notwendig 25
negāre	1. verneinen 2. verweigern 18
neglegere, neglegō, neglēxī, neglēctum	1. nicht beachten, missachten 2. vernachlässigen 25
negōtium, negōtiī *n.*	1. Arbeit, Tätigkeit 2. Aufgabe 4
nēmō, nēminis *m./f.*	niemand 23
neque … neque	weder … noch 7
nescīre	nicht wissen 17
nihil	nichts 3
nimis	zu sehr 10
nimius	zu groß 17
nōbilis, nōbilis, nōbile	1. berühmt 2. vornehm, adlig 24
nōbīs *Abl.*	*Abl. von* nōs 11
nōbīs *Dat.*	uns 11
nōbīscum (= *cum nōbīs)	mit uns 11
nōmen, nōminis *n.*	Name 15
nōmine	mit Namen 15
nōn	nicht 1
nōn iam	nicht mehr 8
nōn modo … sed etiam	nicht nur … sondern auch 4
nōndum	noch nicht 6
nōnne?	nicht? 6
nōnnūllī, nōnnūllae, nōnnūlla	einige, manche 5
nōs *Akk.*	uns 7
nōs *Nom.*	wir 7
noster, nostra, nostrum	unser 10
nōtum est	es ist bekannt 13

nōtus	bekannt 13
novus	neu 4
nox, noctis *f.*	Nacht 8
num?	etwa? *(als Antwort wird „nein" erwartet)* 9
numerus, numerī *m.*	Zahl, Anzahl 16
nummus, nummī *m.*	Münze 15
numquam	niemals 8
nunc	nun, jetzt 2
nūntius, nūntiī *m.*	1. Bote 2. Botschaft 19
nūper	neulich 25
nūptiae, nūptiārum *f. Pl.*	Hochzeit 11
nympha, nymphae *f.*	Nymphe 17
ō	oh 7
ob *mit Akk.*	wegen 18
ob eam rem	wegen dieser Sache, deswegen 18
obsecrāre	anflehen 25
obsidēre, obsideō, obsēdī, obsessum	1. belagern 2. beherrschen 24
obtemperāre	gehorchen 7
occīdere	töten 9
occultāre	verstecken, verbergen 13
oculus, oculī *m.*	Auge 17
odium, odiī *n.*	Hass 18
ōmen, ōminis *n.*	Vorzeichen 23
omnis, omnis, omne	*im Sg.:* jeder; ganz; *im Pl.:* alle 23
onus, oneris *n.*	Last 8
onustus	beladen 6
oppidum, oppidī *n.*	(kleinere) Stadt 10
oppūgnāre	bestürmen, angreifen 24
opus est	es ist nötig 13
opus est *mit Abl.*	*etwas* ist nötig 15
ōra, ōrae *f.*	Küste 21
ōrāre	bitten; beten 17
orbis, orbis *m.* (*Gen. Pl.* orbium)	Kreis 10
orbis terrārum, orbis terrārum *m.*	Erdkreis, Welt 10
ōrnāmentum, ōrnāmentī *n.*	Schmuck, Schmuckstück 2
ōrnāre	schmücken 4
ōrnātus	geschmückt 11
ōsculum, ōsculī *n.*	Kuss 17
parāre	bereiten, zubereiten 4
parātus	bereit 23
parentēs, parent(i)um *m. Pl.*	Eltern 11
pārēre	gehorchen 21
pars, partis *f.* (*Gen. Pl.* partium)	Teil 18
parvus	klein 4
pāstor, pāstōris *m.*	Hirte 19

pater, patris *m.*	Vater 10
patēre	offen stehen 13
patria, patriae *f.*	Vaterland, Heimat 13
patricius, patriciī *m.*	Patrizier 25
paucī, paucae, pauca	wenige 16
paulō post	wenig später 9
pāx, pācis *f.*	Frieden 8
peccāre	einen Fehler machen 1
pecūnia, pecūniae *f.*	Geld 6
pecus, pecoris *n.*	Vieh 8
pēdem referre, referō, **rettulī**	sich zurückziehen 19
penna, pennae *f.*	Feder 13
per *mit Akk.*	durch 3
pergere	fortsetzen, weitermachen, weiter etwas tun 7
perīculōsus	gefährlich 13
perīculum, perīculī *n.*	Gefahr 21
perīre, pereō, periī	zugrunde gehen 21
permāgnus	sehr groß, riesig 20
perniciēs, perniciēī *f.*	Verderben, Unheil, Untergang 16
pēs, pedis *m.*	Fuß 15
petere, petō, petīvī, petītum	1. erbitten, erstreben 2. *auf etwas/jemanden* losgehen 16; 24
piger, pigra, pigrum	faul 10
pius	fromm, gottesfürchtig 23
placēre	gefallen 11
plēbs, plēbis *f.*	(einfaches) Volk 25
plēnus	voll 3
poēta, poētae ***m.***	Dichter 4
pōmum, pōmī *n.*	Apfel 19
pōnere, pōnō, posuī	1. setzen, stellen 2. (ab)legen 5; 20
pontifex, pontificis *m.*	Priester 11
populus, populī *m.*	Volk 10
porrigere	(dar)reichen 11
porta, portae *f.*	Tür, Tor 20
portāre	tragen 5
posse, possum, potuī	können 8; 15
post *Adv.*	danach, später 15
post *mit Akk.*	1. hinter 2. nach 3
posteā	später 5
postquam *mit Perfekt*	nachdem 18
postrēmō	schließlich 14
potestās, potestātis *f.*	Macht 19
praeclārus	bekannt, berühmt 4
praedium, praediī *n.*	Landgut 25
praemium, praemiī *n.*	Belohnung 1
praesidium, praesidiī *n.*	1. Schutz 2. Besatzung, Posten 20
praetereā	außerdem 3
prētium, prētiī *n.*	Preis, Wert 5

prīdiē	am Tag vorher 11
prīmō	zuerst 5
prīmus	erster 18
prīvāre *mit Abl.*	*einer Sache* berauben 25
prō *mit Abl.*	1. für 2. vor 3. anstatt 17
procul	von Weitem, aus der Ferne 20
prōdesse, prōsum, prōfuī	nützen 2; 14
prōmittere, prōmittō, prōmīsī	versprechen 19
prōmovēre, prōmoveō, prōmōvī	1. vorwärtsbewegen 2. erweitern, ausdehnen 21
properāre	eilen 9
pūblicus	öffentlich, staatlich 16
puella, puellae *f.*	Mädchen 1
puer, puerī *m.*	Junge 1
pūgnāre	kämpfen 9
pulcher, pulchra, pulchrum	schön 4
pulcherrimus	schönster; sehr schön 19
putāre	glauben, meinen 18
quā dē causā?	aus welchem Grund? 20
quaerere, quaerō, quaesīvī, quaesītum	suchen 2; 25
quam (?)	wie (?) 25
quamquam	obwohl 13
quandō?	wann? 21
quasi	sozusagen 8
-que *angehängt*	und 4
quī, quae, quod	welcher, welche, welches; der, die, das 20
quī?, quae?, quod?	welcher?, welche?, welches? 20
quia	weil 18
quid?	was? 6
quīdam, quaedam, quoddam *adjektivisch*	ein gewisser; *Pl.*: einige, manche 20
quīdam, quaedam, quiddam *substantivisch*	ein gewisser; *Pl.*: einige, manche
quidem	jedenfalls, freilich 15
quiēs, quiētis *f.*	Ruhe 8
quiētem capere, capiō, cēpī, captum	Ruhe finden 8; 24
quis?	wer? 2
quō?	wohin? 9
quod	weil 16
rapere, rapiō, rapuī	(weg)reißen; rauben 11; 18
rapidus	reißend 15
rārō	selten 1
rē vērā	wirklich, tatsächlich 15
recēdere, recēdō, recessī	zurückweichen, sich zurückziehen 9; 17
recipere, recipiō, recēpī	aufnehmen 20
recōgnōscere	wiedererkennen 6
reddere, reddō, reddidī	1. wiedergeben, bringen 2. machen zu 19
redīre, redeō, rediī	zurückgehen, zurückkehren 13; 16
redūcere, redūcō, redūxī	zurückführen, zurückbringen 15
referre, referō, **rettulī**	1. zurücktragen 2. berichten 19
rēgīna, rēgīnae *f.*	Königin 13
rēgnāre	1. König sein 2. herrschen 19
rēgnum, rēgnī *n.*	1. Königreich 2. Herrschaft 19
religiō, religiōnis *f.*	1. Scheu, Gottesverehrung, Glaube 2. Aberglaube 20
relinquere, relinquō, relīquī	verlassen, zurücklassen 13; 18
rem dīvīnam facere	Opfer bringen, opfern 16
rēs, reī *f.*	Sache, Ding 16
rēs adversae, rērum adversārum *f.*	Unglück 16
rēs dīvīna, reī dīvīnae *f.*	Gottesdienst; Opfer 16
rēs mihi dolōrī est	die Sache bereitet mir Schmerz 17
rēs pūblica, reī pūblicae *f.*	Staat 16
respicere, respiciō, respexī	zurückschauen 13; 15
revenīre, reveniō, revēnī	zurückkommen 17
rēx, rēgis *m.*	König 13
rīdēre, rīdeō, rīsī	lachen 3; 16
rīpa, rīpae *f.*	Ufer 15
Rōmam	nach Rom 25
Rōmānus	römisch 6
Rōmānus, Rōmānī *m.*	der Römer, ein Römer, Römer 1
rūsticus	bäuerlich, ländlich 4
sacerdōs, sacerdōtis *m./f.*	Priester/Priesterin 20
sacrificāre	opfern 11
saepe	oft 1
saevus	grausam 9
sagitta, sagittae *f.*	Pfeil 14
salīre	springen 10
salūtāre	grüßen 4
salvē!	sei gegrüßt!, guten Tag! 8
sanguis, sanguinis *m.*	Blut 9
sānus	gesund 8
sapiēns, sapientis	weise 23
sapientia, sapientiae *f.*	Weisheit 18
sarcina, sarcinae *f.*	Last, Gepäckstücke 6
satis	ausreichend, genug 15
satis est	es ist genug, es genügt 15
saxum, saxī *n.*	Felsen 14
schola, scholae *f.*	Schule 1
scīre	wissen 9

scrībere, scrībō, scrīpsī	schreiben 1; 14
scrīptum, scrīptī *n.*	Schrift, Buch 4
sē *Abl.*	*Abl. des Reflexivpronomens* 11
sē *Akk.*	sich 3
sē cōnferre, mē cōnferō, mē contulī	sich begeben 19
sē exercēre	sich üben, trainieren 5
sēcum (= *cum sē)	mit sich 11
secundum *mit Akk.*	gemäß 18
sed	aber; sondern 2
sedēre, sedeō, sēdī	sitzen 19
sēdēs, sēdis *f.*	Sitz; Wohnsitz 25
sēdulus	eifrig, fleißig 4
semper	immer 1
senātor, senātōris *m.*	Senator 3
septem	sieben 16
serpēns, serpentis *m./f.* (*Gen. Pl.* serpentium)	Schlange 14
servāre	1. retten 2. (auf)bewahren 15
servīre	Sklave sein, dienen 7
servus, servī *m.*	Sklave; Diener 2
sevērus	streng, hart 4
sex *nicht deklinierbar*	sechs 23
sī	wenn, falls 15
sibi *Dat.*	sich 11
silentium, silentiī *n.*	Stille, Ruhe 7
sīn	wenn aber 20
sōl, sōlis *m.*	Sonne 13
sōlum	nur 8
sōlus, sōla, sōlum	allein, einzig 17
spectāre	betrachten 6
spērāre	hoffen 17
spernere, spernō, sprēvī	zurückweisen, verschmähen 17
stāre	stehen 6
statim	sofort 15
studēre, studeō, studuī	sich bemühen 14
studium, studiī *n.*	1. Eifer 2. Studium 3. Begierde 1
stultus	dumm 9
stupēre	staunen, verblüfft sein 7
sub *mit Abl. (auf die Frage »Wo?«)*	unter 14
sub *mit Akk. (auf die Frage »Wohin?«)*	unter 14
subīre, subeō, subiī	auf sich nehmen 4; 16
subitō	plötzlich 2
sūmere, sūmō, sūmpsī	nehmen 18
summus	höchster 20
superāre	überwinden, besiegen; übertreffen 14
superbia, superbiae *f.*	Stolz; Hochmut 6
superbiā commōtus	von Stolz/Hochmut bewegt → aus Stolz, aus Hochmut 13
superbus	stolz 16
sustinēre	aushalten, ertragen 18
suus	sein; ihr 3
tacēre	schweigen 2
tam	so 7
tamen	dennoch, trotzdem 4
tandem	endlich, schließlich 25
tangere, tangō, tetigī	berühren 17
tantus	so groß 24
taurus, taurī *m.*	Stier 13
tē *Abl.*	*Abl. von* tū 11
tē *Akk.*	dich 7
tēcum (= *cum tē)	mit dir 11
temeritās, temeritātis *f.*	1. Leichtsinn 2. Verwegenheit 20
tempestās, tempestātis *f.*	Unwetter, Sturm 21
temptāre	versuchen 11
tempus, temporis *n.*	Zeit 8
terra, terrae *f.*	Land; Erde 10
terrēre	erschrecken 2
terror, terrōris *m.*	Schrecken 14
terrōrem inicere	Schrecken einjagen 14
tertius	dritter 8
tibi *Dat.*	dir 11
timēre *mit Akk.*	fürchten; sich fürchten vor 2
timor, timōris *m.*	Furcht, Angst 3
tingere, tingō, tīnxī	benetzen, befeuchten 14
tolerāre	ertragen, erdulden 25
tollere, tollō, sustulī	hoch-, aufheben 2; 15
tōtus	ganz 7
trahere, trahō, trāxī, tractum	ziehen, schleppen 18; 24
trāns *mit Akk.*	jenseits, über … hinaus/hinweg 15
trānsīre, trānseō, trānsiī	überqueren 3; 16
trēs, trēs, tria; *Gen.* trium; *Dat./Abl.* tribus; *Akk.* trēs, trēs, tria	drei 19
tribuere, tribuō, tribuī	zuteilen, erweisen 18
tribūnus, tribūnī *m.*	Tribun 25
tribūnus plēbis, tribūnī plēbis *m.*	Volkstribun 25
tū	du 7
tum	dann, darauf, da 2
tunica, tunicae *f.*	Tunika, Hemd 5
turba, turbae *f.*	1. Menge 2. Gedränge 6
turbāre	verwirren, trüben 17
turris, turris *f.* (*Gen. Pl.* turrium)	Turm 13
tuus	dein 7

ubī prīmum	sobald 19
ubī?	wo? 2
ultimus	letzter 14
umbra, umbrae *f.*	Schatten 3
undique	von allen Seiten 20
ūnus, ūna, ūnum	ein 6
ūnus, ūna, ūnum ex *mit Abl.*	einer von 6
urbs, urbis *f.* (*Gen. Pl.* urbium)	Stadt 10
ūsque ad *mit Akk.*	bis zu 21
ut	wie 19
ūtilitās, ūtilitātis *f.*	Nutzen 18
uxor, uxōris *f.*	Ehefrau 11
vacāre	Zeit haben 10
vacuus	leer 3
valdē	sehr 2
valē!	leb wohl!, auf Wiedersehen! 7
valēte!	lebt wohl!, auf Wiedersehen! 7
vehere	transportieren 6
vel	oder 10
vendere	verkaufen 6
venditor, venditōris *m.*	Verkäufer 5
venēnum, venēnī *n.*	Gift 15
venīre, veniō, vēnī	kommen 4; 15
verberāre	schlagen 4
verbum, verbī *n.*	Wort 16
vērē	wirklich 2
vesper, vesperī *m.*	Abend 6
vester, vestra, vestrum	euer 8
vestīmentum, vestīmentī *n.*	Kleidungsstück 5
vestītus	bekleidet 6
vestrum est	es ist eure Aufgabe 14
vexāre	quälen 7
via, viae *f.*	Weg, Straße 5
vīcīnus, vīcīnī *m.*	Nachbar 8
victōria, victōriae *f.*	Sieg 23
victus	besiegt 16
vīcus, vīcī *m.*	Stadtteil 3
vidēre, videō, vīdī	sehen 3; 15
vigilāre	wachen; wach sein 8
vīlla, vīllae *f.*	Landhaus 4
vīlla rūstica, vīllae rūsticae *f.*	Landgut 4
vincere, vincō, vīcī, victum	siegen, besiegen 15; 24
vindex, vindicis *m.*	Rächer 17
vīnum, vīnī *n.*	Wein 7
violāre	1. verletzen 2. vergewaltigen 24
vir, virī *m.*	Mann 4
virga, virgae *f.*	Rute, Stock 6
virgō, virginis *f.*	junges Mädchen 11
virtūs, virtūtis *f.*	1. Tapferkeit 2. Tüchtigkeit 9
vīsitāre	besuchen 5
vīta, vītae *f.*	Leben 17
vītāre	(ver)meiden 13
vitium, vitiī *n.*	1. Fehler 2. (das) Laster 18
vituperāre	tadeln; kritisieren 1
vīvere	leben 8
vix	kaum 23
vōbīs *Abl.*	*Abl. von* vōs 10
vōbīs *Dat.*	euch 11
vōbīscum (= *cum vōbīs)	mit euch 10
vocāre	rufen, nennen 23
volāre	fliegen 13
voluntās, voluntātis *f.*	Wille 11
vōs *Akk.*	euch 7
vōs *Nom.*	ihr 7
vōx, vōcis *f.*	Stimme 6
vulnerāre	verwunden 9
vulnus, vulneris *n.*	Wunde 14
vultur, vulturis *m.*	Geier 23

Alphabetisches Verzeichnis der Vokabeln: deutsch – lateinisch

Abend	vesper, vesperī *m.* 6
aber	sed 2; autem *nachgestellt* 5
Aberglaube	religiō, religiōnis *f.* 20
Abl. des Reflexivpronomens	sē *Abl.* 11
Abl. von egō	mē *Abl.* 9
Abl. von nōs	nōbīs *Abl.* 11
Abl. von tū	tē *Abl.* 11
Abl. von vōs	vōbīs *Abl.* 10
ablegen	pōnere, pōnō, posuī 5; 20
abschneiden	amputāre 14
Absicht	cōnsilium, cōnsiliī *n.* 23
absperren	interclūdere, interclūdō, interclūsī, interclūsum 24
abtrennen	interclūdere, interclūdō, interclūsī, interclūsum 24
Acker	ager, agrī *m.* 25
Adler	aquila, aquilae *f.* 18
adlig	nōbilis, nōbilis, nōbile 24
ändern	mūtāre 25
Ahnherr	auctor, auctōris *m.* 21
alle	cūnctī, cūnctae, cūncta 16; omnēs, omnēs, omnia 23
allein	sōlus, sōla, sōlum 17
als (plötzlich)	cum (subitō) 16
also	igitur 10
am Morgen	māne 11
Amphitheater	amphitheātrum, amphitheātrī *n.* 9
am Tag vorher	prīdiē 11
an	ad *mit Akk.* 3
anfangen	incipere, incipiō, **coepī** 2; 21
anfangs	initiō 18
anflehen	invocāre 17; obsecrāre 25
angenehm *Adj.*	iūcundus 4
angenehm *Adv.*	iūcundē 21
angezündet	īnflammātus 14
angreifen	adīre, adeō, adiī *mit Akk.* 9; 16; invādere, invādō, invāsī 15; oppūgnāre 24
Angst	timor, timōris *m.* 3
annehmen	accipere, accipiō, accēpī 21
anrufen	invocāre 17
Ansehen	grātia, grātiae *f.* 11
ansehen	īnspicere 4
anstatt	prō *mit Abl.*
anwenden	adhibēre, adhibeō, adhibuī 14
Anzahl	numerus, numerī *m.* 16
anziehen (Kleidungsstück)	induere, induō, induī 15
anzünden	incendere, incendō, incendī, incēnsum 20; 24
Apfel	pōmum, pōmī *n.* 19
Arbeit	labor, labōris *m.* 4; negōtium, negōtiī *n.* 4
arbeiten	labōrāre 4
Arena	arēna, arēnae *f.* 9
Arm	brachium, brachiī *n.* 5
arm	miser, misera, miserum 8
Art	modus, modī *m.* 14
auch	et 1; etiam 1
auch wenn	etsī 24
auf *(auf die Frage »Wo?«)*	in *mit Abl.* 5
auf Befehl *von*	iussū *mit Gen.* 16
aufbewahren	servāre 15
auf diese Art und Weise	eō modō 14
auferlegen	imperāre *mit Dat.* 14
auf etwas/jemanden losgehen	petere, petō, petīvī, petītum 16; 24
Aufgabe	negōtium, negōtiī *n.* 4
aufheben	tollere, tollō, sustulī 2; 15
aufhören	dēsistere 7; dēsinere, dēsinō, dēsiī, dēsitum 25
aufnehmen	recipere, recipiō, recēpī 20
auf sich nehmen	subīre, subeō, subiī 4; 16
auftragen	imperāre *mit Dat.* 14
auf Wiedersehen!	*an eine Person gerichtet:* valē! 7; *an mehrere Personen gerichtet:* valēte! 7
Auge	oculus, oculī *m.* 17
aus	ē, ex *mit Abl.* 5
ausdehnen	prōmovēre, prōmoveō, prōmōvī 21
aus dem Leben scheiden	ē vītā cēdere, cēdō, cessī 17
aus der Ferne	procul 20
ausführen	gerere 4
aushalten	sustinēre 18
aus Hochmut	superbiā commōtus 13
auslachen	dērīdēre, dērīdeō, dērīsī, dērīsum 25
Ausländer	hospes, hospitis *m.* 21

ausreichend	satis 15
ausrufen	exclāmāre 19
außerdem	praetereā 3
ausstatten *mit*	afficere, afficiō, affēcī, affectum *mit Abl.* 21; 24
aus Stolz	superbiā commōtus 13
aus welchem Grund?	quā dē causā? 20
Autor	auctor, auctōris *m.* 21
bäuerlich	rūsticus 4
bald	mox 8
bauen	aedificāre 13
Bauer	agricola, agricolae ***m.*** 6
Baum	arbor, arboris ***f.*** 4
bebauen	colere, colō, coluī, cultum 25
bedeutend	māgnus 3
beenden	fīnīre 23
befallen	invādere, invādō, invāsī 15
Befehl	imperium, imperiī *n.* 21
befehlen	iubēre, iubeō, iussī 7; 14; imperāre *mit Dat.* 14
Befehlshaber	imperātor, imperātōris *m.* 4
befeuchten	tingere, tingō, tīnxī 14
befreien	līberāre 9
befreit	līberātus 14
Begierde	studium, studiī *n.* 1; cupīdō, cupīdinis *f.* 23
beginnen	incipere, incipiō, **coepī** 2; 21
begünstigen	favēre *mit Dat.* 11
beherrschen	obsidēre, obsideō, obsēdī, obsessum 24
bei	ad *mit Akk.* 3; apud *mit Akk.* 21
beinahe	ferē 19
Beiname	cōgnōmen, cōgnōminis *n.* 24
bei Weitem	longē 16
bekannt	praeclārus 4; nōtus 13
bekleidet	vestītus 6
beladen	onustus 6
belagern	obsidēre, obsideō, obsēdī, obsessum 24
beleidigen	laedere, laedō, laesī 16
Beleidigung	contumēlia, contumēliae *f.* 25
beliebt	grātus, grāta, grātum 4
Beliebtheit	grātia, grātiae *f.* 11
Belohnung	praemium, praemiī *n.* 1
benetzen	īnficere, īnficiō, īnfēcī 15; tingere, tingō, tīnxī 14
bereit	parātus 23
bereiten	parāre 4
Berg	mōns, montis *m.* (*Gen. Pl.* montium)17
berichten	referre, referō, **rettulī** 19
berühmt	praeclārus 4; nōbilis, nōbilis, nōbile 24
berühren	tangere, tangō, tetigī 17
Besatzung	praesidium, praesidiī *n.* 20
Beschimpfung	contumēlia, contumēliae *f.* 25
beschließen	cēnsēre 16
beschwerlich	molestus 19
besiegen	superāre 14; vincere, vincō, vīcī, victum 15; 24
besiegt	victus 16
besteigen	ascendere, ascendō, ascendī 23
Bestie	bēstia, bēstiae *f.* 8
bestürmen	oppūgnāre 24
besuchen	vīsitāre 5; adīre, adeō, adiī *mit Akk.* 9; 16
beten	ōrāre 17
betrachten	spectāre 6
betrauern	lūgēre, lūgeō, lūxī 16
betreiben	agere 5
betreten	intrāre 2
Bett	lectus, lectī *m.* 7
beugen	flectere, flectō, flexī 17
bewachen	cūstōdīre 5
bewaffnen	armāre 24
bewahren	servāre 15
bewegen	commovēre, commoveō, commōvī, commōtum 24
bewegt	commōtus 13
Bewunderung	admīrātiō, admīrātiōnis *f.* 17
biegen	flectere, flectō, flexī 17
Bild	imāgō, imāginis *f.* 17
bilden	fōrmāre 18
bisher	adhūc 16
bis tief in die Nacht	ad multam noctem 8
bis zu	ūsque ad *mit Akk.* 21
bitten	ōrāre 17
bleiben	manēre, maneō, mānsī 5; 16
Blüte	flōs, flōris *m.* 17
Blume	flōs, flōris *m.* 17
Blut	sanguis, sanguinis *m.* 9
Bote	nūntius, nūntiī *m.* 19
Botschaft	nūntius, nūntiī *m.* 19
brennend	īnflammātus 14
Brief	epistula, epistulae *f.* 3
bringen	apportāre 3; ferre, ferō, tulī 19; reddere, reddō, reddidī 19

Deutsch	Latein
Bruder	frāter, frātris *m.* 11
Buch	liber, librī *m.* 4; scrīptum, scrīptī *n.* 4
Bürger	cīvis, cīvis *m.* (*Gen. Pl.* cīvium) 20
Bürgerin	cīvis, cīvis *f.* (*Gen. Pl.* cīvium) 20
da	tum 2
da ist	ecce 1
danach	post *Adv.* 15
Dank	grātia, grātiae *f.* 11
dankbar	grātus
danken	grātiās agere 11; grātiam habēre 14
dann	tum 2
darauf	tum 2
darreichen	porrigere 11
da sein	adesse, adsum, adfuī 11; 14
davonfliegen	āvolāre 18
dein	tuus 7
denken	cōgitāre 1
denn	nam 3; enim *nachgestellt* 4
dennoch	tamen 4
der *Relativpronomen*	quī, quae, quod 20
der andere (von zweien)	alter, altera, alterum 15
der eine … der andere	alius … alius 20
deshalb	itaque 1
des Todes würdig	morte dīgnus 9
deswegen	ob eam rem 18
dich	tē *Akk.* 7
Dichter	poēta, poētae ***m.*** 4
Dieb	fūr, fūris *m.* 5
die Flucht ergreifen	in fugam sē dare 17
die Götter als Rächer anrufen	deōs vindicēs invocāre 17
dienen	servīre 7
Diener	servus, servī *m.* 2
Dienerin	ancilla, ancillae *f.* 2
die Sache bereitet mir Schmerz	rēs mihi dolōrī est 17
die Sage erzählt	fāma fert 19
dieser, diese, dies(es)	is, ea, id 17
diktieren	dictāre 1
Ding	rēs, reī *f.* 16
dir	tibi *Dat.* 11
diskutieren	disputāre 5
dort	illīc 4; ibī 20
dorthin	illūc 14
drei	trēs, trēs, tria; *Gen.* trium; *Dat./Abl.* tribus; *Akk.* trēs, trēs, tria 19
dritter	tertius 8
du	tū 7
dumm	stultus 9
durch	per *mit Akk.* 3
Ehe	mātrimōnium, mātrimōniī *n.* 11
Ehefrau	uxor, uxōris *f.* 11
Ehemann	marītus, marītī *m.* 11
Ehre	honor, honōris *m.* 24
Eifer	studium, studiī *n.* 1
eifrig	sēdulus 4
eilen	properāre 9
ein	ūnus, ūna, ūnum 6
ein anderer	alius, alia, **aliud** 5
eindringen	invādere, invādō, invāsī 15
eine Falle stellen	īnsidiās parāre 20
eine Reise machen	iter facere 25
einen Acker bebauen	colere, colō, coluī, cultum 25
einen Fehler machen	peccāre 1
einer Sache berauben	prīvāre *mit Abl.* 25
einer von	ūnus, ūna, ūnum ex *mit Abl.* 6
eines Tages	aliquandō 13
einflößen	inicere, iniciō 14
ein gewisser *adjektivisch*	quīdam, quaedam, quoddam 20
ein gewisser *substantivisch*	quīdam, quaedam, quiddam 20
einige	nōnnūllī, nōnnūllae, nōnnūlla 5; quīdam, quaedam, quaedam 20; aliquot *nicht deklinierbar* 21
einjagen	inicere, iniciō 14
einladen	invītāre 8
einmal	aliquandō 13
Eintracht	concordia, concordiae *f.* 19
eintreten	intrāre 2
einzig	sōlus, sōla, sōlum 17
Eisen	ferrum, ferrī *n.* 24
Elend	miseria, miseriae *f.* 25
Eltern	parentēs, parent(i)um *m. Pl.* 11
empfangen	accipere, accipiō, accēpī 21
Ende	fīnis, fīnis *m.* 21
endlich	tandem 25
entbehren	carēre *mit Abl.* 18
entfliehen	effugere, effugiō, effūgī 19
entlassen	dīmittere, dīmittō, dīmīsī, dīmissum 24
entscheiden	disceptāre 19
entweder … oder	aut … aut 20
er *Personalpronomen*	is, ea, id 17

erbitten	petere, petō, petīvī, petītum 16; 24
erblicken	cōnspicere, cōnspiciō, cōnspexī 20
Erde	terra, terrae *f.* 10
Erdkreis	orbis terrārum, orbis terrārum *m.* 10
erdulden	tolerāre 25
erfahren	comperīre, comperiō, comperī 18
erforschen	explōrāre 11
erfreuen	dēlectāre 1
erfreut (er/sie/es)	dēlectat 1
erkunden	explōrāre 11
erlaubt sein	licēre 23
ermüden	fatīgāre 10
ernst	gravis, gravis, grave 23
erobern	expūgnāre 21
erschaffen	creāre 18
erscheinen	appārēre 2
erschrecken	terrēre 2
erster	prīmus 18
erstreben	petere, petō, petīvī, petītum 16; 24
ertragen	sustinēre 18; ferre, ferō, tulī 19; tolerāre 25
erwarten	exspectāre 3
erweisen	tribuere, tribuō, tribuī 18
erweitern	prōmovēre, prōmoveō, prōmōvī 21
erwerben	conciliāre 17
erzählen	nārrāre 20
Esel	asinus, asinī *m.* 6
es freut	iuvat 7
es genügt	satis est 15
es ist bekannt	nōtum est 13
es ist erlaubt	licet 23
es ist eure Aufgabe	vestrum est 14
es ist genug	satis est 15
es ist nötig	opus est 13
es macht Spaß	iuvat 7
Essen	cēna, cēnae *f.* 4
essen	cēnāre 7
es steht fest	cōnstat 24
etliche	aliquot *nicht deklinierbar* 21
etruskisch	Etrūscus 24
etwa? *(als Antwort wird »nein« erwartet)*	num? 9
etwas ist nötig	opus est *mit Abl.* 15
euch *Akk.*	vōs 7
euch *Dat.*	vōbīs 11
euer	vester, vestra, vestrum 8
Exil	exilium, exiliī *n.* 13

existieren	esse, sum, fuī 4; 14
fällen	caedere 4
Fall	causa, causae *f.* 20
Falle	īnsidiae, īnsidiārum *f. Pl.* 20
falls	sī 15
Familie	familia, familiae *f.* 7
fangen	capere, capiō, cēpī, captum 5; 24
fast	ferē 19
faul	piger, pigra, pigrum 10
Feder	penna, pennae *f.* 13
Fehler	vitium, vitiī *n.* 18
feiern	celebrāre 23
Feind	hostis, hostis *m.* (*Gen. Pl.* hostium) 19
Feld	campus, campī *m.* 10; ager, agrī *m.* 25
Feldherr	imperātor, imperātōris *m.* 4
Felsen	saxum, saxī *n.* 14
Fenster	fenestra, fenestrae *f.* 9
feststehen	cōnstare 24
Feuer	īgnis, īgnis *m.; Abl. Sg.* īgnī (īgne); *Gen. Pl.* īgnium 18
finden	invenīre, inveniō, invēnī 5; 15
fleißig	sēdulus 4
fliegen	volāre 13
fliehen	fugere, fugiō, fūgī 16; effugere, effugiō, effūgī 19
Flucht	fuga, fugae *f.* 13
Flügel	āla, ālae *f.* 13
Fluss	fluvius, fluviī *m.* 15
formen	fōrmāre 18
fortgehen	abīre, abeō 9
fortsetzen	pergere 7
Forum Romanum	forum Rōmānum, forī Rōmānī *n.* 6
fragen	interrogāre 2
Fragezeichen (unausgeschriebenes)	-ne *angehängte Fragepartikel* 4
Frau	fēmina, fēminae *f.* 15; mulier, mulieris *f.* 19
Frechheit	audācia, audāciae *f.* 24
frei	līber, lībera, līberum 7
Freigelassener	lībertus, lībertī *m.* 4
Freiheit	lībertās, lībertātis *f.* 25
freilich	quidem 15
fremd	aliēnus 25
fremdartig	aliēnus 25
Fremder	hospes, hospitis *m.* 21
Freude	gaudium, gaudiī *n.* 6

Freund	amīcus, amīcī *m.* 4
freundlich	hūmānus 4
Frieden	pāx, pācis *f.* 8
fröhlich	laetus 21
froh	laetus 21
fromm	pius 23
früh am Morgen	māne 11
führe!	dūc! *Imperativ Sg.* 10
führen	gerere 4; dūcere 10
für	prō *mit Abl.* 17
fürchten	timēre 2
Furcht	timor, timōris *m.* 3
Fuß	pēs, pedis *m.* 15
Gans	ānser, ānseris *m.* 8
ganz	tōtus 7; omnis, omnis, omne 23
Garten	hortus, hortī *m.* 2
Gast	hospes, hospitis *m.* 21
geben	dare, dō, dedī, datum 9; 15; 24
Gebiet	fīnēs, fīnium *m. Pl.* 21
gebildet	hūmānus 4
Gedränge	turba, turbae *f.* 6
gefährlich	perīculōsus 13
Gefahr	perīculum, perīculī *n.* 21
gefallen	placēre 11
gegen Abend	ad vesperum 6
gehen	īre, eō, iī 3; 16; cēdere, cēdō, cessī 17
gehorchen	obtemperāre 7; pārēre 21
Geier	vultur, vulturis *m.* 23
Geist	mēns, mentis *f.* 8; animus, animī *m.* 18
Geiz	avāritia, avāritiae *f.* 25
Geld	pecūnia, pecūniae *f.* 6
gemäß	secundum *mit Akk.* 18
geneigt sein	favēre *mit Dat.* 11
genug	satis 15
Gepäckstücke	sarcina, sarcinae *f.* 6
Gerücht	fāma, fāmae *f.* 19
geschehen	accidere 3
Geschenk	dōnum, dōnī *n.* 4
geschmückt	ōrnātus 11
Geschöpf	creātūra, creātūrae *f.* 18
Geschrei	clāmor, clāmōris *m.* 2
Geschrei erheben	clāmōrem tollere 2
Gesetz	lēx, lēgis *f.* 25
gesund	sānus 8
Getreide	frūmentum, frūmentī *n.* 24
gewichtig	gravis, gravis, grave 23
gewinnen	conciliāre 17
gewiss	certē 14
Gift	venēnum, venēnī *n.* 15

Gladiator	gladiātor, gladiātōris *m.* 9
Gladiatorenkampf	mūnus gladiātōrium, mūneris gladiātōriī *n.* 9
Gladiatorenspiel	mūnus gladiātōrium, mūneris gladiātōriī *n.* 9
Glaube	religiō, religiōnis *f.* 20
glauben	putāre 18; crēdere, crēdō, crēdidī, crēditum 25
glücklich	beātus 19; fēlīx, fēlīcis 23
glücklichster	fēlīcissimus 16
Götterspruch	fātum, fātī *n.* 15
Göttin	dea, deae *f.* 11
göttlich	dīvīnus 16
golden	aureus 19
Gott	deus, deī *m.* 11
Gottesdienst	rēs dīvīna, reī dīvīnae *f.* 16
gottesfürchtig	pius 23
Gottesverehrung	religiō, religiōnis *f.* 20
graben	fodere, fodiō 4
grausam	saevus 9
Grenze	fīnis, fīnis *m.* 21
Grieche	Graecus, Graecī *m.* 1
groß	māgnus 3
Großvater	avus, avī *m.* 23
gründen	condere, condō, condidī, conditum 31; 24
grüßen	salūtāre 4
günstig sein	favēre *mit Dat.* 11
gut *Adj.*	bonus 3
gut *Adv.*	bene 4
guten Tag!	salvē! 8
haben	habēre 2
Habgier	avāritia, avāritiae *f.* 25
halten	habēre 2
handeln	agere 5
hart	sevērus 4
Hass	odium, odiī *n.* 18
Hauptstadt	caput, capitis *n.* 10
Hausgemeinschaft	familia, familiae *f.* 7
he!	hēia! 7
heftig	ācer, ācris, ācre 23
Heimat	patria, patriae *f.* 13
heimlich	clam 18
heiraten *(vom Mann aus gesehen)*	in mātrimōnium dūcere 11
helfen	adiuvāre *mit Akk.* 14
Hemd	tunica, tunicae *f.* 5
heranführen	addūcere, addūcō, addūxī 20
herangehen *an*	adīre, adeō, adiī *mit Akk.* 9; 16
herbeibringen	afferre, afferō, **attulī** 19
herbeieilen	advolāre 23
herbeifliegen	advolāre 23

herbeiführen	addūcere, addūcō, addūxī 20
herbeilaufen	accurrere, accurrō, accurrī 20
herbeirufen	advocāre 2
Herr *des Hauses*	dominus, dominī *m.* 2
Herrin *des Hauses*	domina, dominae *f.* 2
Herrschaft	rēgnum, rēgnī *n.* 19; imperium, imperiī *n.* 21
herrschen	rēgnāre 19
Herz	animus, animī *m.* 18
heute	hodiē 1
hier	hīc 4
Hilfe	auxilium, auxiliī *n.* 15
Himmel	caelum, caelī *n.* 13
hinabsteigen	dēscendere, dēscendō, dēscendī 15
hinausgehen	exīre, exeō, exiī 5; 16
hineinschauen	īnspicere 4
hineinwerfen	inicere, iniciō 14
hinter	post *mit Akk.* 3
Hinterhalt	īnsidiae, īnsidiārum *f. Pl.* 20
hinuntersteigen	dēscendere, dēscendō, dēscendī 15
hinzufügen	addere, addō, addidī 18; afferre, afferō, **attulī** 19
Hirte	pāstor, pāstōris *m.* 19
hoch	altus 10
hochheben	tollere, tollō, sustulī 2; 15
Hochmut	superbia, superbiae *f.* 6
Hochsprung machen	in altum salīre 10
Hochzeit	nūptiae, nūptiārum *f. Pl.* 11
höchster	summus 20
hören	audīre 3
hoffen	spērāre 17
Holz	līgnum, līgnī *n.* 20
Hunger	famēs, famis *f.* 24
ich	egō 7
ich brauche Hilfe	mihi auxiliō opus est 15
ihr *Nom.*	vōs 7
ihr *reflexives Possessivpronomen*	suus 3
im Auftrag *von*	iussū *mit Gen.* 16
immer	semper 1
immer wenn	cum 17
immer wieder	iterum atque iterum 17
im Sinn haben	in animō habēre 21
im Stich lassen	dēserere, dēserō, dēseruī, dēsertum 25
in *(auf die Frage »Wo?«)*	in *mit Abl.* 5
in *(auf die Frage »Wohin?«)*	in *mit Akk.* 5

in Brand stecken	incendere, incendō, incendī, incēnsum 20; 24
in ... hinein *(auf die Frage »Wohin?«)*	in *mit Akk.* 5
Insel	īnsula, īnsulae *f.* 8
irren	errāre, errō 25
Irrfahrt	error, errōris *m.* 21
Irrtum	error, errōris *m.* 21
ja	ita 10
Jahr	annus, annī *m.* 15
jedenfalls	quidem 15
jeder	omnis, omnis, omne 23
jenseits	trāns *mit Akk.* 15
jetzt	nunc 2
Junge	puer, puerī *m.* 1
junger Mann	adulēscēns, adulēscentis *m.* (*Gen. Pl.* adulēscentium) 10; iuvenis, iuvenis *m.* 17
junges Mädchen	virgō, virginis *f.* 11
kämpfen	pūgnāre 9; certāre 23
Kaiser	imperātor, imperātōris *m.* 4
Karren	carrus, carrī *m.* 6
kaufen	emere 5
Kaufmann	mercātor, mercātōris *m.* 2
kaum	vix 23
Kette	catēna, catēnae *f.* 18
Kinder	līberī, līberōrum *m. Pl.* 25
Kleidungsstück	vestīmentum, vestīmentī *n.* 5
klein	parvus 4
Klima	caelum, caelī *n.* 13
König	rēx, rēgis *m.* 13
Königin	rēgīna, rēgīnae *f.* 13
Königreich	rēgnum, rēgnī *n.* 19
König sein	rēgnāre 19
können	posse, possum, potuī 8; 15
Körper	corpus, corporis *n.* 8
Kollege	collēga, ae ***m.***
Kopf	caput, capitis *n.* 10
krank	aeger, aegra, aegrum 9
Kranz	corōna, corōnae *f.* 11
Kreis	orbis, orbis *m.* (*Gen. Pl.* orbium) 10
Krieg	bellum, bellī *n.* 19.
kritisieren	vituperāre 1
Krone	corōna, corōnae *f.* 11
Kühnheit	audācia, audāciae *f.* 24
künftig	futūrus 10
Künstler	artifex, artificis *m.* 13
Küste	ōra, ōrae *f.* 21
Kunst	ars, artis *f.* (*Gen. Pl.* artium) 18

kurz	brevis, brevis, breve 23
Kuss	ōsculum, ōsculī *n.* 17
lachen	rīdēre, rīdeō, rīsī 3; 16
ländlich	rūsticus 4
lästig	molestus 19
Lager	castra, castrōrum *n. Pl.* 24
Land	terra, terrae *f.* 10
Landgut	vīlla rūstica, vīllae rūsticae *f.* 4; praedium, praediī *n.* 25
Landgut (großes)	lātifundium, lātifundiī *n.* 25
Landhaus	vīlla, vīllae *f.* 4
lang	longus 3
lange	diū 9
langsam *Adj.*	lentus 7
langsam *Adv.*	lentē 6
Last	sarcina, sarcinae *f.* 6; onus, oneris *n.* 8
Laster (das)	vitium, vitiī *n.* 18
laufen	currere 3
Leben	vīta, vītae *f.* 17
leben	vīvere 8
Lebewesen	animal, animālis *n.; Abl. Sg.* animālī; *Nom./Akk. Pl.* animālia; *Gen. Pl.* animālium 18
lebt wohl!	valēte! 7
leb wohl!	valē! 7
leer	vacuus 3
legen	pōnere, pōnō, posuī 5; 20
lehren	docēre 16
Lehrer	magister, magistrī *m.* 1
leicht	facilis, facilis, facile 23
Leichtsinn	temeritās, temeritātis *f.* 20
letzter	ultimus 14
Liebe	amor, amōris *m.* 15
lieben	amāre 4
liebster	cārissimus 19
liegen	iacēre 7
List	dolus, dolī *m.* 14.
loben	laudāre 1
Löwe	leō, leōnis *m.* 9
machen	agere 5; facere, faciō, fēcī, factum 16; 25
machen zu	reddere, reddō, reddidī 19
Macht	potestās, potestātis *f.* 19
mächtig	māgnus 3
Mädchen	puella, puellae *f.* 1
Mahlzeit	cēna, cēnae *f.* 4
mahnen	monēre 13
manche	nōnnūllī, nōnnūllae, nōnnūlla 5; quīdam, quaedam, quaedam 20

Mann	vir, virī *m.* 4; homō, hominis *m.* 5
Markt	forum, forī *n.* 3
Marktplatz	forum, forī *n.* 3
Marsch	iter, itineris *n.* 25
Maß	modus, modī *m.* 14
Mauer	mūrus, mūrī *m.* 24
Meer	mare, maris *n.* (*Gen. Pl.* marium) 13
meiden	vītāre 13
mein	meus 15
meinen	cēnsēre 16; putāre 18
Menge	turba, turbae *f.* 6; cōpia, cōpiae *f.* 24
Mensch	homō, hominis *m.* 5
menschlich	hūmānus 4
mich	mē 7
Mietskaserne	īnsula, īnsulae *f.* 8
mir	mihi 11
missachten	neglegere, neglegō, neglēxī, neglēctum 25
mit	cum *mit Abl.* 5
mit dem Schiff fahren	nāvigāre 21
mit dir	tēcum (= *cum tē) 11
mit euch	vōbīscum (= *cum vōbīs) 10
mit mir	mēcum (= *cum mē) 9
mit Mühe	aegrē 21
mit Namen	nōmine 15
mit sich	sēcum (= *cum sē) 11
mittlerer	medius 13
mit uns	nōbīscum (= *cum nōbīs) 11
mögen	amāre 4
Mond	lūna, lūnae *f.* 3
morgen	crās 10
müde	fessus 8
müde machen	fatīgāre 10
Mühe	labor, labōris *m.* 4
mühsam	asper, aspera, asperum 24
Münze	nummus, nummī *m.* 15
müssen	dēbēre 3
Mut	animus, animī *m.* 18
Mutter	māter, mātris *f.* 16
nach	post *mit Akk.* 3
nach *(auf die Frage »Wohin?«)*	in *mit Akk.* 5
Nachbar	vīcīnus, vīcīnī *m.* 8
nachdem	postquam *mit Perfekt* 18
nachdenken	cōgitāre 1
nach Hause	domum 6
nach Rom	Rōmam 25
Nacht	nox, noctis *f.* 8
nämlich	enim *nachgestellt* 4; nam 3

Nahrung	cibus, cibī *m.* 4
Name	nōmen, nōminis *n.* 15
Nation	nātiō, nātiōnis *f.* 10
Nebenbuhlerin	aemula, aemulae *f.* 15
nehmen	sūmere, sūmō, sūmpsī 18
nennen	vocāre 23
neu	novus 4
neulich	nūper 25
nicht	nōn 1
nicht?	nōnne? 6
nicht beachten	neglegere, neglegō, neglēxī, neglēctum 25
nicht haben	carēre *mit Abl.* 18
nicht mehr	nōn iam 8
nicht nur ... sondern auch	nōn modo ... sed etiam 4
nichts	nihil 3
nicht wissen	nescīre 17
Niederlage	clādēs, clādis *f.* (*Gen. Pl.* clādium) 10
niemals	numquam 8
niemand	nēmō, nēminis *m./f.* 23
noch	adhūc 16
noch nicht	nōndum 6
notwendig	necessarius 25
nützen	prōdesse, prōsum, prōfuī 2; 14
nun	nunc 2
nur	sōlum 8
Nutzen	ūtilitās, ūtilitātis *f.* 18
Nymphe	nympha, nymphae *f.* 17
obwohl	quamquam 13
Ochse	bōs, bovis *m.* 23
oder	vel 10; aut 20
oder etwa?	an? 7
öffentlich	pūblicus 16
offen stehen	patēre 13
oft	saepe 1
oh	ō 7
Opfer	rēs dīvīna, reī dīvīnae *f.* 16
Opfer bringen	rem dīvīnam facere 16
opfern	sacrificāre 11; immolāre 16; rem dīvīnam facere 16
Patrizier	patricius, patriciī *m.* 25
Pfeil	sagitta, sagittae *f.* 14
Pferd	equus, equī *m.* 19
pflegen	colere, colō, coluī, cultum 25
Plan	cōnsilium, cōnsiliī *n.* 23
plötzlich	subitō 2
Posten	praesidium, praesidiī *n.* 20
Preis	prētium, prētiī *n.* 5
Priester	pontifex, pontificis *m.* 11; sacerdōs, sacerdōtis *m.* 20
Priesterin	sacerdōs, sacerdōtis *f.* 20

quälen	vexāre 7
Quelle	fōns, fontis *m.* (*Gen. Pl.* fontium) 17
Rächer	vindex, vindicis *m.* 17
Rat	cōnsilium, cōnsiliī *n.* 23
Rathaus	cūria, cūriae *f.* 6
rau	asper, aspera, asperum 24
rauben	rapere, rapiō, rapuī 11; 18
Rechte (= rechte Hand)	dextra, dextrae *f.* 11
rechte Hand	dextra, dextrae *f.* 11
rechtzeitig	ad tempus 8
Reich	imperium, imperiī *n.* 21
reichen	porrigere 11
Reichtum	dīvitiae, dīvitiārum *f. Pl.* 19
Reise	iter, itineris *n.* 25
reißen	rapere, rapiō, rapuī 11; 18
reißend	rapidus 15
reiten	equitāre 10
retten	servāre 15
riesig	permāgnus 20
Rind	bōs, bovis *m.* 23
Rivalin	aemula, aemulae *f.* 15
Römer	Rōmānus, Rōmānī *m.* 1
römisch	Rōmānus 6
Rücken	dorsum, dorsī *n.* 15
rufen	clāmāre 2; vocāre 23
Ruhe	silentium, silentiī *n.* 7; quiēs, quiētis *f.* 8
Ruhe finden	quiētem capere, capiō, cēpī, captum 8; 24
Rute	virga, virgae *f.* 6
Sache	rēs, reī *f.* 16
sag!	dīc! *Imperativ Sg.* 10
Sage	fāma, fāmae *f.* 19
sagen	dīcere, dīcō, dīxī 10; 14
sagt (er/sie/es)	inquit *eingeschoben* 19
sagte (er/sie/es)	inquit *eingeschoben* 19
Schätze	dīvitiae, dīvitiārum *f. Pl.* 19
schaffen	creāre 18
Schande	īnfāmia, īnfāmiae *f.* 13; īgnōminia, īgnōminiae *f.* 19
scharf	ācer, ācris, ācre 23
Schatten	umbra, umbrae *f.* 3
schau	ecce 1
Scherz	iocus, iocī *m.* 11
Scheu	religiō, religiōnis *f.* 20
schicken	mittere, mittō, mīsī 14
Schicksal	fātum, fātī *n.* 15
Schiedsrichter	arbiter, arbitrī *m.* 19
schießen	mittere, mittō, mīsī 14

Schiff	nāvis, nāvis *f.* (*Gen. Pl.* nāvium) 21
schiffbrüchig	naufragus 21
schlafen	dormīre 3
schlagen	verberāre 4
Schlange	serpēns, serpentis *m./f.* (*Gen. Pl.* serpentium) 14
schlecht	malus 3
schleppen	trahere, trahō, trāxī, tractum 18; 24
schleudern	iacere, iaciō, iēcī 5; 19
schlichten	disceptāre 19
schließlich	dēnique 5; postrēmō 14; tandem 25
Schmerz	dolor, dolōris *m.* 17
Schmuck	ōrnāmentum, ōrnāmentī *n.* 2
Schmuckstück	ōrnāmentum, ōrnāmentī *n.* 2
schmücken	ōrnāre 4
Schnelligkeit	celeritās, celeritātis *f.* 20
schön	pulcher, pulchra, pulchrum 4; fōrmōsus 17
schönster	pulcherrimus 19
Schöpfer	artifex, artificis *m.* 13
Schöpfung	creātūra, creātūrae *f.* 18
schon	iam 11
Schrecken	terror, terrōris *m.* 14
Schrecken einjagen	terrōrem inicere 14
schreiben	scrībere, scrībō, scrīpsī 1; 14
schreien	clāmāre 2
Schrift	scrīptum, scrīptī *n.* 4
Schüler	discipulus, discipulī *m.* 1
Schülerin	discipula, discipulae *f.* 1
schützen	dēfendere, dēfendō, dēfendī 23
schulden	dēbēre 3
Schule	schola, scholae *f.* 1
Schutz	praesidium, praesidiī *n.* 20
schweigen	tacēre 2
schwer	gravis, gravis, grave 23
schwer ertragen	molestē ferre 19
Schwert	gladius, gladiī *m.* 9
schwierig	difficilis, difficilis, difficile 23; asper, aspera, asperum 24
schwimmen	natāre 5
sechs	sex *nicht deklinierbar* 23
segeln	nāvigāre 21
sehen	vidēre, videō, vīdī 3; 15; cōnspicere, cōnspiciō, cōnspexī 20
Sehnsucht	dēsīderium, dēsīderiī *n.* 17
sehr	valdē 2
sehr freundlich *Adv.*	amīcissimē 21
sehr glücklich	fēlīcissimus 16
sehr groß	permāgnus 20
sehr lieb	cārissimus 19
sehr schön	pulcherrimus 19
sehr stark	fortissimus 19
sehr tapfer	fortissimus 19
sei gegrüßt!	salvē! 8
sein *reflexives Possessivpronomen*	suus 3
sein *Verb*	esse, sum, fuī 4; 14
seit dieser Zeit	ex eō tempore 15
selten	rārō 1
Senator	senātor, senātōris *m.* 3
setzen	pōnere, pōnō, posuī 5; 20
seufzen	gemere 1
sich *Akk.*	sē 3
sich *Dat.*	sibi 11
sich ärgern über	molestē ferre 19
sich begeben	sē cōnferre, mē cōnferō, mē contulī 19
sich bemühen	studēre, studeō, studuī 14
sicher	certē 14
sich freuen	gaudēre 4
sich fürchten vor	timēre *mit Akk.* 2
sich kümmern *um*	cūrāre *mit Akk.* 4
sich nähern	appropinquāre 4
sich üben	sē exercēre 5
sich wenden *an*	adīre, adeō, adiī *mit Akk.* 9; 16
sich zurückziehen	recēdere, recēdō, recessī 9; 17; pēdem referre, referō, **rettulī** 19
sieben	septem 16
Sieg	victōria, victōriae *f.* 23
siegen	vincere, vincō, vīcī, victum 15; 24
singen	cantāre 7
Sippe	gēns, gentis *f.* (*Gen. Pl.* gentium) 21
Sitte	mōs, mōris *m.* 8
Sitz	sēdēs, sēdis *f.* 25
sitzen	sedēre, sedeō, sēdī 19
Sklave	servus, servī *m.* 2
Sklave sein	servīre 7
Sklavin	ancilla, ancillae *f.* 2
so	tam 7; ita 10
sobald	ubī prīmum 19
sofort	statim 15
sogar	etiam 1
so groß	tantus 24
Sohn	fīlius, fīliī *m.* (*Vokativ Sg.* fīlī) 10

Deutsch	Latein
so ist es	ita 10
Soldat	mīles, mīlitis *m.* 10
sondern	sed 2
Sonne	sōl, sōlis *m.* 13
sorgen *für*	cūrāre *mit Akk.* 4; cōnsulere, cōnsulō, cōnsuluī, cōnsultum *mit Dat.* 23; 25
sowohl … als auch	et … et 4
sozusagen	quasi 8
später	posteā 5; post *Adv.* 15
Spange	fībula, fībulae *f.* 2
Spaß machen	dēlectāre 1
spazieren gehen	ambulāre 5
Speise	cibus, cibī *m.* 4
speisen	cēnāre 7
Speisesofa	lectus, lectī *m.* 7
Spiel	lūdus, lūdī *m.* 10; iocus, iocī *m.* 11
spielen	lūdere, lūdō, lūsī 7; 16
Sprache	lingua, linguae *f.* 10
springen	salīre 10
Staat	rēs pūblica, reī pūblicae *f.* 16
staatlich	pūblicus 16
Stadt	urbs, urbis *f.* (*Gen. Pl.* urbium) 10
Stadt (kleinere)	oppidum, oppidī *n.* 10
Stadtteil	vīcus, vīcī *m.* 3
stärkster	fortissimus 19
Stammvater	auctor, auctōris *m.* 21
stark	fortis, fortis, forte 23
staunen	stupēre 7
stehen	stāre 6
Stein	lapis, lapidis *m.* 8
stellen	pōnere, pōnō, posuī 5; 20
sterben	ē vītā cēdere, cēdō, cessī 17
sterblich	mortālis, mortālis, mortāle 23
Stern	astrum, astrī *n.* 24
Stier	taurus, taurī *m.* 13
Stille	silentium, silentiī *n.* 7
Stimme	vōx, vōcis *f.* 6
Stock	virga, virgae *f.* 6
Stolz	superbia, superbiae *f.* 6
stolz	superbus 16
Strand	lītus, lītoris *n.* 20
Straße	via, viae *f.* 5
Streit	contrōversia, contrōversiae *f.* 19
streiten	certāre 23
streng	sevērus 4
Studium	studium, studiī *n.* 1
Stunde	hōra, hōrae *f.* 8
Sturm	tempestās, tempestātis *f.* 21
suchen	quaerere, quaerō, quaesīvī, quaesītum 2; 25
tadeln	vituperāre 1
Tätigkeit	negōtium, negōtiī *n.* 4
Tag	diēs, diēī ***m.*** 16
tapfer *Adj.*	fortis, fortis, forte 23
tapfer *Adv.*	fortiter 14
Tapferkeit	virtūs, virtūtis *f.* 9
tapferster	fortissimus 19
Tat	factum, factī *n.* 23
tatsächlich	rē vērā 15
Teil	pars, partis *f.* (*Gen. Pl.* partium) 18
teilnehmen *an*	interesse, intersum, interfuī *mit Dat.* 11; 14
tief	altus 10
Tier	bēstia, bēstiae *f.* 8
Tisch	mēnsa, mēnsae *f.* 4
Tochter	fīlia, fīliae *f.* 2
Tod	mors, mortis *f.* 9
töten	caedere 4; necāre 9; occīdere 9; interficere, interficiō, interfēcī 16
Tor	porta, portae *f.* 20
tot	mortuus 16
träge	lentus 7
Träne	lacrima, lacrimae *f.* 16
tragen	gerere 4; portāre 5; ferre, ferō, tulī 19
trainieren	sē exercēre 5
transportieren	vehere 6
trauern	lūgēre, lūgeō, lūxī 16
traurig	maestus 17
treffen	convenīre, conveniō, convēnī 10; 15
treiben	agere 5
treu	fīdus 3
Tribun	tribūnus, tribūnī *m.* 25
trinken	bibere 7
trotzdem	tamen 4
trotzig	ferōx, ferōcis 23
trüben	turbāre 17
Truppen	cōpiae, cōpiārum *f. Pl.* 24
Tüchtigkeit	virtūs, virtūtis *f.* 9
Tür	porta, portae *f.* 20
tun	agere 5; facere, faciō, fēcī, factum 16; 25
Tunika	tunica, tunicae *f.* 5
Turm	turris, turris *f.* (*Gen. Pl.* turrium) 13
übel	malus 3

Deutsch	Latein
üben	exercēre 10
über	dē *mit Abl.* 5
überbringen	apportāre 3
übereinstimmen	cōnsentīre, cōnsentiō, cōnsēnsī 20
über … hinaus	trāns *mit Akk.* 15
über … hinweg	trāns *mit Akk.* 15
übertreffen	superāre 14
überwinden	superāre 14
Ufer	rīpa, rīpae *f.* 15; lītus, lītoris *n.* 20
umgeben	circumdare, circumdō, circumdedī, circumdatum 24
umgraben	fodere, fodiō 4
um … herum	circum *mit Akk.* 5
um Rat fragen	cōnsulere, cōnsulō, cōnsuluī, cōnsultum *mit Akk.* 23; 25
umsonst	frūstrā 2
unbesiegbar	invictus 14
unbesiegt	invictus 14
und	et 1; -que *angehängt* 4; atque 17
Ungeheuer	mōnstrum, mōnstrī *n.* 13
ungeheuer	ingēns, ingentis 25
ungeheuer groß	ingēns, ingentis 25
Ungerechtigkeit	iniūria, iniūriae *f.* 25
Unglück	rēs adversae, rērum adversārum *f.* 16; miseria, miseriae *f.* 25
unglücklich	miser, misera, miserum 8
Unheil	perniciēs, perniciēī *f.* 16
Unrecht	iniūria, iniūriae *f.* 25
uns *Akk.*	nōs 7
uns *Dat.*	nōbīs 11
unser	noster, nostra, nostrum 10
unsterblich	immortālis, immortālis, immortāle 23
Unsterblichkeit	immortālitās, immortālitātis *f.* 14
unter	inter *mit Akk.* 4
unter *(auf die Frage »Wo?«)*	sub *mit Abl.* 14
unter *(auf die Frage »Wohin?«)*	sub *mit Akk.* 14
Untergang	perniciēs, perniciēī *f.* 16; exitium, exitiī *n.* 21
unterrichten	docēre 16
unterstützen	adiuvāre *mit Akk.* 14
Unvorsichtigkeit	imprūdentia, imprūdentiae *f.* 20
Unwetter	tempestās, tempestātis *f.* 21
Unwissenheit	imprūdentia, imprūdentiae *f.* 20
unwürdig	indīgnus 25
Urheber	auctor, auctōris *m.* 21
Ursache	causa, causae *f.* 20
Vater	pater, patris *m.* 10
Vaterland	patria, patriae *f.* 13
verändern	mūtāre 25
veranlassen	addūcere, addūcō, addūxī 20; commovēre, commoveō, commōvī, commōtum 24
Verbannung	exilium, exiliī *n.* 13
verbergen	occultāre 13
verblüfft sein	stupēre 7
Verderben	perniciēs, perniciēī *f.* 16
verehren	colere, colō, coluī, cultum 25
vergeblich	frūstrā 2
vergewaltigen	violāre 24
vergiften	īnficere, īnficiō, īnfēcī 15
vergleichen	cōnferre, cōnferō, contulī 19
verhandeln	agere 5
Verkäufer	venditor, venditōris *m.* 5
verkaufen	vendere 6
verlassen	relinquere, relinquō, relīquī 13; 18; dēserere, dēserō, dēseruī, dēsertum 25
verletzen	laedere, laedō, laesī 16; violāre 24
vermeiden	vītāre 13
vermuten	conicere, coniciō, coniēcī 20
vernachlässigen	neglegere, neglegō, neglēxī, neglēctum 25
verneinen	negāre 18
verschmähen	spernere, spernō, sprēvī 17
versehen *mit*	afficere, afficiō, affēcī, affectum *mit Abl.* 21; 24
verspotten	dērīdēre, dērīdeō, dērīsī, dērīsum 25
versprechen	prōmittere, prōmittō, prōmīsī 19
Verstand	mēns, mentis *f.* 8
verstecken	occultāre 13
versuchen	temptāre 11
verteidigen	dēfendere, dēfendō, dēfendī 23
vertrauen	crēdere, crēdō, crēdidī, crēditum 25
vertreiben	expellere, expellō, expulī, expulsum 24

verwandeln	mūtāre 25
Verwandter	cōgnātus, cōgnātī *m.* 11
Verwegenheit	temeritās, temeritātis *f.* 20
verweigern	negāre 18
verwirren	turbāre 17
verwunden	vulnerāre 9
verzichten müssen *auf*	carēre *mit Abl.* 18
Vieh	pecus, pecoris *n.* 8
viel	multus 4
vielleicht	fortasse 10
Volk	nātiō, nātiōnis *f.* 10; populus, populī *m.* 10; gēns, gentis *f.* (*Gen. Pl.* gentium) 21
Volk (einfaches)	plēbs, plēbis *f.* 25
Volksstamm	nātiō, nātiōnis *f.* 10; gēns, gentis *f.* (*Gen. Pl.* gentium) 21
Volkstribun	tribūnus plēbis, tribūnī plēbis *m.* 25
voll	plēnus 3
vom Nachschub an Getreide abschneiden	interclūdere frūmentō 24
von	dē *mit Abl.* 5; ā, ab *mit Abl.* 13
von allen Seiten	undique 20
von … her	ā, ab *mit Abl.* 13
von herab	dē *mit Abl.* 5
von Neuem	dēnuō 14
von Weitem	procul 20
vor	ante *mit Akk.* 6; prō *mit Abl.* 17
Vorfahren	māiōrēs, māiōrum *m. Pl.* 23
vorhaben	in animō habēre 21
vorhanden sein	esse, sum, fuī 4; 14
vornehm	nōbilis, nōbilis, nōbile 24
Vorrat	cōpia, cōpiae *f.* 24
vorwärts bewegen	prōmovēre, prōmoveō, prōmōvī 21
Vorzeichen	ōmen, ōminis *n.* 23
wachen	vigilāre 8
wach sein	vigilāre 8
wachsen	crēscere 4
wählen	creāre 18
während	dum *mit Präsens* 18
Waffe	ferrum, ferrī *n.* 24
Wahnsinn	īnsānia, īnsāniae *f.* 20
wann?	quandō? 21
Ware	merx, mercis *f.* 6
warnen	monēre 13
warum?	cūr? 1
was?	quid? 6
Wasser	aqua, aquae *f.* 17

weder … noch	neque … neque 7
Weg	via, viae *f.* 5; iter, itineris *n.* 25
wegen 18	ob *mit Akk.*
wegen dieser Sache	ob eam rem 18
wegfliegen	āvolāre 18
wegführen	dēdūcere, dēdūcō, dēdūxī, dēductum 24
weggehen	abīre, abeō 9
wegreißen	rapere, rapiō, rapuī 11; 18
wegschicken	dīmittere, dīmittō, dīmīsī, dīmissum 24
weichen	cēdere, cēdō, cessī 17
weil	quod 16; quia 18
Wein	vīnum, vīnī *n.* 7
weinen	flēre, fleō, flēvī 2; 17
Weise	modus, modī *m.* 14
weise	sapiēns, sapientis 23
Weisheit	sapientia, sapientiae *f.* 18
weit *Adv.*	longē 16
weiter etwas tun	pergere 7
weitermachen	pergere 7
Weitsprung machen	in longum salīre 10
welcher? *Interrogativpronomen*	quī?, quae?, quod? 20
welcher *Relativpronomen*	quī, quae, quod 20
Welt	mundus, mundī *m.* 10; orbis terrārum, orbis terrārum *m.* 10
Weltall	mundus, mundī *m.* 10
wenden	flectere, flectō, flexī 17
wenige	paucī, paucae, pauca 16
wenig später	paulō post 9
wenn	sī 15
wenn aber	sīn 20
wer?	quis? 2
werfen	iacere, iaciō, iēcī 5; 19; mittere, mittō, mīsī 14; conicere, coniciō, coniēcī 20
Wert	prētium, prētiī *n.* 5
wie	ut 19
wie (?)	quam (?) 25
wieder	iterum 6; dēnuō 14
wiedererkennen	recōgnōscere 6
wiedergeben	reddere, reddō, reddidī 19
wild	ferōx, ferōcis 23
Wille	voluntās, voluntātis *f.* 11
willkommen	grātus, grāta, grātum 4
wir	nōs *Nom.* 7
wirklich	vērē 2; rē vērā 15
wissen	scīre 9
wo?	ubī? 2
wohin?	quō? 9

Wohltat	beneficium, beneficiī *n.* 18
wohnen	habitāre 13
Wohnsitz	sēdēs, sēdis *f.* 25
wollen	cupere, cupiō, cupīvī 5; 17
Wort	verbum, verbī *n.* 16
wünschen	cupere, cupiō, cupīvī 5; 17
Würde	dīgnitās, dīgnitātis *f.* 25
würdig *mit Gen.*	dīgnus *mit Abl.* 9
Würfel	ālea, āleae *f.* 7
wütend	īrātus 21
wütend sein	furere 2
Wunde	vulnus, vulneris *n.* 14
Wut	furor, furōris *m.* 2; īra, īrae *f.* 9
Zahl	numerus, numerī *m.* 16
zehn	decem *nicht deklinierbar* 20
zehnter	decimus 8
Zeit	tempus, temporis *n.* 8
Zeit haben	vacāre 10
zerstören	dēlēre, dēleō, dēlēvī 20
ziehen	trahere, trahō, trāxī, tractum 18; 24
Zorn	furor, furōris *m.* 2; īra, īrae *f.* 9
zornig	īrātus 21
zu	ad *mit Akk.* 3
zubereiten	parāre 4
zuerst	prīmō 5
zufrieden	contentus 4
zugrunde gehen	perīre, pereō, periī 21
zu groß 17	nimius
zu Hause	domī 8
zukünftig	futūrus 10
zum zweiten Mal	iterum 6
Zunge	lingua, linguae *f.* 10
zurückbringen	redūcere, redūcō, redūxī 15
zurückführen	redūcere, redūcō, redūxī 15
zurückgehen	redīre, redeō, rediī 13; 16
zurückkehren	redīre, redeō, rediī 13; 16
zurückkommen	revenīre, reveniō, revēnī 17
zurücklassen	relinquere, relinquō, relīquī 13; 18
zurückschauen	respicere, respiciō, respexī 13; 15
zurücktragen	referre, referō, **rettulī** 19
zurückweichen	recēdere, recēdō, recessī 9; 17
zurückweisen	spernere, spernō, sprēvī 17
zusammenkommen	convenīre, conveniō, convēnī 10; 15
zusammenlaufen	concurrere, concurrō, concurrī 20
zusammentragen	cōnferre, cōnferō, contulī 19
zusammentreiben	cōgere, cōgō, coēgī, coāctum 24
zu sehr	nimis 10
zustimmen	cōnsentīre, cōnsentiō, cōnsēnsī 20
zuteilen	tribuere, tribuō, tribuī 18
zuverlässig	fīdus 3
zwei	duo, duae, duo; *Akk.* duōs, duās, duo; *Dat.* duōbus, duābus, duōbus 14
zwingen	cōgere, cōgō, coēgī, coāctum 24
zwischen	inter *mit Akk.* 4
zwölf	duodecim *nicht deklinierbar* 14

Verzeichnis der Eigennamen

Acestēs (Acestae *m.*): Gefährte des Priamus im trojanischen Krieg, flieht später nach Sizilien und gründet dort die Stadt Segesta. Er bietet den geschwächten Flüchtlingen um Aenēās hier eine neue Heimat.

Achillēs (Achillis *m.*): Sohn des Sterblichen Pēleus und der Meeresgöttin Thetis; das Schicksal bietet ihm zwei Möglichkeiten, sein Leben zu gestalten: entweder alt, aber vergessen, zu sterben oder unsterblichen Ruhm durch einen frühen Tod im Kampf zu erringen. Achill entscheidet sich für den Tod als Held und zieht mit nach Troja, wo er durch einen von Apoll in seine Ferse gelenkten Pfeil des Paris stirbt.

Aenēās (Aenēae *m.*): Sohn der Göttin Venus und des sterblichen Vaters Anchīsēs; er flieht mit wenigen Überlebenden aus dem brennenden Troja und gründet in Latium (Italien) ein neues Volk. Er gilt als Stammvater der Römer.

Āfrica (Āfricae *f.*): Afrika.

Agamemnōn (Agamemnonis *m.*): König von Mykene und Bruder des Meneläus.

Aglaia (Aglaiae *f.*): Eigenname.

Aegeus (Aegeī *m.*): sagenhafter König von Attika und Vater des Thēseus.

Alba Longa (Albae Longae *f.*): der Sage nach erste Hauptstadt in Latium, gegründet von Iūlus (Ascanius), dem Sohn des Aenēās.

Alcmēna (Alcmēnae *f.*): griechisch Alkmene; Gattin des Amphitruō (griechisch Amphitryon), Mutter des Herculēs (Sohn Iuppiters) und des Īphiclēs (Sohn des Amphitruō).

Alphēus (Alphēī *m.*): Hauptfluss der Peloponnes.

Amazonen: kriegerisches weibliches Reitervolk in Kleinasien.

Amor (Amōris *m.*): Gott der Liebe und Sohn der Venus.

Amphitruō (Amphitruōnis *m.*): griechisch Amphitryon; Gatte der Alcmēna, Vater des Īphiclēs.

Amūlius (Amūliī *m.*): König von Alba Longa; er verjagt seinen älteren Bruder Numitor vom Königsthron und wird dafür später von Rōmulus und Remus getötet.

Anchīsēs (Anchīsae *m.*): Vater des Aenēās; Aenēās rettet ihn, indem er ihn auf den Schultern aus der brennenden Stadt Troja hinausträgt, während er die Hausgötter des trojanischen Königshauses in den Händen hält.

Androgeus (Androgeī *m.*): Sohn des Mīnōs, des Königs von Kreta, und der Pāsiphaē; weil er bei Wettspielen in Athen getötet wird, verlangt Mīnōs sieben Jungfrauen und sieben Jünglinge als jährliches Opfer für den Mīnōtaurus.

Antōnia (Antōniae *f.*): Eigenname.

Antōnīnus Pius (Antōnīnī Piī *m.*): römischer Kaiser, geb. 86 n. Chr., gest. 161 n. Chr.; er zählt zu den sogenannten Adoptivkaisern und wurde 138 in sein Amt als Kaiser eingesetzt. Seine Regierungszeit war geprägt von einer Phase des Friedens.

Apollō (Apollinis *m.*): Phoebus Apollō, Sohn des Iuppiter und der Göttin Lātōna (griechisch Leto), Bruder der Diāna (griechisch Artemis), Gott des Lichts und der Künste.

Argolis (Argolidis *f.*): bergiger Landstrich im Osten der Peloponnes.

Argos: Hund des Odysseus. Der Name erinnert an den hundertäugigen Riesen Argos.

Ariadnē (Ariadnēs *f.*): Tochter des Mīnōs, des Königs von Kreta; sie hilft Thēseus mit einem Wollknäuel, den Weg aus dem Labyrinth heraus zu finden. Gemeinsam fliehen sie von Kreta, doch Thēseus lässt Ariadnē auf Befehl des Gottes Bacchus auf der Insel Naxos zurück.

Ascanius (Ascaniī *m.*): auch Iūlus (Iūlī *m.*) genannt, Sohn des Aenēās und Gründer der Stadt Alba Longa.

Äsop: lat. Aesōpus (Aesōpī *m.*), griechischer Fabeldichter; er lebte um 600 v. Chr. in Griechenland. Wegen seiner Freimütigkeit wurde er von den Priestern in Delphī der Gotteslästerung angeklagt und anschließend getötet, indem man ihn von einem Felsen hinabstieß.

Augīās (Augīae *m.*): Sohn des Gottes Sōl; er besitzt riesige Rinderställe, die seit 30 Jahren nicht mehr gereinigt worden sind. Mit Herculēs wettet er um den zehnten Teil seiner Rinder, falls Herculēs es schaffen solle, die Ställe an einem einzigen Tag auszumisten.

Aulus (Aulī *m.*): Eigenname.

Bacchus (Bacchī *m.*): griechisch Dionysos; Gott des Weines, der Fruchtbarkeit und der Ekstase.

Britannicus (Britannicī *m.*): Eigenname.

Brūtus: Lūcius Iūnius Brūtus (Lūciī Iūniī Brūtī *m.*), erster Konsul der neu gegründeten römischen Republik.

Busch, Wilhelm: 1832 bis 1908, deutscher Dichter, Verfasser zahlreicher Gedichte und Reimerzählungen, darunter die berühmten Streiche von Max und Moritz.

Caecīna: Sevērus Caecīna (Sevērī Caecīnae *m.*), Konsul 6 n. Chr., Legat von Moesia und Untergermanien, 15 n. Chr. nur knapp dem Schicksal des Vārus entgangen.

Caesar: Gāius Iūlius Caesar (Gāiī Iūliī Caesaris *m.*), römischer Feldherr und Politiker, geb. 100 v. Chr., ermordet am 15. März 44 v. Chr.; in den Jahren 58 bis 51 eroberte er Gallien, die Erinnerungen an diesen gallischen Krieg kann man in seinem berühmten Werk *Commentāriī dē bellō Gallicō* nachlesen.

Calvert, Frank: 1828-1908, machte als Hobbyarchäologe Heinrich Schliemann auf den Hügel Hisarlik als Ort des antiken Troja aufmerksam.

Campus Mārtius (Campī Mārtiī *m.*): Marsfeld; es erstreckte sich als Stadtteil des alten Rom über das Gebiet am Tiberbogen; hier befanden sich zahlreiche Tempel- und Sportanlagen. Das Marsfeld war gewissermaßen das Freizeitgelände der Römer.

Carthāgō (Carthāginis *f.*): Stadt in Nordafrika und Hauptkonkurrentin Roms; hier herrschte Dīdō, die legendäre Königin und Geliebte des Aenēās. In dem Konflikt Aenēās – Dīdō verweist Vergil auf die Punischen Kriege, in deren Verlauf Carthāgō von den Römern zerstört wurde.

Catō: Mārcus Porcius Catō Cēnsōrius (Mārcī Porciī Catōnis Cēnsōriī *m.*), auch Catō der Ältere genannt; römischer Politiker, Feldherr und Schriftsteller, geb. 234 v. Chr. in Tusculum, gest. 149 v. Chr.; er galt als eher altmodischer Politiker und war wegen seiner Strenge berühmt-berüchtigt. Bekannt wurde er durch seinen Vers, mit dem er jede seiner Reden beendete: »*Cēterum cēnseō Carthāgin(em) esse dēlendam.*« (»Im Übrigen bin ich der Meinung, dass Karthago zerstört werden muss.«).

Caucasus (Caucasī *m.*): Gebirge in Südosteuropa (Georgien), das sich über 1100 km erstreckt und eine Höhe von bis zu 5600 m erreicht.

Centaurus (Centaurī *m.*): Kentaur; Sagengestalt (halb Mensch, halb Pferd).

Cerberus (Cerberī *m.*): griechisch Kerberos; dreiköpfiger Hund, der den Eingang zur Unterwelt bewacht und sich nur mit Honigkuchen und Musik besänftigen lässt.

Cerēs (Cereris *f.*): griechisch Demeter; Göttin des Ackerbaus, der Ehe und des Todes.

Cicerō: Mārcus Tullius Cicerō (Mārcī Tulliī Cicerōnis *m.*), römischer Redner, Philosoph und Schriftsteller, geb. 106 v. Chr., Konsul des Jahres 63 v. Chr.; 43 v. Chr. ermordet.

Claudia (Claudiae *f.*): Eigenname.

Cloelia (Cloeliae *f.*): sagenhafte Frauengestalt aus der Zeit des Umbruchs von der Königszeit zur Republik. Sie bewahrt während der Belagerung Roms durch Porsenna mit ihrem Mut zahlreiche junge Mädchen vor Gefangenschaft und Vergewaltigung.

Clytiē (Clytiēs *f.*): griechisch Klytie; sie liebt den Sonnengott Sōl, doch der verschmäht sie wegen einer anderen Frau. In ihrem Liebeskummer vergräbt sie sich so lange, bis sie sich in die Blume Heliotrop verwandelt.

Collātīnus (Collātīnī *m.*): etruskischer Prinz und Gatte der Römerin Lucrētia; er pries ihre Treue und machte dadurch Sextus, den Sohn des Tarquinius Superbus, auf sie aufmerksam, der sie später vergewaltigte.

Crēta (Crētae *f.*): größte der griechischen Inseln. Die Hauptstadt Kretas in der Antike war Knossos. Hier soll der sagenhafte König Mīnōs in einem gewaltigen Palast residiert haben. Nach ihm benennt sich die minoische Kultur, die um 1500 v. Chr. ihren Höhepunkt erreichte.

Daedalus (Daedalī *m.*): griechisch Daidalos; Athener; er gilt als großer Erfinder und Handwerker; so soll er Säge, Zirkel und Töpferscheibe erfunden haben. Er ist es, der Ariadnē den Wollfaden gibt. Da König Mīnōs ihm die Rückkehr nach Athen verweigert, konstruiert er für sich und seinen Sohn Īcarus Flügel aus Federn und Wachs, mit denen sie versuchen, in der Luft über das Meer zu fliehen.

Danaē (Danaēs *f.*): Mutter des Perseus; sie wird von Iuppiter, der als Goldregen zu ihr kommt, geschwängert.

Decimus (Decimī *m.*): Eigenname.

Dēianīra (Dēianīrae *f.*): Gattin des Herculēs. Sie erhält von dem Kentauren Nessus eine Tunika, die mit seinem Blut getränkt ist. Mit dieser Tunika verbrennt sie ungewollt Herculēs, der Nessus zuvor mit einem der durch das Blut der Hydra vergifteten Pfeile tödlich getroffen hat.

Delphī (Delphōrum *m.*): berühmtestes Orakel Griechenlands; nach antiker Auffassung spricht Apollō durch die Pȳthia, eine hellseherisch begabte Priesterin, zu den Menschen. Ihre Orakelsprüche sind oft zweideutig, um die Entscheidungsfreiheit des Menschen nicht zu beeinträchtigen. Der Wahlspruch des Orakels lautet: »Erkenne dich selbst« (»ΓΝΩΘΙ ΣΑΥΤΟΝ«).

Dēmētrius (Dēmētriī *m.*): Eigenname.

Diāna (Diānae *f.*): griechisch Artemis; Tochter des Iuppiter und der Lātōna (griechisch Leto), jungfräuliche Göttin der Jagd und Hüterin der Frauen und Kinder.

Dīdō (Dīdōnis *f.*): Königin von Carthāgō. Sie nimmt die schiffbrüchigen Trojaner gastfreundlich auf und verliebt sich in deren Anführer Aenēās. Aenēās, von den Göttern zur Weiterfahrt nach Italien aufgefordert, verlässt Dīdō, die ihn deswegen verflucht und sich anschließend das Leben nimmt.

Dionysos: vgl. Bacchus.

Discordia (Discordiae *f.*): Göttin der Zwietracht.

Drūsilla (Drūsillae *f.*): Eigenname.

Ēchō (Ēchūs *f.*): Nymphe, der die Göttin Iūnō die Fähigkeit nimmt, andere durch ein Gespräch so zu unterhalten, dass sie alles um sich vergessen. Sie kann nur noch den letzten Rest dessen nachplappern, was andere vorher gesprochen haben. Aus unglücklicher Liebe zum schönen Narcissus verwandelt sich ihr Körper in einen Fels, sodass nur noch ihre Echostimme bleibt.

Epimētheus (Epimētheī *m.*): Bruder des Promētheus; ihm gibt Iuppiter die von Vulcānus geschaffene Pandōra zur Frau.

Etrusker: antikes Volk in Mittelitalien, das sich später mit den Römern vermischte, sodass man heute nur noch wenig über dieses Volk und seine Sprache weiß.

Eurōpa (Eurōpae *f.*): Sie wird von Iuppiter nach Kreta entführt, nachdem er sich in einen Stier verwandelt und auf diese Weise ihr Vertrauen gewonnen hat.

Eurystheus (Eurystheī *m.*): Halbbruder des Herculēs; anstelle von Herculēs, den Iuppiter ursprünglich dazu bestimmt hat, Herrscher über die Argolis; Iūnō hatte die Geburt des Herculēs so lange hinausgezögert, dass Eurystheus zuerst geboren wurde. Herculēs muss ihm später zwölf Jahre lang dienen.

Faustulus (Faustulī *m.*): Hirte des Königs Amūlius; er zieht die Zwillinge Rōmulus und Remus groß, nachdem er sie bei einer Wölfin gefunden hat.

Gāia (Gāiae *f.*): Göttin der Erde, Mutter und Gattin des Ūranus.

Gāius (Gāiī *m.*): Eigenname.

Germānicus (Germānicī *m.*): Eigenname.

Gēryōn (Gēryonis *m.*): Mann mit drei an der Hüfte zusammengewachsenen Leibern.

Gorgonen: drei geflügelte Wesen mit Schlangenhäuptern, bei deren Anblick jeder zu Stein erstarrt.

Graecia (Graeciae *f.*): Griechenland.

Hades: vgl. Plūtō.

Hecuba (Hecubae *f.*): griechisch Hekabe; Mutter des Paris und Gattin des Priamus.

Helena (Helenae *f.*): Gattin des spartanischen Königs Menelāus und schönste Frau der Welt; sie flieht mit Paris nach Troja und löst so den Zug der Griechen gegen Troja aus.

Heliotrop: »Sonnenwend«; der Name dieser Blume erklärt sich aus der Tatsache, dass sie ihre Blüten immer zur Sonne dreht (vgl. Mythos der Clytiē).

Herculēs (Herculis *m.*): Sohn des Iuppiter und der Alcmēna; weil er in einem Anfall von Jähzorn seine Gattin Megara und seine Kinder tötet, wird er vom delphischen Orakel verurteilt, sich zwölf Jahre in den Dienst seines Halbbruders Eurystheus zu stellen.

Hesiod: griechischer Dichter, der um 700 v. Chr. lebte. In seiner *Theogonie* schildert er die Entstehung der Welt und der Götter.

Hesperiden: Nymphen, die in einem Garten die goldenen Äpfel bewachen, die Gāia für Iūnō wachsen ließ und die den Göttern ewige Jugend verleihen.

Hierōnymus: Sōphronius Eusebius Hierōnymus (Sōphroniī Eusebiī Hierōnymī *m.*), geb. 347 n. Chr., gest. 408 n. Chr.; Kirchenvater, der viele bedeutende Schriften verfasste, die griechische Bibel in das Lateinische übersetzte und so für die lateinisch sprechende Bevölkerung lesbar machte (sogenannte Vulgāta).

Hippolytē (Hippolytēs *f.*): Königin der Amazonen; sie gibt Herculēs ihren von Mārs geschenkten Gürtel und hilft ihm auf diese Weise, eine der von Eurystheus gestellten Aufgaben zu erfüllen. Iūnō hetzt allerdings die Amazonen gegen Herculēs auf, sodass dieser Hippolytē im Kampf tötet.

Homer: griechischer Dichter, der um 800 v. Chr. in Kleinasien gelebt haben soll. Er gilt als Verfasser der *Ilias* und der *Odyssee*.

Horātius: Quīntus Horātius Flaccus (Quīntī Horātiī Flaccī *m.*), römischer Dichter, geb. 65 v. Chr., gest. 8 v. Chr.; er gilt als einer der bedeutendsten Dichter der augusteischen Epoche. Sein Vater war ein freigelassener Sklave, der es zu einem recht großen Vermögen brachte, das Horaz eine gute Schulausbildung ermöglichte. Horaz zählte später zum unmittelbaren Freundeskreis des Augustus, obwohl er im Bürgerkrieg infolge der Ermordung Caesars aufseiten der Caesarmörder gegen Augustus (= Octāviānus) gekämpft hatte.

Hydra (Hydrae *f.*): Wasserschlange mit neun Köpfen, die immer wieder nachwachsen, wenn sie abgeschlagen werden; ihr Atem ist so giftig, dass man an ihm stirbt, wenn man ihn einatmet.

Iānus (Iānī *m.*): doppelgesichtiger Gott, Gott des Anfangs und Endes, des Eingangs und Ausgangs.

Īcarus (Īcarī *m.*): Sohn des Daedalus; er stirbt, als er sich bei seiner Flucht zu sehr der Sonne nähert und seine Flügel schmelzen, sodass er ins Meer stürzt.

Iolāus (Iolāī *m.*): Sohn des Īphiclēs; er begleitet Herculēs bei der Erfüllung seiner Aufgaben.

Īphiclēs (Īphiclis *m.*): Halbbruder des Herculēs und Sohn des Amphitruō.

Italia (Italiae *f.*): Italien.

Ithaca (Ithacae *f.*): ionische Insel im Westen Griechenlands.

Iūlus (Iūlī *m.*): vgl. Ascanius.

Iūnō (Iūnōnis *f.*): griechisch Hera; Göttin der Ehe und Geburt; als Gattin des Iuppiter muss sie sich immer wieder gegen weibliche Konkurrenz aus den Reihen der Menschen zur Wehr setzen.

Iuppiter (Iovis *m.*): griechisch Zeus; Göttervater und Herrscher des Olymp; seine Attribute sind Adler, Zepter und Blitzbündel.

Johannes VIII.: Papst von 872 bis 882.

Juvenal: Decimus Iūnius Iuvenālis (Decimī Iūniī Iuvenālis *m.*), römischer Dichter, geb. um 60 n. Chr., gest. 127 oder 138 n. Chr. Er beschrieb mit scharfer Zunge die Verhältnisse seiner Zeit.

Karl der Große: fränkischer Herrscher, geb. 748, gest. 814 in Aachen; er wurde an Weihnachten 800 durch Papst Leo III. zum Kaiser gekrönt und übernahm im Westen Europas die Schutzherrschaft über Rom und die Christenheit. Er gilt als Begründer des europäischen Gedankens.

Kentaur: Wesen halb Mensch, halb Pferd.

Knossos: antike Großstadt auf Kreta; hier stand der Palast des Königs Mīnōs.

Konstantin der Große: römischer Kaiser, der von 306 bis 337 n. Chr. regierte. Er verlagerte den Regierungssitz des Kaisers nach Byzanz (= Konstantinopel, heute Istanbul), betrieb die Anerkennung des Christentums im Römischen Reich und machte sich selbst zum Oberhaupt der Kirche, um so die Einheit des Reiches zu gewährleisten.

Kronos: vgl. Sāturnus; im Unterschied zur lateinischen Mythologie gilt er nach der griechischen Sage als sehr blutrünstig und wird deshalb von Zeus in den Tartarus gestoßen.

Lāocoōn (Lāocoontis *m.*): trojanischer Priester, der die Trojaner vor dem hölzernen Pferd warnt und dafür mit seinen beiden Söhnen durch zwei von Minerva geschickte Seeschlangen getötet wird.

Latīnus (Latīnī *m.*): sagenhafter König von Latium, Vater der Lāvīnia und Schwiegervater des Aenēās.

Latium (Latiī *n.*): Landschaft in Mittelitalien mit der Hauptstadt Rom.

Lātōna (Lātōnae *f.*): griechisch Leto; Mutter des Apollō und der Diāna.

Lāvīnia (Lāvīniae *f.*): zweite Gattin des Aenēās in Latium.

Lēda (Lēdae *f.*): sterbliche Geliebte des Zeus, der er sich in Gestalt eines Schwanes nähert und mit der er die schöne Helena zeugt.

Lūcilla (Lūcillae *f.*): Eigenname.

Lūcius (Lūciī *m.*): Eigenname.

Lucrētia (Lucrētiae *f.*): sagenhafte Frauengestalt aus der Zeit des Tarquinius Superbus; sie soll von Sextus, dem Sohn des Tarquinius, vergewaltigt worden sein und sich im Beisein ihres Mannes Collātīnus und ihres Vaters getötet haben; sie wurde zum Inbegriff römischer Frauentugend.

Lȳdia (Lȳdiae *f.*): Eigenname.

Maecēnās: Gāius Cilnius Maecēnās (Gāiī Cilniī Maecēnātis *m.*); geb. 70 v. Chr., gest. 7 v. Chr.; er war ein enger Vertrauter des Augustus und ein Förderer junger Dichter, darunter Horaz, dem er ein Landgut in den Sabiner Bergen und so finanzielle Unabhängigkeit schenkte.

Mārcia (Mārciae *f.*): Eigenname.

Mārs (Mārtis *m.*): griechisch Ares; Gott des Krieges, in der Frühzeit Roms auch des Ackerbaus.

Marsyās (Marsyae *m.*): Satyr; er findet die Flöte der Medūsa, erlernt auf ihr das Flötenspiel und fordert Apollō zum Wettstreit. Apollō gewinnt und bestraft Marsyās grausam für seine Anmaßung.

Martial: Mārcus Valerius Mārtiālis (Mārcī Valeriī Mārtiālis *m.*), geb. um 40 n. Chr. in Nordspanien, dort auch 104 n. Chr. gest.; Verfasser mehrerer Gedichtsammlungen, lebte lange Zeit in Rom. Berühmt wurden seine kleinen Epigramme, in denen er das römische Alltagsleben beschreibt.

Māxentius: Mārcus Aurēlius Valerius Māxentius (Mārcī Aurēliī Valeriī Māxentiī *m.*), geb. um 278 n. Chr.; er war Kaiser von Italien und Nordafrika; Konstantin schlug ihn 312 n. Chr. an der Milvischen Brücke in Rom und wurde so alleiniger Kaiser des Römischen Reiches, das seit Kaiser Diokletian (Kaiser von 284 bis 305 n. Chr.) in vier Regierungsbezirke aufgeteilt war.

Medūsa (Medūsae *f.*): einzige sterbliche Gorgone mit Schlangenkörper und Schlangenhaupt; bei ihrem Anblick erstarrt jeder zu Stein. Sie wird später von Perseus getötet.

Megara (Megarae *f.*): Gattin des Herculēs, von diesem in einem Anfall von Jähzorn getötet.

Menelāus (Menelāī *m.*): König von Sparta und Gatte der schönen Helena.

Mercurius (Mercuriī *m.*): griechisch Hermes; Götterbote und Gott der Hirten, Wanderer, Kaufleute und Diebe.

Messalīnus: Valerius Messalīnus (Valeriī Messalīnī *m.*), Konsul 3 v. Chr., 6 n. Chr. Statthalter von Illyricum (heute Kroatien und Dalmatien).

Minerva (Minervae *f.*): griechisch Athene; Schutzgöttin der Handwerker, Dichter und Lehrer; ihr Symbol sind Helm, Rüstung, Speer und die Eule, denn in der Antike gab es in ihrer Stadt Athen sehr viele Eulen. Darauf nimmt auch das Sprichwort »Eulen nach Athen tragen« Bezug, das nichts anderes bedeutet, als dass man etwas vollkommen Überflüssiges tut.

Mīnōs (Mīnōis *m.*): Sohn des Iuppiter und der Eurōpa, sagenhafter König von Kreta und Erbauer des Palastes von Knossos; nach seinem Tode wird er zum Richter in der Unterwelt bestellt.

Mīnōtaurus (Mīnōtaurī *m.*): Sohn der Pāsiphaē, Wesen halb Mensch, halb Stier; Daedalus baut für ihn ein Labyrinth, aus dem es kein Entrinnen gibt. Aus Rache für den Tod seines Sohnes Androgeōs fordert Mīnōs alljährlich sieben Jungfrauen und Jünglinge als Opfer für den Mīnōtaurus.

Mūcius Scaevola: Gāius Mūcius Scaevola (Gāiī Mūciī Scaevolae *m.*) (Linkshand); er soll die Stadt Rom im 6. Jh. v. Chr. vor dem Etruskerkönig Porsenna gerettet haben, indem er seine linke Hand im Feuer verbrannte, worauf Porsenna von der Belagerung Roms abließ.

Narcissus (Narcissī *m.*): unnahbarer Jüngling, der andere nicht lieben kann und deshalb mit dem Fluch belegt wird, sein eigenes Spiegelbild zu lieben.

Naxos (Naxī *f.*): griechische Insel in der Ägäis.

Neptūnus (Neptūnī *m.*): griechisch Poseidon; Gott des Meeres; sein Symbol ist der Dreizack.

Nerō: Nerō Claudius Caesar Augustus Germānicus Lūcius Domitius Ahēnobarbus (Nerōnis Claudiī Caesaris Augustī Germānicī Lūciī Domitiī Ahēnobarbī *m.*), geb. 37 n. Chr., gest. 68 n. Chr., römischer Kaiser von 54 bis 68 n. Chr. Als man ihn 64 für den Brand Roms verantwortlich machte, schob er die Schuld auf Betreiben seiner Frau Sabīna Poppaea (?) den Christen in die Schuhe und ließ sie auf grausamste Weise töten (erste Christenverfolgung).

Nessus (Nessī *m.*): Kentaur, der von Herculēs getötet wird, weil er es auf dessen Gattin Dēianīra abgesehen hatte. Er rächt sich vor seinem Tod an Herculēs, indem er Dēianīra eine von seinem Blut getränkte Tunika übergibt, die diese Herculēs überstreifen soll, wenn sie seine Liebe testen will, und durch die Herculēs elendiglich verbrennt.

Nīcippa (Nīcippae *f.*): Gattin des Sthenelus und Mutter des Eurystheus.

Nioba (Niobae *f.*): griechisch Niobe; Tochter des Tantalus; sie fordert den Zorn der Göttin Lātōna heraus, als sie damit prahlt, dass sie im Unterschied zu Lātōna sieben Söhne und sieben Töchter hat. Daraufhin befiehlt Lātōna ihren Kindern Apollō und Diāna, die Kinder Niobas zu töten.

Numa Pompilius (Numae Pompiliī *m.*): der Sage nach der 2. König von Rom; er regierte von 716 bis 671 v. Chr.; berühmt wurde er durch seine weise Gesetzgebung.

Numitor (Numitōris *m.*): König von Alba Longa, Vater der Rhēa Silvia und Großvater von Rōmulus und Remus.

Nymphe: weiblicher Naturgeist.

Octāviānus (Octāviānī *m.*): der spätere Kaiser Augustus; er wurde 63 v. Chr. als Gāius Octāvius geboren und starb 14 n. Chr.; als Adoptivsohn und Testamentsvollstrecker Caesars brachte er den Römern nach 100 Jahren Bürgerkrieg den lang ersehnten Frieden *(Pāx Augusta)*. Man übertrug ihm die Regierungsverantwortung über das ganze Römische Reich. *Augustus* (der Erhabene) ist ein Ehrentitel: Er selbst nannte sich *prīnceps* (erster Bürger des Staates).

Odysseus: vgl. Ulixēs.

Olympus (Olympī *m.*): Olymp; Gebirge im Nordosten Griechenlands, dessen höchster Gipfel sich 2917 m über dem Meeresspiegel erhebt; wegen seiner Höhe galt der Olymp in der Antike als Wohnsitz der zwölf olympischen Götter.

Ovid: Pūblius Ovidius Nāsō (Pūbliī Ovidiī Nāsōnis *m.*), geb. 43 v. Chr., gest. 17 oder 18 n. Chr.; er war einer der bedeutendsten Dichter der augusteischen Zeit. Zu seinen bekanntesten Werken zählen die *Metamorphosen,* in denen er Verwandlungsgeschichten aus der griechischen Mythologie erzählt. Im Jahre 8 n. Chr. fiel er bei Augustus in Ungnade und wurde ans Schwarze Meer verbannt.

Pān (Pānis *m.*): Hirtengott mit Ziegenbart, Bocksbeinen und -hörnern, Gott des Waldes und der Natur.

Pandōra (Pandōrae *f.*): Gattin des Epimētheus; Pandōra ist ein wunderschönes Mädchen, das Iuppiter von Vulcānus aus Lehm herstellen ließ. Er übergibt ihr eine Büchse, verbietet aber, diese zu öffnen. Eines Tages kann Pandōra ihrer Neugierde nicht mehr widerstehen und öffnet die Büchse, durch die nun alles Elend unter die Menschen kommt.

Paris (Paridis *m.*): Sohn des Priamus und der Hecuba; aufgrund eines Orakelspruches, nach dem Paris Unglück über Troja bringen werde, wird er nach der Geburt ausgesetzt und von einem Hirten großgezogen, kehrt aber später nach Troja zurück. Durch seine Wahl der Göttin Venus zur schönsten Göttin löst er die Tragödie um Troja aus.

Pāsiphaa (Pāsiphaae *f.*): Gattin des Königs Mīnōs und Mutter des Mīnōtaurus.

Paulus (Paulī *m.*): Paulus von Tarsus, hebräisch Saul, von Beruf Zeltmacher; nach seiner Bekehrung der für die Ausbreitung des Christentums wichtigste Apostel und Verfasser zahlreicher Briefe. Während der neronischen Christenverfolgung ist er vermutlich zu Tode gekommen. Sein Grab wurde 2006 in Rom freigelegt.

Pēleus (Pēleī *m.*): Vater des Achill.

Perseus (Perseī *m.*): Sohn des Iuppiter und der Danaē.

Petrus (Petrī *m.*): Simōn Petrus, Fischer aus Kapernaum in Galiläa und wichtigster Jünger Jesu; nach erfolgreicher Missionsarbeit im östlichen Mittelmeerraum kam er nach Rom, wo er wohl während der neronischen Christenverfolgung starb. Sein vermutliches Grab wurde unter dem Vatikan in einer antiken Gräberstraße entdeckt.

Phaedrus (Phaedrī *m.*): geb. ca. 15 v. Chr., gest. ca. 50 n. Chr., römischer Fabeldichter, als Sklave später von Augustus freigelassen.

Phoebus (Phoebī *m.*): vgl. Apollō.

Phrygia (Phrygiae *f.*): Eigenname.

Pippin: geb. 714 n. Chr., gest. 768 n. Chr.; er erwarb 751 den fränkischen Königstitel, nachdem er sich von Papst Zacharias hatte bestätigen lassen, dass derjenige König der Franken sein solle, der die Macht im Volke besitze. Sein Sohn Karl erbte die Königswürde und ging als Kaiser Karl der Große in die Geschichte ein.

Plīnius: Gāius Plīnius Caecilius Secundus (Gāiī Plīniī Caeciliī Secundī *m.*), geb. ca. 61 n. Chr., gest. ca. 113 n. Chr., Schriftsteller und Politiker; er beschrieb den Vesuvausbruch 79 n. Chr.

Plutarch: geb. um 45 n. Chr., gest. um 125 n. Chr., griechischer Schriftsteller und Historiker.

Plūtō (Plūtōnis *m.*): griechisch Hades; Herrscher der Unterwelt, verheiratet mit Prōserpina (griechisch Persephone), der Tochter von Cerēs (griechisch Demeter).

Pontius Pīlātus (Pontiī Pīlātī *m.*): unter Kaiser Tiberius Statthalter der Provinz Iūdaea in den Jahren 26 bis 36 n. Chr.; in seine Amtszeit fiel die Kreuzigung Jesu (vermutlich im Jahre 30 n. Chr.).

Porsenna (Porsennae *m.*): Lars Porsenna; etruskischer König, der nach der Vertreibung des Tarquinius Superbus die Stadt Rom belagerte und vorübergehend einnahm.

Priamus (Priamī *m.*): König von Troja und Vater des Paris.

Proca (Procae *m.*): König von Alba Longa und zwölfter Nachkomme nach Ascanius.

Promētheus (Promētheī *m.*): Er formt einen Menschen aus Lehm, dem Minerva anschließend das Leben einhaucht. Später gibt er den Menschen gegen Iuppiters Willen das Feuer, das dieser ihnen entzogen hat, nachdem er von Promētheus betrogen worden war. Zur Strafe lässt Iuppiter Promētheus an den Kaukasus schmieden, wo ihm ein Adler täglich die immer wieder nachwachsende Leber aus dem Körper frisst. Nach Jahrhunderten befreit Herculēs Promētheus.

Prōserpina (Prōserpinae *f.*): griechisch Persephone; Gattin des Plūtō und Tochter der Cerēs.

Prōteus (Prōteī *m.*): Meeresgott, der sich in alle möglichen Gestalten verwandeln kann.

Pūblius (Pūbliī *m.*): Eigenname.

Pȳthia (Pȳthiae *f.*): Priesterin und Seherin des Apollō in Delphī.

Quīntus Horātius Flaccus (Quīntī Horātiī Flaccī *m.*): Horaz; römischer Dichter, 65-8 v. Chr.

Quīntus (Quīntī *m.*): Eigenname.

Remus (Remī *m.*): Zwillingsbruder des Rōmulus und Sohn der Rhēa Silvia; er wird von Rōmulus getötet, als er nach der für ihn ungünstigen Vogelschau die von Rōmulus gezogene Furche überspringt, die die neue Stadt begrenzen soll.

Rhēa Silvia (Rhēae Silviae *f.*): Tochter des Königs Numitor; sie ist von Amūlius zur Vestalin gemacht worden, wird aber (angeblich) durch den Gott Mārs mit den Zwillingen Rōmulus und Remus schwanger.

Rōma (Rōmae *f.*): Rom.

Rōmulus (Rōmulī *m.*): Zwillingsbruder des Remus und Sohn der Rhēa Silvia; er tötet Remus, als dieser die Furche übersprungen hat, mit der Rōmulus die Grenze für die neue Stadt gezogen hatte.

Rutuler: kleines Volk in Latium.

Sabīna Poppaea (Sabīnae Poppaeae *f.*): zweite Gattin des römischen Kaisers Nerō; sie wurde zwischen 30 und 32 n. Chr. geboren und starb 65 n. Chr. an den Folgen eines Fußtritts ihres Ehemanns.

Sāturnus (Sāturnī *m.*): griechisch Kronos; Titan und Herrscher des Goldenen Zeitalters; in der römischen Mythologie flieht er vor Iuppiter und lehrt die Einwohner Latiums den Ackerbau. Ihm sind die fröhlichen Saturnalien geweiht.

Satyr: Waldgeist im Gefolge des Bacchus mit struppigem Haar, einem derben Gesicht, einem kurzen Pferdeschweif oder einem Ziegenschwänzchen und spitzen Ohren.

Schliemann: Heinrich Schliemann, geb. 1822, gest. 1890; er gilt als Entdecker der Ruinen von Troja. Angeregt zu seinen Ausgrabungen wurde er von dem britischen Diplomaten Calvert. Schliemann beherrschte 14 Fremdsprachen und war aus armen Verhältnissen zu einem erfolgreichen Geschäftsmann aufgestiegen, sodass er sich seinen kostspieligen Lebenstraum erfüllen konnte.

Seneca: Lūcius Annaeus Seneca (Lūciī Annaeī Senecae *m.*), geb. etwa 1 v. Chr., gest. 65 n. Chr.; Redner, Philosoph, Schriftsteller und Tragödiendichter. Seit 49 n. Chr. war er Lehrer des Kaisers Nerō, für dessen Amtsantritt er die Rede verfasste. 65 wurde er aufgrund des Verdachts einer Verschwörung gegen Nerō zum Selbstmord gezwungen.

Septimius Sevērus (Septimiī Sevērī *m.*): römischer Kaiser, geb. 146 n. Chr., gest. 211; seit 193 römischer Kaiser. Er ließ einen Stadtplan Roms in Stein meißeln und am Tempel des Friedens anbringen.

Sextus: Eigenname.

Sextus: Sextus Tarquinius (Sextī Tarquiniī *m.*), Sohn des Tarquinius Superbus; er soll die tugendhafte Lucrētia vergewaltigt und damit die Vertreibung seines Vaters aus Rom verursacht haben.

Sinōn (Sinōnis *m.*): Er überzeugt die Trojaner davon, dass das trojanische Pferd ein Sühnegeschenk der Griechen an Athene sei.

Sīsyphus (Sīsyphī *m.*): Er überwältigt Thanatos und wird dafür von den Göttern damit bestraft, dass er im Tartarus immer wieder einen Felsen einen Berg hinaufrollen muss, der dann unmittelbar vor dem Gipfel wieder hinunterrollt.

Sōl (Sōlis *m.*): griechisch Helios; Sonnengott.

Spurius (Spuriī *m.*): Eigenname.

Sthenelus (Stheneli *m.*): Sohn des Perseus, Gatte der Nīcippa und Vater des Eurystheus.

Subūra (Subūrae *f.*): Stadtviertel in Rom.

Sueton: Gāius Suētōnius Tranquillus (Gāiī Suētōniī Tranquillī *m.*), geb. um 70 n. Chr., gest. um 130 bis 140 n. Chr.; römischer Historiker, der zahlreiche Lebensbeschreibungen berühmter Persönlichkeiten verfasst hat.

T. (= Titus) Cornēlius Asina (Titī Cornēliī Asinae *m.*): Eigenname.

Tacitus: Pūblius Cornēlius Tacitus (Pūbliī Cornēliī Tacitī *m.*); römischer Politiker und Historiker, geb. um 55 n. Chr., gest. um 115 n. Chr.; er verfasste neben kleineren Schriften zwei große historische Werke.

Tantalus (Tantalī *m.*): Sohn des Zeus; er schlachtet seinen Sohn Pelops und setzt ihn den Göttern als Mahl vor. Dafür wird er im Tartarus mit ewigem Hunger, ewigem Durst und ewiger Todesangst bestraft.

Tarquinius Superbus (Tarquiniī Superbī *m.*): Lūcius Tarquinius, Etrusker und der Sage nach siebter König Roms; er wurde 509 v. Chr. wegen seiner grausamen Amtsführung aus Rom verjagt und verstarb 495 v. Chr.

Tartarus (Tartarī *m.*): der Ort der Unterwelt, an dem diejenigen bestraft werden, die nie wieder begnadigt werden dürfen.

Tēlemachus (Tēlemachī *m.*): Sohn des Odysseus und der Pēnelopē.

Thanatos: Gott des Todes.

Thēbāna (Thēbānae *f.*): Thebanerin.

Thēbānus (Thēbānī *m.*): Einwohner der Stadt Theben in Böotien, des Wohnortes zahlreicher griechischer Mythengestalten wie Nioba oder Herculēs.

Thēseus (Thēseī *m.*): Sohn des Aigeus aus Athen; er besiegt mit der Hilfe Ariadnes und des Daedalus den Mīnōtaurus.

Thetis (Thetidis *f.*): Gemahlin des Peleus, Mutter des Achill.

Tiberius (Tiberiī *m.*): Eigenname.

Tiberius Semprōnius Gracchus (Tiberiī Semprōniī Gracchī *m.*): geb. 162 v. Chr., gest. 133 v. Chr.; er versuchte als Volkstribun, durch eine gerechtere Verteilung des staatlichen Ackerlandes der Verelendung der Landbevölkerung entgegenzuwirken, und wurde dafür von seinen politischen Gegnern umgebracht.

Tīrō: Mārcus Tullius Tīrō (Mārcī Tulliī Tīrōnis *m.*), geb. um 103 v. Chr., gest. 4 v. Chr., erst Sklave, seit 53 v. Chr. Freigelassener und Vertrauter Ciceros, Erfinder einer bis in die Neuzeit gebräuchlichen Kurzschrift, Nachlassverwalter von Ciceros Reden und Briefen.

Tīrӯns *f.*: antike Stadt auf der Peloponnes.

Titanen: ältestes Göttergeschlecht, das von den olympischen Göttern besiegt wird.

Titus: Titus Flāvius Vespasiānus (Titī Flāviī Vespasiānī *m.*), römischer Kaiser, geb. 39 n. Chr., gest. 81 n. Chr.; er zerstörte Jerusalem nach zweijähriger Belagerung und ließ die Stadt einschließlich des Tempels bis auf die Grundmauern schleifen. Er brachte anschließend die Bundeslade der Juden nach Rom. Dieses Ereignis ist auf seinem Triumphbogen abgebildet. In seine Regierungszeit fiel 79 n. Chr. der Ausbruch des Vesuvs.

Trōia (Trōiae *f.*): türkisch Hisarlik, Stadt im heutigen Westanatolien, deren Ursprünge bis in die frühe Bronzezeit (ca. 3000 v. Chr.) reichen. Die Stadt wurde 1868 durch Heinrich Schliemann ausgegraben, war aber bereits durch den Briten Frank Calvert in den Jahren 1863-1865 mithilfe von Probeausgrabungen entdeckt worden. Der eigentliche Anstoß zur Wiederauffindung Trojas war allerdings 1824 durch den Amateurgeologen McLaren erfolgt. Das Troja der *Ilias* ist Troja VI.

Trōiānus (Trōiāna, Trōiānum): trojanisch.

Trōiānus (Trōiānī *m.*): Trojaner.

Turnus (Turnī *m.*): König der Rutuler und Nebenbuhler des Aenēās um die Gunst der Lāvīnia.

Ulixēs (Ulixis *m.*): griechisch Odysseus; König von Ithaka; er ersinnt die List mit dem hölzernen Pferd, mit dessen Hilfe Troja nach zehn Jahren besiegt wird. Da er sich aber den Zorn Neptuns zugezogen hat, braucht er zehn Jahre, bis er zu seiner Frau Pēnelopē und seinem Sohn Tēlemachus zurückkehren kann.

Valeria (Valeriae *f.*): Eigenname.

Varrō: Mārcus Terentius Varrō (Mārcī Terentiī Varrōnis *m.*), geb. 116 v. Chr., gest. 27 v. Chr., Verfasser zahlreicher sehr unterschiedlicher wissenschaftlicher Bücher. Auf ihn geht die Zeitrechnung »ab urbe conditā« (753 v. Chr.) zurück.

Venus (Veneris *f.*): Göttin der Liebe.

Vergil: Pūblius Vergilius Marō (Pūbliī Vergiliī Marōnis *m.*); geb. 70 v. Chr., gest. 19 v. Chr.; neben zahlreichen anderen Dichtungen verfasste er das römische Nationalepos *Aenēis*.

Vesta (Vestae *f.*): griechisch Hestia; Göttin des Herdfeuers und der Familie; ihr Feuer wurde von unverheirateten Priesterinnen in einem Tempel auf dem *Forum*

Rōmānum bewacht, weil es nie ausgehen durfte. Viele bedeutende römische Persönlichkeiten hinterlegten im Vestatempel ihre Testamente.

Vulcānus (Vulcānī *m.*): griechisch Hephaistos; hinkender Gott des Feuers und der Schmiedekunst, Gatte der Venus.

Xenophanēs (Xenophanis *m.*): griechischer Philosoph aus der kleinasiatischen Stadt Kolophon, geb. um 570 v. Chr., gest. um 480 v. Chr.

Zeus: vgl. Iuppiter.

Bildnachweis

Akademisches Kunstmuseum Bonn (Wolfgang Klein): 93, 183 – Akademisches Kunstmuseum Bonn (Jutta Schubert): 101 – akg-images: 94, 105, 127, 139, 142, 169, 184/185, 203 – akg-images / Jost Schilgen: 112 – akg-images / Pietro Baguzzi: 60 – akg-images / Cameraphoto: 195 – akg-images / Peter Connolly: 29, 79, 113 – akg-images / Tristan Lafranchis: 76 – akg-images / Erich Lessing: 84, 115, 128, 147, 150, 151, 161, 175, 192 – akg-images / Pirozzi: 186 – akg-images / Rabatti – Domingie: 201 – Archäologie Baselland, Liestal (Schweiz): 20, 176 – Archäologisches Institut der Universität Göttingen (Stephan Eckardt): 36 – Archivi Alinari, Florenz: 119, 174 – www.digitalstock.de: Umschlagabbildung – Ulrike Gießmann-Bindewald, Pattensen: 162 – Lotos-Film, Kaufbeuren (Eberhard Thiem): 53 – Museum Roemervilla, Bad Neuenahr-Ahrweiler: 15 – Prähistorische Staatssammlung München (Manfred Eberlein): 153 – Peter Quint, Hildesheim: 47 – Römische Villa Borg, Perl-Borg: 30, 38 – Römermuseum Augst (Susanne Schenker): 8/9, 54 – Römisch-Germanisches Museum der Stadt Köln/Rheinisches Bildarchiv Köln: 182 – © 1990. Photo Scala, Firenze – Ministero Beni e Att. Culturali: 71 – Elisabeth Schweigert, Norderstedt: 145 – Jutta Schweigert, Göttingen: 14, 16, 28, 45, 63, 68, 87, 123, 131, 136 – Kaspar Seiffert, Gleichen: 120